Brigitte Wallstabe-Watermann, Antonie Klotz,
Dr. Gisela Baur, Hans G. Linder

Anlegen mit ETF

Geld bequem investieren mit
ETF und Indexfonds

Stiftung Warentest

Inhaltsverzeichnis

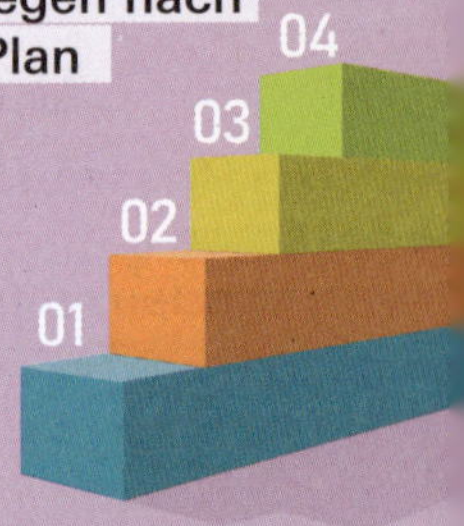

Was wollen Sie wissen?

ETF? Das haben Sie schon mal gehört, aber können sich nicht viel darunter vorstellen? Mit diesem Buch möchten wir das ändern. Denn ETF sind für Privatanleger der ideale Weg, um langfristig Geld anzulegen und zu vermehren. Sie sind zugleich sicher, günstig, transparent und vielseitig einsetzbar. Aber sehen Sie selbst!

Was bedeutet eigentlich „ETF"?

Zugegeben, der Begriff klingt ziemlich technisch. Die Abkürzung ETF steht für „Exchange Traded Fund". Es handelt sich um börsengehandelte Indexfonds, eine Spielart von Investmentfonds. Diese sammeln das Geld vieler Anleger und stecken es dann in eine Vielzahl von Aktien, Anleihen & Co. ETF können Sie laufend an der Börse kaufen und verkaufen, Sie bleiben also flexibel. In aller Regel zeichnen ETF so genau wie möglich die Entwicklung eines Index wie zum Beispiel des Deutschen Aktienindex (kurz: Dax) nach: Legt der Dax um 6 Prozent zu, wird auch ein ETF auf den Dax 6 Prozent klettern. Es gibt ETF auf viele verschiedene Indizes, es gibt Aktien-ETF, Anleihen-ETF und vieles mehr. Die wichtigsten Formen stellen wir Ihnen in diesem Buch vor. Interessant zu wissen: Bestimmte ETF sind gerade für Privatanleger besonders gut geeignet. Denn sie sind einfach zu verstehen, kostengünstig und obendrein praktisch in der Handhabung. In diesem Buch erfahren Sie dazu alles Wissenswerte.

Sind ETF besser als „herkömmliche“ Fonds?

Meist ja, wie die Statistiken belegen. Bei herkömmlichen Fonds entscheidet das Fondsmanagement, in welche Wertpapiere er investiert. Einem Großteil der Manager gelingt es aber nicht, besser abzuschneiden als der Vergleichsindex – schon gar nicht dauerhaft. Kaum einer hatte zum Beispiel nach der Finanzkrise das Kunststück geschafft, sowohl im Kursabschwung als auch im rasch einsetzenden Aufschwung besser zu sein als der allgemeine Markttrend. Mit ETF schneiden Anleger dagegen immer genauso schlecht oder so gut ab wie der Markt. Auch weisen sie deutlich günstigere Gebühren auf als aktiv verwaltete Fonds. Je geringer die Kosten einer Anlage, desto mehr „Ware“ bekommt man für sein Geld – und desto höher kann am Ende das Anlageergebnis ausfallen.

Ist es eine gute Idee, in einer Börsenkrise ETF zu kaufen?

Börsencrashs kommen leider immer wieder vor, wie die Geschichte lehrt. Doch noch jeder Börsencrash in den vergangenen Jahrzehnten konnte nach einigen Jahren wieder aufgeholt werden, und die Kurse kletterten weiter nach oben. Wenn Sie also eine langfristige Anlageperspektive haben und daher beabsichtigen, Ihr Geld mindestens zehn, besser noch 15 Jahre und länger zu investieren, spricht nichts dagegen, auch in unsicheren Börsenzeiten einzusteigen. Wichtig: Sie sollten für sich zuerst klären, wie viel Risiko Sie eingehen können und wollen, und dann Ihr Investment international möglichst breit streuen. ETF auf gut diversifizierte globale Aktienindizes sind dafür besonders geeignet. Wie Sie dabei am besten vorgehen und wie Sie sich ein gut strukturiertes ETF-Portfolio aufbauen, all dies erfahren Sie in diesem Buch.

Mein Bankberater hat mir noch nie ETF empfohlen. Warum?

Banken verdienen an ETF weniger: Beim Kauf eines ETF wird nur eine Ordergebühr wie bei Aktien fällig. Wenn Sie Kunde einer Direktbank sind, kostet Sie der Kauf von ETF-Anteilen im Wert von 5 000 Euro kaum mehr als 10 bis 20 Euro, bei Billiganbietern eventuell nichts. Bei herkömmlichen Fonds wird dagegen ein Ausgabeaufschlag fällig, der bei Aktienfonds schon mal 5 Prozent betragen kann. Im Beispiel wären das 250 Euro. Inzwischen räumen Direktbanken oft hohe Rabatte auf Ausgabeaufschläge ein. Ferner zahlen die Fondsgesellschaften den Banken jährlich Bestandsprovisionen dafür, dass deren Kunden ihre Fondsanteile behalten. Das gibt es bei ETF nicht, oder sie sind mickrig. Kurz gesagt: Banken haben mehr davon, wenn sie herkömmliche Fonds verkaufen.

Was ist der Vorteil von Aktien-ETF?

Die Deutschen sind traditionell als Aktienmuffel bekannt. Doch unzählige Studien belegen, dass auf lange Sicht Aktienanlagen die einträglichsten Renditen bringen. Denn nur über sie lässt sich an unternehmerischem Erfolg und am allgemeinen Wirtschaftswachstum auf einfache Art und Weise teilhaben. Mithilfe von ETF können Sie gleichzeitig in viele verschiedene Unternehmen und Branchen investieren. Wenn es dann mal bei ein paar der Firmen nicht so gut läuft, ist das nicht so schlimm, weil Sie Ihr Anlagerisiko breit gestreut haben. Wichtig ist aber, dass Sie Ihr Geld langfristig, also mindestens zehn Jahre oder länger, an der Börse zur Arbeit schicken. Denn kurzfristig kann es dort schon mal ordentlich krachen. Außerdem sollten Sie nicht Ihr gesamtes Geld in Aktienanlagen stecken. Mehr dazu finden Sie im Abschnitt „Aktien-ETF“ ab S. 44.

Sind Aktien-ETF riskanter als herkömmliche Aktienfonds?

Nein. Aktien-ETF und von einem Fondsmanagement aktiv gemanagte Aktienfonds sind vom Risiko her vergleichbar – vorausgesetzt, sie sind im selben Anlagesegment unterwegs und legen die Kundengelder zum Beispiel an den Aktienbörsen weltweit an. Wenn es zu einem Crash kommt, wird ein ETF auf einen Weltaktienindex prozentual in etwa genauso viel an Wert einbüßen wie der Index selbst. Bei einem aktiv gemanagten Weltaktienfonds kann der Verlust noch viel höher ausfallen, aber auch geringer. Keiner kann Ihnen im Vorhinein sagen, ob Sie genau auf einen der meist wenigen Glückspilz-Fonds gesetzt haben. Bei ETF ist das anders – sie entwickeln sich immer so wie der Markt selbst. Mehr dazu „Was sind ETF? Der schnelle Überblick“, S. 13.

Kann ich mit ETF bequem regelmäßig sparen?

ETF auf weltweite Börsenbarometer sind geradezu ideal, um auch als Börseneinsteiger regelmäßig und bequem Geld anzulegen – und auf diese Weise langfristig ein kleines oder großes Vermögen aufzubauen. Schon für geringe monatliche Anlagebeträge können Sie Ihr Geld damit sehr kostengünstig investieren. Vorausgesetzt, Sie haben einen langfristigen Anlagehorizont, sind Aktien-ETF als Sparplan höchst attraktiv. Auch deshalb, weil Sie anders als mit festen Verträgen den Plan jederzeit anpassen können: Sie können Ihre Raten erhöhen oder im Notfall auch aussetzen. Wie das ETF-Sparen genau funktioniert, erfahren Sie unter „Mit dem Pantoffel-Sparplan gut für das Alter vorsorgen“, ab S. 74. Besonders einfach wird es, wenn Sie sich dabei am Konzept des Finanztest-Pantoffel-Portfolios orientieren. Mehr dazu siehe „Bequem anlegen“, S. 68.

Sind ETF gut für die Altersvorsorge?

Unbedingt! Wenn Sie langfristig auf weltweit anlegende ETF setzen, haben Sie die Chance, zu sehr vertretbaren Kosten auskömmliche Renditen zu erzielen – und das bei überschaubarem Risiko. Näheres dazu erfahren Sie im Kapitel „Mein ETF-Plan“, ab S. 65. Wichtig ist, dass Sie Ihre private Altersvorsorge möglichst frühzeitig angehen. Wenn Sie dabei auch in Aktien-ETF investieren, sollten Sie Ihr Geld mindestens zehn Jahre, besser 15 Jahre lang anlegen – und nicht unbedingt zu einem fixen Zeitpunkt das gesamte Geld benötigen. Denn sollte es an der Börse wieder einmal krachen, müssen Sie in der Lage sein, ein Tief aussitzen und auf höhere Kurse warten zu können.

Wie finde ich gute ETF?

Es gibt rund 1 800 ETF in Deutschland, auf den ersten Blick macht das die Suche nach einem oder zwei guten Papieren erst einmal schwer. Doch keine Sorge, wir haben das riesige Angebot für Sie gesichtet und stellen in diesem Buch eine Reihe solider ETF vor. Darunter finden Sie sicherlich welche, die Ihre Anforderungen erfüllen. Gut zu wissen: Finanztest stellt das komplette ETF-Angebot regelmäßig auf den Prüfstand. Dabei werden alle Fonds nach festen Kriterien gefiltert und beurteilt. Die geeignetsten jeder Fondsgruppe erhalten die Auszeichnung „1. Wahl“. Eine Auswahl empfehlenswerter ETF haben wir für Sie in der Tabelle „Diese ETF sind empfehlenswert“ ab S. 166 zusammengestellt. Weitere Erläuterungen zur Auswahl von passenden ETF finden Sie im ganzen Buch und insbesondere im Abschnitt „Wie finde ich gute ETF?“ ab S. 104.

Wo kann ich ETF kaufen?

Der Name deutet es schon an: Der Begriff „Exchange Traded Fund" steht für börsengehandelter Fonds. ETF werden also wie Aktien an der Börse gehandelt. Sie müssen sich aber nicht selbst aufs Börsenparkett begeben. Als Allererstes benötigen Sie dazu ein Wertpapierdepot bei einer Filial- oder Direktbank – egal, ob Sie auf einmal eine größere Summe anlegen oder regelmäßig mithilfe eines Sparplans in ETF investieren möchten. Das Depot ist der Dreh- und Angelpunkt für all Ihre Geschäfte mit Wertpapieren. Sie sollten jedoch nicht das erstbeste wählen, denn es gibt beträchtliche Kostenunterschiede, die die Rendite Ihrer Anlage in ETF nachhaltig beeinflussen können. Wie Sie ein günstiges und für Ihre Bedürfnisse gut passendes Wertpapierdepot finden und einrichten, erfahren Sie im Kapitel „Meinen ETF-Plan umsetzen", S. 97.

Kann ein ETF eigentlich pleitegehen?

Nein, ein ETF kann genauso wenig wie ein aktiv gemanagter Fonds pleitegehen. In puncto Sicherheit gibt es keine Unterschiede zwischen ihnen. Das liegt daran, dass beide als „Sondervermögen" konstruiert sind. Das Sondervermögen gehört stets den Käuferinnen und Käufern der Fondsanteile. Die rechtlichen Vorgaben schreiben vor, dass dieses Sondervermögen immer getrennt vom Vermögen der Fondsgesellschaft oder des ETF-Anbieters bei einer Depotbank treuhänderisch verwaltet wird. Sollte die Fondsgesellschaft oder der ETF-Anbieter selbst Insolvenz anmelden müssen, bleibt daher das Vermögen der Anleger unberührt. Es ist und bleibt Ihr Eigentum.

ETF verstehen

Indexfonds sind ideal für alle, die langfristig Vermögen aufbauen möchten – egal ob mit kleinen oder großen Beträgen. Denn ETF sind kostengünstig, flexibel, chancenreich und für Privatanleger einfach zu handhaben.

Große Enttäuschungen, das lehrt die Geschichte, waren oft Auslöser für bedeutende Veränderungen. Die „Erfindung" von Indexfonds für Privatanleger im Jahr 1976 ist ein Paradebeispiel dafür. Wie kam es dazu? John C. Bogle, der Chef einer amerikanischen Investmentgesellschaft, war frustriert, weil er und seine hoch bezahlten Fondsmanager es nicht geschafft hatten, mit ihren Fonds dauerhaft besser zu sein als das wichtigste US-Börsenbarometer, der Aktienindex Standard & Poor's 500. Für Bogle war klar: Es ist Zeit, neue Wege einzuschlagen.

So ähnlich mag es Ihnen auch gehen. Sie haben dieses Buch vermutlich gekauft, weil auch Sie Ihr Erspartes solide anlegen und mehren wollen. Gerade in Zeiten niedriger Zinsen ist dies wichtiger denn je. Und vielleicht haben Sie mit Ihren bisherigen Geldanlagen ähnliche Erfahrungen wie Bogle mit seinen Fondsmanagern gesammelt. Glückwunsch! Denn mit diesem Buch erfahren Sie alles Wesentliche zum Thema Exchange Traded Funds, kurz ETF – von den wichtigsten Grundregeln über die geeignete Strategie bis hin zum Kauf und der Verwaltung der passenden Produkte. Ganz unabhängig davon, ob Sie Anfänger in Sachen Geldanlage beziehungsweise ETF sind oder bereits erste Erfahrungen gesammelt haben: In diesem Buch finden Sie viele praktische Tipps zum Thema. So stellen wir auch

HÄTTEN SIE'S GEWUSST?

Es klappt leider viel zu selten, dass **Fondsmanager** dauerhaft ein glückliches Händchen beweisen und stets überwiegend die Aktien kaufen, die sich besonders gut entwickeln.

Der US-Indexanbieter S & P Dow Jones Indices kommt in einer Studie zu dem Ergebnis, dass in den 10 Jahren bis Mitte 2021 nur 17,5 Prozent aller aktiv gemanagten US-Aktienfonds das Kunststück gelungen ist, ihren Vergleichsindex zu schlagen.

In Europa schafften dies im gleichen Zeitraum sogar nur 8 Prozent der Fonds mit Schwerpunkt Eurozone.

passende ETF vor, damit Sie sich aufwendiges Suchen sparen können.

Doch bevor wir uns all diesen Aspekten widmen, gilt es zwei Fragen zu klären: Was ist ein ETF, und was unterscheidet ihn von einem „normalen" Fonds? Rein formal betrachtet sind beide Sondervermögen, die von einer Investmentgesellschaft verwaltet werden. Ein Sondervermögen stellt man sich am besten wie eine große Geldsammelbox vor – und jedem Fondsinhaber gehört ein Stückchen davon. Während sich bei einem herkömmlichen Fonds ein Team von Managern überlegt, wie es das Geld in der Box investiert, kommen in die ETF-Kiste sozusagen einfach nur die Papiere, die einem Wertpapierindex zugehörig sind.

Ein Index bildet die Entwicklung eines Wertpapiermarktes ab. Am bekanntesten sind Aktienindizes, aber es gibt auch Anleihen- oder Rohstoffindizes. Der Anbieter eines Index legt fest, welche Werte in einem Index vertreten sind. Im Deutschen Aktienindex Dax sind das zum Beispiel die 40 größten börsennotierten deutschen Firmen. Da sich für ein Indexinvestment wie ETF keine hoch bezahlten Manager den Kopf zerbrechen, welche Papiere gekauft werden sollen, sondern dies durch den Index vorgegeben ist, sind die Kosten weitaus niedriger. Und da trotz umfangreicher Analysen die Profis meist nicht schlauer sind als der Markt und daher häufig keine bessere Auswahl treffen, bleibt am Ende bei ETF nun mal für die Fondskäufer mehr übrig.

Genau das hatte Bogle Mitte der 70er-Jahre erkannt. Er gründete eine neue Fondsgesellschaft, nannte sie „Vanguard" und wies seine Mitarbeiter an, künftig auf eine aktive Aktienauswahl völlig zu verzichten und nur noch den S&P-500-Index „passiv" nachzubilden. Alle 500 dort gelisteten Aktien sollten exakt nach ihrem Gewicht im Index gekauft und die Aufteilung beibehalten werden, egal ob es mit den Kursen auf- oder abwärts ging. Mit seinem neuen Indexfonds gab er privaten Anlegern erstmals die Möglichkeit, äußerst kostengünstig in den Aktienmarkt einzusteigen. Sein Indexfonds auf den amerikanischen Leitindex, der „Vanguard 500 Index Fund", entwickelte sich genau wie der Standard-&-Poor's-500-Index. Der Vanguard-Chef war überzeugt davon, dass sein neuer Fonds langfristig klar besser laufen würde als die Mehrzahl der aktiv gemanagten Konkurrenzprodukte. Anleger mussten also nicht mehr auf die relativ geringe Chance wetten, einen der wenigen Fonds zu erwischen, die dauerhaft bessere Ergebnisse als ihr Vergleichsmaßstab erzielen. Bogle beschrieb das Prinzip später so: „Suche nicht die Nadel im Heuhaufen, kaufe einfach den Heuhaufen."

Was sind ETF? Der schnelle Überblick

Mit ETF können Sie einfach einen kompletten Börsenindex kaufen – das bringt oft weit bessere Erträge als die meisten Fonds, die aktiv von Fachleuten gemanagt werden.

Anders als herkömmliche Fonds verzichten Indexfonds darauf, vermeintliche Gewinneraktien auszuwählen. Sie suchen nicht nach günstigen Kauf- und Verkaufszeitpunkten, betreiben also kein „Timing". Ob es raufgeht mit den Kursen oder runter, ist einem Indexfonds egal, er bleibt mit seinem gesamten Anlagevermögen investiert. Klettert der Index um 3 Prozent, legt auch ein Indexfonds um 3 Prozent zu, fällt er um 3 Prozent, gibt er entsprechend um 3 Prozent nach. Mit dieser sturen Nachbildung schnitt der Vanguard 500 schon bald besser ab als die meisten seiner aktiven Konkurrenten – übrigens auch als die meisten Privatanleger, die ihr Depot mit Einzelaktien bestücken. Das bessere Abschneiden ist aber nur einer von mehreren

5 WICHTIGE VORTEILE VON ETF

1 Breite Streuung. Sie reduziert das Risiko und erhöht langfristig den Ertrag, da Anleger mit einem einzigen Produkt komplette Aktien- und Anleihenmärkte nachbilden können.

2 Geringe Kosten. Sie lassen vom Ertrag der Kapitalanlagen netto mehr übrig als normale Fonds, da die Gebühren bei Kauf und Verkauf sowie auch die laufenden Kosten günstiger ausfallen.

3 Bessere Performance. Sie bringen langfristig mehr Ertrag als vergleichbare Investments, wie zahlreiche Studien belegen.

4 Laufender Börsenhandel. Er sorgt für hohe Liquidität und Flexibilität, da Käufe und Verkäufe jederzeit getätigt werden können.

5 Transparenz. Die Index-Nachbildung bringt Berechenbarkeit, weil die Bestandteile eines Börsenbarometers stets einsehbar sind und der Kurs sich immer fast parallel zum Indexverlauf bewegt.

Vorteilen von ETF („5 wichtige Vorteile" links): Ein weiterer Vorzug ist, dass ein Indexfonds auf den S&P 500 breit gestreut ist. Er vereint 500 Aktien aller wichtigen Branchen, während aktiv gemanagte Fonds selten mehr als 50 bis 100 Einzeltitel halten, private Anleger in der Regel noch viel weniger. Das senkt potenziell das Risiko. Denn Diversifikation, wie Streuung in der Fachsprache heißt, hat sich als beste Methode erwiesen, um allzu heftige Kursausschläge eines Aktiendepots zu dämpfen.

Die Hoffnung Bogles, mit seinem Indexfonds schnell Erfolg bei Anlegern zu haben, wurde jedoch bitter enttäuscht. Von einigen Kritikern wurde er für verrückt erklärt. Manche warfen ihm „unamerikanisches Verhalten" vor, weil er sich mit Durchschnittserträgen zufriedengab und nicht den Ehrgeiz zeigte, den Aktienindex übertrumpfen zu wollen. Unterstützung erhielt Bogle von Wissenschaftlern, die aufgrund ihrer Forschungsergebnisse Indexfonds als überlegene Anlageinstrumente ansahen. Sie ermunterten ihn weiterzumachen.

Erst nach und nach wurde Bogle ernst genommen, und sein Indexfonds wurde tatsächlich zur Vorhut – wie die deutsche Übersetzung von „Vanguard" lautet – einer weltweiten Entwicklung hin zum passiven Investieren, dem „Indexing".

Einen entscheidenden Zusatzschub erhielt seine Idee 1993, als die US-Gesellschaft State Street erstmals einen Indexfonds an die Börse brachte. Er wird genauso gehan-

Gut zu wissen

ETF sind börsengehandelte Indexfonds. Sie bilden einen festgelegten Börsenindex – wie den Dax – nach. Im Gegensatz zu aktiv gemanagten Fonds „wetten" sie nicht, dass bestimmte Aktien oder Anleihen besser laufen als der Durchschnitt, und sie investieren das Geld der Anleger immer komplett, egal ob die Börsenkurse steigen oder fallen.

delt wie Aktien, daher erhielt er den Namen Exchange Traded Fund, übersetzt börsengehandelter Fonds und abgekürzt ETF. Dieser ETF bildete den US-Aktienindex S&P 500 nach. Der SPDR S&P 500 ETF, ausgesprochen „Spider" (Spinne), ist seit Jahren der größte ETF der Welt. Im Februar 2022 verwaltete er rund 450 Milliarden US-Dollar.

Ein zusätzlicher Schub für Indexfonds kam nach der Finanzkrise 2008. Großanleger wie Versicherungen, Pensionsfonds und Stiftungen erkannten zunehmend die Vorzüge des Indexing, und auch Privatanleger entdeckten ETF. Der Börsencrash und der anschließende Wiederaufschwung der Kurse hatten gezeigt, dass es nur wenigen Profis gelungen war, sowohl im Abschwung als auch im folgenden Aufschwung besser abzuschneiden als der Markt. Diejenigen, die frühzeitig Aktien verkauft und damit einen Teil der Crash-Verluste vermieden hatten, stiegen meistens zu spät wieder ein, als die Kurse ab März 2009 steil nach oben schossen. Nach dem Corona-Crash 2020 verlief es ähnlich, und die Nachfrage nach ETF nahm nochmals massiv zu.

> **Investiere 10 Prozent in kurzfristige Staatsanleihen und 90 Prozent in einen günstigen S&P-Indexfonds.**
>
> Warren Buffett

Bogles Vision hat sich zwar spät, aber dafür umso beeindruckender erfüllt. Ende 2021 umfasste der weltweite Markt für ETF und ETF-ähnliche Papiere ein Volumen von rund 10,3 Billionen US-Dollar. Sogar der Milliardär Warren Buffett, der als erfolgreichster aktiver Investor der vergangenen Jahrzehnte gilt, adelte ETF mit dem Rat an seine Erben: „Investiere 10 Prozent in kurzfristige Staatsanleihen und 90 Prozent in einen günstigen S&P-500-Indexfonds. (...) Ich bin überzeugt, dass diese Investmentstrategie langfristig zu Ergebnissen führen wird, die die Mehrheit der anderen Investoren in den Schatten stellen werden, die hoch dotierte Vermögensverwalter beschäftigen."

In Deutschland sind für Privatanleger Indexfonds fast ausschließlich in der börsengehandelten Form als ETF erhältlich. Die Premiere ist noch nicht so lang her. Erst-

HÄTTEN SIE'S GEWUSST?

Ende 2016 betrug der Wert aller Anlagen in ETF weltweit 3,4 Billionen Dollar, 2021 waren es bereits 10,3 Billionen – ein Plus von rund 200 Prozent binnen fünf Jahren.

Rund 66 Prozent der 10,3 Billionen Dollar verwalteten die drei größten ETF-Anbieter der Welt, die US-Investmentfirmen BlackRock (in Deutschland iShares), Vanguard und State Street.

In Europa betrug Ende 2021 der Wert aller Anlagen in ETF rund 1,3 Billionen Dollar. Das entspricht weniger als einem Fünftel des amerikanischen ETF-Marktes.

Ende 2016 lag die Zahl aller ETF-Produkte weltweit bei 4808, Ende 2021 waren es 9877. In Deutschland konnten Anleger Anfang 2022 aus rund 1800 Aktien- und Anleihen-ETF wählen.

Quellen: ETFGI, BlackRock, Deutsche Börse AG

mals zugelassen wurden sie im April 2000 – bis Februar 2022 stieg die Zahl der an der Frankfurter Börse gehandelten ETF auf rund 1800. Anders als klassische Fonds, für die es von der Fondsgesellschaft täglich nur einen offiziellen Preis gibt, werden ETF wie Einzelaktien fortlaufend an der Börse gehandelt.

Wie aber funktionieren ETF überhaupt? Und was sollten Sie als Anleger oder Anlegerin wissen, wenn Sie sich dafür interessieren? Der sperrige Begriff ETF steht ja für „Exchange Traded Funds", börsengehandelte Indexfonds. Sie weisen drei Hauptmerkmale auf: Sie folgen einem Index, sind Fonds und börsengehandelt. Was hat es damit auf sich? Fangen wir mit dem Index an, denn um ihn dreht sich alles.

Nur wenige Indizes eignen sich als Basis fürs Depot

ETF kopieren eine große Zahl an Börsenbarometern aus aller Welt. Wie aber funktioniert die Nachbildung? Und warum weisen weltweite Indizes für viele Privatanleger große Vorteile auf?

Wenn Sie sich darüber informieren wollen, wie sich die Aktienkurse in Deutschland entwickeln, schauen Sie vermutlich, wo der Deutsche Aktienindex, kurz Dax, steht. Der deutsche Leitindex spiegelt die durchschnittliche Kursentwicklung der 40 wichtigsten deutschen börsennotierten Unternehmen wider, von A wie Adidas bis Z wie Zalando. Am Dax lässt sich auf einen Blick der Börsentrend erkennen. Die Wertentwicklung eines bestimmten Zeitabschnitts, zum Beispiel eines Jahres, kann man dann ganz einfach durch den Vergleich von zwei Zahlen errechnen. Ausgangspunkt des Dax ist der 31. Dezember 1987, für diesen Tag wurde sein Niveau mit 1000 Punkten festgelegt. Bis Anfang Februar 2022 kletterte er auf gut 15200 Zähler, sein Wert hat in diesen gut 30 Jahren also mehr als das Fünfzehnfache erreicht.

Da jeder ETF einen Wertpapierindex nachbildet, ist die Wahl des geeigneten Index ganz besonders wichtig, denn der Anlageerfolg hängt überwiegend davon ab. Das Börsenbarometer bestimmt die Chancen und Risiken des ETF. Erst später geht es darum, welche ETF-Anbieter die besten Produkte auf den jeweiligen Index offerieren.

Woraus ein Index genau besteht, können Sie leicht nachvollziehen, da die Regeln transparent sind und Sie die Zusammensetzung im Internet und in anderen Medien jederzeit verfolgen können. Wir haben die wichtigsten Informationen zu sinnvollen Indizes für Sie zusammengestellt. Die Übersicht finden Sie im Kapitel „Alle ETF im Überblick", ab S. 43.

Für die Börsentendenz in Deutschland ist der Dax zwar das wichtigste Barometer, aber als Basis für einen ETF weist er erhebliche Mängel auf – zumindest mit Blick auf die Bedürfnisse langfristig orientierter Privatanleger: Er ist auf ein Land beschränkt und mit nur 40 enthaltenen Aktiengesellschaften nicht breit gestreut.

Mit einem ETF über 1500 Aktien aus 23 Ländern kaufen

Indizes, die eine Vielzahl an Aktien oder Anleihen aus verschiedenen Ländern und Branchen enthalten, eignen sich deshalb besser als ETF-Basisinvestments. Finanztest versteht darunter Indizes, die in ihrem Anlagesegment keiner Ergänzung bedürfen.

Das beste Beispiel dafür ist der MSCI World, der mehr als 1500 Aktien großer und mittlerer Unternehmen aus 23 Industrieländern umfasst und Wertpapiere aus allen wichtigen Branchen enthält (siehe die Grafik „Die Branchengewichtung im MSCI World" auf S. 18). Er erfüllt damit alle Bedingungen für ein Basisinvestment. Noch besser geeignet ist der MSCI All Country World (ACWI), der zusätzlich noch die wichtigsten Aktien des Schwellenländer-Index MSCI Emerging Markets umfasst und insgesamt fast 3000 Aktien aufweist.

Die meisten ETF-Anbieter in Deutschland verwenden die Indizes des Indexanbieters MSCI, wenn sie einen Weltindex nachbilden. Aber es gibt auch einen großen Konkurrenten: FTSE Russell. Zu diesem Indexanbieter, der zur Gruppe der Londoner Börse gehört, ist 2012 der ETF-Pionier Vanguard gewechselt. Ihm waren die Gebühren, die MSCI verlangte, zu hoch. Das Pendant zum MSCI World ist der FTSE Developed World, zum MSCI Emerging Markets der FTSE Emerging Markets und zum MSCI ACWI der FTSE All World. Diese drei FTSE-Indizes beinhalten sogar noch einige Hun-

Die Branchengewichtung im MSCI World

Der MSCI World enthält Aktien aus allen wichtigen Branchen.

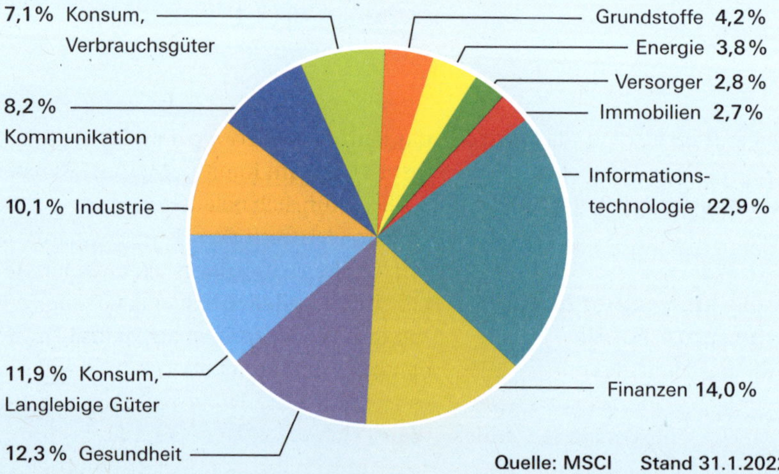

Quelle: MSCI Stand 31.1.2022

dert Aktien mehr als die entsprechenden MSCI-Indizes. Die Renditeentwicklung verlief in den vergangenen Jahren nahezu parallel zu derjenigen der MSCI-Indizes. Da Vanguard einen Teil seiner ETF Ende Oktober 2017 an der Frankfurter Börse eingeführt hat, spielen die FTSE-Indizes seither auch in Deutschland eine größere Rolle.

Gute ETF auf die Welt-Indizes von MSCI und FTSE finden Sie im Kapitel „Alle ETF im Überblick“ ab S. 43. Neben ETF auf diese globalen Börsenbarometer gibt es zahlreiche ETF auf Aktienindizes von Ländern, Regionen, Branchen und zunehmend auch auf Themen und Strategien. Mehr dazu erfahren Sie im Kapitel „ETF für Fortgeschrittene“ ab S. 127.

Das Geld der Anleger ist gut geschützt

In „Indexfonds“ steckt auch das Wort „Fonds“. Es deutet darauf hin, dass ETF enge Verwandte von aktiven Investmentfonds sind. Die wichtigste Gemeinsamkeit ist die gleiche Konstruktion als Sondervermögen, denn sie bürgt für Sicherheit. Warum? Bei Sondervermögen gehören die Vermögenswerte den Käufern der Anteile an Fonds oder ETF. Es muss „abgesondert“ vom Vermögen der Fondsgesellschaft bei einer Depotbank verwahrt werden, im Fachjargon heißt das treuhänderische Verwaltung. Die Depotbank wacht darüber, dass die Fondsgesellschaft das Vermögen der Kunden nicht für eigene Zwecke verwenden kann.

Damit ist sichergestellt, dass das Sondervermögen im Falle von Verlusten oder gar einer Insolvenz der Investmentgesellschaft vor dem Zugriff der Fondsgesellschaft und deren Gläubigern geschützt ist. Das Sondervermögen ist und bleibt immer im Eigentum der Kunden, egal was passiert. Da ETF rechtlich Investmentfonds sind, werden auch bei ihnen die Anteile der Anleger als Sondervermögen strikt getrennt vom Vermögen der ETF-Anbieter aufbewahrt.

Ein ETF-Anleger trägt also nur das Risiko der Anlagen, die im Fonds stecken, aber nicht das Risiko, dass der ETF-Anbieter pleitegehen könnte.

ETF entwickeln sich meist besser als aktiv gemanagte Fonds

Wie herkömmliche Fonds eignen sich ETF besonders gut für Sparpläne, also fürs regelmäßige Anlegen. Das wird vor allem für die Altersvorsorge immer wichtiger. Aber auch bei anderen langfristigen Sparzielen, etwa beim Sparen für die Ausbildungskosten der Kinder oder Enkel, sind sie eine gute Wahl. Bei langfristigen Sparplänen wirken sich Renditeunterschiede aufgrund des Zinseszinseffekts gravierend aus – je länger die Anlagedauer ist, umso mehr.

→ Der Zinseszins

Der Zinseszinseffekt ist einer Ihrer wichtigsten „Verbündeten" beim Sparen. Erhalten Sie auf Ihr investiertes Geld eine Zinszahlung, die der Sparsumme hinzugefügt wird, wird die Zinszahlung beim nächsten Zahlungstermin mitverzinst. Auf diese Weise mehrt sich Ihr Geld schneller als ohne Zinseszinseffekt. Je länger Sie sparen, desto stärker kommt der Effekt zum Tragen.

Eine für jeden Sparer und jede Sparerin leicht nachvollziehbare Möglichkeit, mit ETF langfristig Vermögen aufzubauen, stellt das Pantoffel-Portfolio der Stiftung Warentest dar, das im Kapitel „Mein ETF-Plan" ab S. 68 ausführlich beleuchtet wird.

Wenn Sie in einen ETF-Sparplan investieren, bleiben Sie, anders als beispielsweise bei einer Kapitallebensversicherung, jederzeit flexibel. Sie können die Sparrate monatlich oder in einem anderen Intervall überweisen und die Höhe beliebig anpassen. Wenn sich die Lebens- oder Einkommenssituation ändert, kann man auch einmal eine Weile ganz pausieren.

Neben diesen Gemeinsamkeiten von ETF mit klassischen Investmentfonds gibt es jedoch wichtige Unterschiede.

- **Langfristig** schneiden ETF im Schnitt besser ab als aktiv gemanagte Fonds. Es gibt zahlreiche Untersuchungen, die dies belegen. Das liegt auch daran, dass die Kosten deutlich niedriger sind. ETF sind nicht nur in der Anschaffung wesentlich günstiger, sondern auch im Bestand: So weisen Standard-ETF pro Jahr Gesamtkosten von unter 0,1 Prozent bis zirka 0,5 Prozent auf. Aktive Aktienfonds dagegen berechnen im Schnitt 1,5 bis 2,0 Prozent. Auch die fondsinternen Handelskosten sind bei Standard-ETF viel niedriger, weil es in Indizes nur selten und meist nur kleine Anpassungen gibt. Langfristig summiert sich der Kostenvorteil zu erheblichen Beträgen.
- **Die Transparenz** ist bei ETF größer als bei aktiven Fonds. Da ETF Indizes nachbilden, deren Zusammensetzung und

Gewichtung jederzeit einsehbar sind, haben Anleger stets den Überblick. Bei aktiven Fonds wissen Anleger dagegen nicht, welche Wertpapiere das Management gerade kauft oder verkauft. Das erfahren sie bestenfalls im Nachhinein. Und sie sind nie vor Fehlentscheidungen des Managements gefeit, die viel Ertrag kosten können. Allerdings werden ETF den Index, den sie nachbilden, nie schlagen, wie es einer Minderheit der aktiv gemanagten Fonds mittel- und langfristig gelingt.

Wie lässt sich der Index nachbilden?

Wie werden ein Index und ein Fonds zum Indexfonds? Ganz einfach, könnte man meinen, indem alle Bestandteile eines Börsenindex eins zu eins gekauft werden und in das Sondervermögen übergehen. So hat es John Bogle 1976 vorgehabt, als er den ersten Indexfonds aus der Taufe hob. Seine Methode nennt sich daher „physische Nachbildung". Aber es gibt auch andere Möglichkeiten der Indexnachbildung, die ihre eigenen Vorzüge und Nachteile aufweisen. Details dazu erfahren Sie im Abschnitt „Die Feinheiten beleuchtet" ab S. 108.

Dividenden – auszahlen lassen oder ansammeln?

Einen erheblichen Teil der Erträge von Aktien steuern Dividenden, die regelmäßigen Ausschüttungen der Unternehmen, bei. Nach verschiedenen Untersuchungen machen sie je nach Land und Zeitraum langfristig zwischen einem Drittel und der Hälfte der Gesamterträge aus. Auf Dividenden haben ETF-Besitzer den vollen Anspruch. Denn ETF sind ja, wie wir gehört haben, Sondervermögen, die hundertprozentig den Käufern gehören.

Gut zu wissen

Wo können Sie sich am besten über einzelne ETF schlau machen und sie miteinander vergleichen? Gesetzlich vorgeschrieben sind die „Wesentlichen Anlegerinformationen", die im Internet auf der Homepage der Anbieter abrufbar oder bei Banken erhältlich sind. Sie müssen auf zwei Seiten die wichtigsten Fakten des ETF detailliert darlegen. Daten zur Fondszusammensetzung, den Kosten, der Anlagewährung, der Wertentwicklung in Fondswährung und der Behandlung von Dividenden stehen in den Factsheets, die meistens einmal monatlich aktualisiert werden und ebenfalls im Internet einsehbar sind. Noch einfacher: Die Stiftung Warentest bietet die wichtigsten Daten für Tausende Fonds und ETF gegen eine geringe Gebühr unter test.de/fonds.

Aber was passiert mit den Dividenden? Es gibt, wie bei aktiven Fonds, zwei Möglichkeiten: Sie werden regelmäßig an die Anleger ausgezahlt – von jährlich bis zu viermal pro Jahr –, oder sie werden automatisch wieder im ETF angelegt und erhöhen entsprechend den Wert des ETF. Der erste Weg wird als „ausschüttend" bezeichnet, der zweite als „thesaurierend".

Wer auf laufende Zahlungen Wert legt, kann ausschüttende ETF wählen, wer dagegen einen langfristigen Vermögensaufbau im Sinn hat – etwa für die Altersvorsorge –, fährt mit der thesaurierenden Variante besser. Denn die Erträge werden ohne Transaktionskosten umgehend wieder angelegt und erhöhen damit den Anlagebetrag. Der Zinseszinseffekt sorgt dafür, dass sich das Wachstum des Kapitals durch die Thesaurierung beschleunigt – je länger die Erträge wieder angelegt werden, umso mehr.

ETF werden wie Aktien an der Börse laufend gehandelt

Was ist beim Börsenhandel, dem dritten Bestandteil des Namens „börsengehandelter Indexfonds", zu beachten? ETF werden wie Aktien an der Börse gehandelt, in Deutschland am häufigsten auf der vollelektronischen Handelsplattform Xetra, die der Deutschen Börse gehört.

Das geht so einfach und schnell wie beim Kauf einer Aktie oder Anleihe. Keine Sorge, Sie als Privatanleger oder -anlegerin müssen nicht selbst an der Börse handeln. Sie brauchen dafür einen Vermittler, zum Beispiel eine Bank. Viele praktische Tipps zum Handel oder warum Sie jeden Auftrag limitieren sollten, finden Sie im Abschnitt „ETF kaufen und verkaufen" ab S. 113.

→ Beispielrechnung: Mit ETF die Kosten im Griff behalten

Angenommen, ein aktiv verwalteter Fonds schneidet im reinen Anlageergebnis exakt gleich gut ab wie ein ETF und erzielt im Schnitt 7,5 Prozent Rendite pro Jahr. Setzt man bei einem ETF relativ hohe Kosten von 0,5 Prozent an, werden daraus 7,0 Prozent, bei einem aktiven Fonds mit relativ günstigen 1,5 Prozent Kosten dagegen nur 6,0 Prozent. Mit dem ETF kommen Anleger bei einer Anlagesumme von 10 000 Euro nach zehn Jahren auf 19 671,51 Euro, mit dem aktiven Fonds nur auf 17 908,48 Euro. Das heißt, der Kostenvorteil des ETF von einem Prozentpunkt bewirkt, dass der ETF-Anleger 1 763,03 Euro mehr im Depot hat. Da gilt das Sprichwort: „Kleine Ursache, große Wirkung". Der Zinseszinseffekt macht sich hier stark bemerkbar.

Die Kosten Ihres Investments gehören zu den Einflussfaktoren, die Sie weitgehend selbst bestimmen können, denn sie sind im Voraus bekannt und beeinflussen das Anlageergebnis – die Performance – ganz entscheidend. Es macht eben einen Unterschied, ob die Kosten 20 Prozent der Durchschnittsrendite aufzehren, wie in unserem Beispiel für den aktiven Aktienfonds, oder 6,7 Prozent für einen ETF. Bei Anleihen-ETF spielen die Kosten eine noch größere Rolle für das Gesamtergebnis, weil die Zinsen seit Jahren so niedrig sind, dass ein oder zwei Zehntelprozentpunkte Mehrkosten einen erheblichen Teil der Rendite vernichten.

ETF vertrauen auf wissenschaftliche Erkenntnisse

Namhafte Wirtschaftsforscher haben die Grundlagen für die „Erfindung" der Indexfonds geschaffen. Und sie haben wesentlich zur Weiterentwicklung des ETF-Angebots beigetragen.

→ **John C. Bogle ist zwar** so etwas wie der „leibliche Vater" von Indexfonds für Privatanleger. Aber es gibt auch einen „geistigen Vater": Professor Paul A. Samuelson, der 1970 als erster US-Amerikaner mit dem Nobelpreis für Wirtschaft (genauer: Alfred-Nobel-Gedächtnispreis) ausgezeichnet worden ist. Er hatte 1974 in einem wissenschaftlichen Beitrag gefordert, jemand solle doch einen Investmentfonds auflegen, der einfach nur passiv den breiten US-Aktienindex S&P 500 nachbildet. Er war sich sicher: Nach Abzug der Kosten werde es kein aktiver Anleger auf Dauer schaffen, den Index zu schlagen.

Bogle schilderte viele Jahre später, dass ihm diese Herausforderung keine Ruhe gelassen habe, bis er mit dem Vanguard 500 Index Fund dann 1976 Samuelsons Wunsch erfüllen konnte. Der Nobelpreisträger lobte Bogle kurz danach in einer Kolumne im Wirtschaftsmagazin „Businessweek" überschwänglich: „Meine Gebete wurden früher als erwartet erhört." Fast 30 Jahre später legte Samuelson augenzwinkernd noch eine Schippe drauf: „Ich stufe Bogles Erfindung von Indexfonds gleichrangig ein mit der Erfindung des Rads, des Alphabets, Gutenbergs Buchdruck sowie gutem Wein und Käse", pries er ihn in einem Vortrag.

Der Wirtschaftsprofessor hatte seine Forderung nach einem Indexfonds mit den Ergebnissen seiner eigenen wissenschaftlichen Forschungen und denen anderer Ökonomen zur „Modernen Portfoliotheorie" (MPT) begründet. Samuelson, der von der

„New York Times" nach seinem Tod 2009 in einem Nachruf als „führender Wirtschaftswissenschaftler des 20. Jahrhunderts" gewürdigt wurde, hat die Moderne Portfoliotheorie maßgeblich weitergedacht.

Entwickelt hatte die MPT aber bereits 1952 Harry Max Markowitz, der dafür 1990 den Nobelpreis erhielt. Sie bildet die Grundlage für zahlreiche Forschungsarbeiten über die Grundregeln der Kapitalanlage und die Wirkungsweise der Finanzmärkte – und ist zur Basis des passiven Investierens geworden. Markowitz hatte erstmals den wissenschaftlichen Nachweis erbracht, dass Diversifikation, also Streuung der Investments auf verschiedene Anlagen, einen positiven Effekt auf das Risiko und die Rendite eines Portfolios ausübt. Wenn Anleger ihr Vermögen auf verschiedene Anlagen verteilen, bewirkt das auf der Ertragsseite einfach nur, dass die Renditen der Anlagen gemittelt werden. Die Risiken hingegen werden dadurch tatsächlich sogar überproportional reduziert. Die Diversifikation verbessert also das Rendite-Risiko-Verhältnis.

Diversifikation ist das Einzige, was es an der Börse umsonst gibt.

Harry Max Markowitz

Die einzelnen Vermögenswerte sollten, wie es in der Fachsprache heißt, möglichst wenig miteinander korreliert sein: Ihre Wertentwicklung sollte sich also nicht gleichgerichtet entwickeln, sondern unterschiedlich auf wirtschaftliche, finanzielle und politische Einflüsse reagieren. Salopp gesagt: Ein Hersteller von Sonnencreme profitiert von einer lang anhaltenden Schönwetterperiode, ein Regenschirmhersteller dagegen von schlechtem Wetter. Wer als Anleger auf beide Produzenten setzt, macht sich von Wettereinflüssen weitgehend unabhängig.

Es macht daher laut Markowitz wenig Sinn, ein Depot aufzubauen, das vorwiegend aus Autoaktien oder Bankwerten verschiedener Länder besteht. Viel besser ist es, das Geld auf viele Branchen und Länder aufzuteilen.

Hier sind ETF ideal, da es kostengünstige Indexfonds für eine große Zahl von Anlageklassen gibt, also für verschiedene Märkte (Aktien, Anleihen, Rohstoffe), Regionen, Branchen, Strategien und Anlageformen. Mehr dazu erfahren Sie im Kapitel „ETF für Fortgeschrittene" ab S. 127. „Diversifikation ist das Einzige, was es an der Börse umsonst gibt", brachte Markowitz seine Erkenntnisse auf einen griffigen Nenner.

Was meinte er damit? Ein gut diversifiziertes Portfolio hat immer ein besseres Rendite-Risiko-Verhältnis als einzelne Bausteine daraus – seien es einzelne Aktien, Länder oder Branchen. Und das Rendite-Risiko-Verhältnis ist die Größe, auf die es am Ende ankommt, wenn man Geldanlagen bewerten und vergleichen möchte. Nur

HÄTTEN SIE'S GEWUSST?

Die drei Wissenschaftler Dimson, Marsh und Staunton von der London Business School berechnen seit vielen Jahren die realen, also inflationsbereinigten Erträge von Aktien, Anleihen und kurzfristigen Staatspapieren (Englisch Bills) für 21 Länder zurück bis ins Jahr 1900. Das Ergebnis für diese Staaten zusammen bis Ende 2020 sieht so aus:

Aktien kamen auf eine durchschnittliche reale (also inflationsbereinigte) jährliche Rendite von 5,2 Prozent,

Anleihen erzielten mit 2,1 Prozent erheblich weniger,

kurzfristige Zinspapiere mit 0,8 Prozent lediglich rund ein Sechstel von Aktien.

Addiert man zu diesen realen Renditen die Inflationsrate hinzu, die in den 21 Ländern im Schnitt 2,8 Prozent betrug, brachten **Aktien 8,0 Prozent „sichtbare" Rendite** pro Jahr.

dank Diversifikation kommt man also leicht zu einem besseren Portfolio.

Indexfonds stellen damit Privatanlegern das gleiche Handwerkszeug zur Verfügung wie den Profis. Manche Experten sehen in ETF daher die „Demokratisierung der Geldanlage", weil sie gleiche Möglichkeiten für alle schaffen. Private Anleger mit geringen Ersparnissen können die Vorzüge breiter Streuung zu ähnlich niedrigen Kosten erzielen wie Großanleger. Und sie brauchen, wenn sie langfristig investieren, keinen teuren Rat von Banken, Vermögensverwaltern oder Finanzberatern. Sie brauchen kein Herrschaftswissen, um so erfolgreich anlegen zu können wie Profis. Oder, wie es der Münsteraner Wirtschaftsprofessor Martin T. Bohl ausdrückt: Vermögensanlagen mit passiven Investitionsstrategien „benötigen vergleichsweise wenig Know-how", zudem sei „immer ein guter Zeitpunkt für eine passive Anlage", da künftige Kursentwicklungen an den Börsen ohnehin nicht prognostiziert werden könnten.

Diese Schlussfolgerungen sind für die Anleger wichtig

Die Moderne Portfoliotheorie ist zwar nicht unumstritten. Sie hat etwa auch in der Finanzkrise ab 2008 Schrammen abbekommen, weil nahezu alle Märkte gleichzeitig einbrachen und deshalb auch eine breite Streuung kaum vor starken vorübergehenden Verlusten schützte. Aber sie gilt unverändert als die Basis der Investmenttheorie.

Ihre grundlegenden Erkenntnisse, mit denen die Überlegenheit des passiven Investierens untermauert wird, lassen sich kurz und stark vereinfacht so zusammenfassen:

- **Risiko und Ertrag** hängen eng miteinander zusammen. Eine höhere langfristige Rendite wird in der Regel mit einem erhöhten Risiko in Form starker Kursschwankungen erkauft.
- **Das Risiko eines Gesamtportfolios** lässt sich mit breiter Streuung über mehrere Anlageklassen hinweg deutlich senken, ohne dass die Rendite in gleichem Maße darunter leiden muss.
- **Den entscheidenden Einfluss** auf die Rendite eines breit gestreuten Depots übt die Asset Allocation aus. Darunter versteht man die Verteilung der Ersparnisse auf die unterschiedlichen Anlagegattungen. Bei Wertpapieren sind das Aktien und Anleihen (oder andere Zinsanlagen wie Tagesgeld). Mit anderen Worten: Je höher der Aktienanteil am Geldvermögen ist, desto höher ist auch die erwartete langfristige Rendite.
- **Das, was die meisten Anleger** als entscheidend für den Anlageerfolg ansehen, spielt dagegen nur eine untergeordnete Rolle: die gezielte Auswahl einzelner Aktien („Stockpicking“) und der Versuch, mit dem richtigen Zeitpunkt von Kauf und Verkauf („Market Timing“) mehr Ertrag zu erzielen.
- **Auf Dauer scheitert** die große Mehrheit der Anleger – Profis wie Privatanleger – daran, ihren Vergleichsindex zu schlagen. Denn ein Credo der Portfoliotheorie lautet: „Niemand ist langfristig klüger als der Markt.“

All das sind wichtige Argumente dafür, bei der langfristigen Geldanlage auf ETF zu setzen. Doch bevor Sie jetzt sofort loslegen und ETF kaufen, ist es ratsam, sich zunächst mit ein paar wichtigen Regeln für Ihre Finanzplanung sowie mit typischen Fehlern von Geldanlegern vertraut zu machen. Die haben wir im folgenden Kapitel zusammengestellt. Danach kann es an die Umsetzung Ihrer persönlichen Anlageziele gehen.

Grundregeln der Geldanlage

Gut geplant ist halb gewonnen. Diese Lebensweisheit gilt ganz besonders für die Geldanlage. Nur wenn Sie systematisch vorgehen und Fehler vermeiden, haben Sie gute Aussichten, sich auf lange Sicht ein Vermögen aufzubauen.

Viele schaffen es nicht, sich eine finanzielle Reserve für die Altersvorsorge aufzubauen – entweder weil sie sich erst gar nicht mit dem Thema beschäftigen oder weil sie eine falsche Vorgehensweise wählen. Dabei ist es gar nicht so schwierig, die Grundlagen zu verstehen, die wir auf den folgenden Seiten kurz vorstellen. Denn nur wenn Sie Ihre privaten Finanzen im Griff haben, sollten Sie sich an die langfristige Geldanlage wagen.

ETF sind ein gutes Instrument für den Vermögensaufbau. Aber: Sie sind nicht für jeden Zweck geeignet. Bevor Sie sich also in Ihren ETF-Plan (siehe Kapitel „Mein ETF-Plan“ ab S. 65) stürzen, sollten Sie Ihre Finanzen komplett überprüfen. Denn es ist wichtig, dass Sie nur das Geld für eine langfristige Anlage verwenden, das Sie wirklich dafür entbehren können, und dass Ihr ETF-Depot zu Ihren finanziellen Bedürfnissen passt. Im Folgenden verraten wir Ihnen, wie Sie Ihren persönlichen ETF-Plan in Ihre komplette Finanzplanung einbinden können, und zeigen, wie Sie die häufigsten Fehler bei der Geldanlage vermeiden.

Mein großer Plan

Eine gute Anlagestrategie basiert auf einer soliden Finanzplanung. Und die ist gar nicht so kompliziert.

Eine vergleichbare Erfahrung hat fast jeder schon einmal gemacht: Erst hat man den Urlaub so richtig genossen, aber leider ein wenig über seine Verhältnisse gelebt, und dann streikt nach der Rückkehr auf einmal auch noch die Waschmaschine. So etwas ist natürlich ärgerlich. Doch problematisch und womöglich teuer wird es erst, wenn keinerlei finanzielle Reserven für solche unerwarteten Mehrausgaben vorhanden sind – und auf die Schnelle das Girokonto deutlich ins Minus rutscht, um die Reparatur zu stemmen.

Doch das sollte nur die seltene Ausnahme und nicht die Regel sein. Denn auf Dauer kann man mit einer nachlässigen Einstellung zu den eigenen Finanzen einiges an Geld verlieren. Was das alles mit dem Thema Geldanlage in ETF zu tun hat, fragen Sie sich jetzt? Eine ganze Menge! Denn Geld in ETF anlegen sollte nur derjenige, der es auch wirklich längerfristig übrig hat und entbehren kann. Auf gut Deutsch: Dafür müssen Sie dauerhaft etwas mehr einnehmen, als Sie regelmäßig ausgeben.

Wenn es Ihnen aber immer wieder passiert, dass Sie – vielleicht sogar trotz eines passablen monatlichen Einkommens – in den Miesen landen, dann sind Sie gut beraten, als Allererstes einen Kassensturz zu machen. Für einen guten Überblick führen Sie am besten zwei bis drei Monate ein Haushaltsbuch – besonders gewissenhafte Zeitgenossen führen es sogar laufend. Das klingt altmodisch, ist aber sehr hilfreich.

Das Terrassenmodell schafft Ordnung

Nehmen wir an, Sie haben es mithilfe Ihres Haushaltsbuchs geschafft, dass Ihnen regelmäßig Geld übrig bleibt. Wie gehen Sie jetzt mit dieser Erkenntnis um?

Sinnvoll ist es, sich am vierstufigen Terrassenmodell für den Vermögensaufbau zu orientieren.

Terrasse 1: Die laufenden Ausgaben

Auf der ersten Stufe geht es darum, seinen laufenden Zahlungsverkehr zu regeln. Dafür braucht man ein gutes und günstiges Girokonto. Finanztest veröffentlicht regelmäßig Übersichten zu den besten Girokonten (test.de/girokonten; der Download ist kostenlos). Wer zu einem leistungsstarken Anbieter wechselt, kann leicht mehr als 100 Euro pro Jahr einsparen – Geld, das man in den Vermögensaufbau stecken kann.

Mit dem Terrassenmodell richtig sparen

Das vierstufige Modell stellt einen systematischen Vermögensaufbau sicher. Wenn Sie die vier Stufen nacheinander nehmen, bleiben Sie kurzfristig liquide und bauen langfristig Vermögen auf.

1 Die laufenden Ausgaben

Auf dem Girokonto sollte in etwa ein monatliches Nettogehalt liegen, um die regelmäßigen Zahlungen stets abwickeln zu können. Dann läuft man nicht Gefahr, in den teuren Dispokredit zu rutschen.

2 Der Notgroschen

Auf einem verzinsten Tagesgeldkonto werden zwei bis drei Netto-Monatsgehälter geparkt. Vorsichtige packen noch ein bis zwei Monatsgehälter dazu. Das Geld auf dieser Stufe dient als Sicherheitsreserve und kann bei Bedarf für kurzfristige Ausgaben verwendet werden.

3 Geld für größere Anschaffungen

Haben Sie mittelfristige Sparziele wie ein Auto oder eine Immobilie, legen Sie Ihr Geld möglichst sicher und so an, dass es verfügbar ist, wenn Sie es benötigen. Geeignet sind vor allem Festgeld und, falls es wieder höhere Zinsen gibt, auch kurzlaufende Anleihen oder ETF auf Indizes mit Anleihen kurzer Laufzeiten.

4 Die Altersvorsorge

Hier landet das Geld, das nach dem Erklimmen der ersten drei Stufen für den langfristigen Vermögensaufbau frei bleibt. Eine gute Basis bildet ein Mix aus Aktien-ETF und Zinsanlagen. Für den Zinsteil bietet sich aktuell Tages- oder Termingeld an; sichere Euroland-Anleihen sind eine Alternative, die in der aktuellen Zinslage jedoch nicht ratsam sind (siehe „Bequem anlegen – die Pantoffel-Portfolios", S. 68).

Auf dieser Ebene legt man zunächst also das Geld beiseite, das man für die laufenden monatlichen Ausgaben braucht. Es empfiehlt sich, ständig etwa eine durchschnittliche Monatsausgabe auf dem Girokonto parat zu haben. Aber nicht mehr, denn meist gibt es auf das hier deponierte Geld keine Zinsen, manche Anbieter verlangen sogar Minuszinsen oder ein Verwahrentgelt.

Wichtige Grundregel: Ein Abrutschen in den Dispositionskredit sollte für Sie möglichst tabu sein. Denn der Überziehungskredit auf dem Girokonto ist besonders teuer: Selbst im September 2021 lag der durchschnittliche Dispozins in Deutschland nach den Ermittlungen der Finanztest-Redaktion immer noch bei rund 9,5 Prozent. Zum Vergleich: Der Leitzins der Europäischen Zentralbank (EZB), zu dem sich Banken bei der EZB Geld leihen können, lag zu diesem Zeitpunkt bei null Prozent.

Terrasse 2: Der Notgroschen

Haben Sie auf dem Girokonto das erste Finanzpolster liegen, geht es weiter auf Terrassenstufe 2. Hier gilt es, eine eiserne Finanzreserve aufzubauen, damit man von unvorhergesehenen Ausgaben nicht auf dem falschen Fuß erwischt wird. Um bei Bedarf jederzeit an das Geld heranzukommen, bietet sich ein verzinstes Tagesgeldkonto als Parkplatz an. Angesichts der Nullzins-Politik der EZB sind die Zinsen darauf derzeit ebenfalls sehr niedrig, bei höheren Summen drohen Verwahrentgelte. Den Ausgleich der Teuerung schafft man mit diesen Konten nicht. Daher ist es nicht sinnvoll, auf dieser Stufe als Notreserve zu viel Geld auf Tagesgeldkonten zu parken.

Nach einer Daumenregel sollte man in der Notfallreserve etwa zwei bis drei Netto-Monatsgehälter deponieren – je nach eigenem Sicherheitsbedürfnis und finanziellem

Spielraum. Sehr Vorsichtige satteln noch ein bis zwei Nettomonatsgehälter drauf.

Terrasse 3: Geld für größere Anschaffungen

Hat man auf Terrasse 2 das Geld für die Notreserve zusammen, geht es weiter auf Stufe 3. Dort spart man Geld für mittelfristige Ziele an. Das kann zum Beispiel das Eigenkapital für eine Eigentumswohnung sein, die man in ein paar Jahren erwerben möchte. Oder das Geld für ein sechsmonatiges Sabbatical – eine Auszeit vom Job, vielleicht verbunden mit einer langen Reise. Klar ist: Wie viel Geld auf dieser Stufe zu sparen ist, hängt vom Ziel selbst ab. Wie man beim Sparen vorgeht, hängt wiederum davon ab, wie viel Zeit man sich geben will, um es zu erreichen.

Wenn man sein Ziel schon in zwei, drei Jahren erreichen möchte, sollte man beim Sparen darauf vorsichtiger agieren, als wenn man sich länger Zeit lassen kann. Daher gilt: Je näher das angepeilte Sparziel liegt, desto stärker muss man auf sichere Zinsprodukte und weniger auf börsennotierte Investments setzen. Infrage kommen zum Beispiel Anlageformen wie Festgelder oder auf die Spardauer abgestimmte Anleihen von soliden Schuldnern.

Terrasse 4: Die Altersvorsorge

Erst wenn man diese drei Stufen nacheinander erklommen und auf jeder die entsprechende Summe angehäuft hat, sollte man sich um seinen langfristigen Vermögensaufbau kümmern. Jetzt kann man die übrigen freien Mittel investieren sowie Gelder, die man nun idealerweise auch Monat für Monat aus dem laufenden Einkommen aufbringen kann, um sein Vermögen dauerhaft zu mehren. Nun gilt: Je länger der Sparhorizont, desto stärker kann man hier auf langfristig renditestarke Anlagen wie Aktien-ETF (siehe S. 44) setzen. Denn eines ist klar: Mit Zinsanlagen allein lässt sich derzeit und bei steigender Teuerung nicht die Inflationsrate schlagen. Langfristig ist das vor allem mit Sachwertanlagen wie Aktien zu schaffen.

→ Töpfe 1 bis 3 wieder auffüllen!

Haben Sie auf Terrasse 1 bis 3 Geld entnommen, sollten Sie Ihre Sparanstrengungen darauf verwenden, zunächst den Geldtopf auf dieser Stufe wieder zu füllen. Mit ETF-Sparplänen zum Beispiel können Sie flexibel reagieren: Sie können jederzeit mit den Zahlungen pausieren, wenn das dafür verwendete Geld zwischenzeitlich besser für ein anderes Sparziel eingesetzt werden sollte. Sind die Geldtöpfe auf Stufe 1 bis 3 wieder gefüllt, können Sie den ETF-Sparplan bequem und ohne Zusatzkosten wieder aufnehmen. So bleiben Sie stets flüssig, behalten aber gleichzeitig das Ziel des langfristigen Vermögensaufbaus im Blick.

Eine bequeme und einfache Möglichkeit für den langfristigen Vermögensaufbau stellen wir Ihnen mit dem Konzept des Finanztest-Pantoffel-Portfolios vor (siehe „Bequem anlegen“ ab S. 68).

Wer sich bei der Strukturierung seiner Finanzen an das Terrassenmodell hält, bleibt nicht nur Monat für Monat flüssig. Er weiß auch, wie groß sein Spielraum ist, sinnvollen Vermögensaufbau mit ETF zu betreiben.

Gleichzeitig auf verschiedenen Ebenen zu sparen – diesen Fehler begehen viele.

Wenn Sie das Terrassenmodell für sich nutzen möchten, sollten Sie daher die einzelnen Stufen Schritt für Schritt erklimmen. Es ist nicht sinnvoll, von Stufe 1 mit einem großen Satz direkt auf Stufe 4 zu springen. Mit einer Ausnahme: Sparverträge auf Vermögenswirksame Leistungen (VL), die man inzwischen auch in ETF anlegen kann. Wer per Tarifvertrag Anspruch darauf hat, sollte sie abschließen, um nicht bares Geld zu verschenken (siehe „Geschenktes Geld vom Chef in ETF investieren“ ab S. 78). Geringverdiener erhalten auch noch staatliche Zulagen und Prämien dazu.

Gleichzeitig auf verschiedenen Ebenen zu sparen – diesen Fehler begehen viele. Oft geschieht dies auf den „guten Rat“ von Bankberatern oder Versicherungsvermittlern hin. So kommt es immer wieder vor, dass ein Berufseinsteiger eine private Rentenversicherung abschließt und Monat für Monat schauen muss, dass er die Rate aufbringen kann, und dafür womöglich sein Girokonto überzieht. Wer in diese Falle getappt ist, betreibt Vermögensaufbau auf Pump – dass sich das langfristig nicht lohnen kann, liegt auf der Hand. Ebenso wenig ist es sinnvoll, gleichzeitig auf allen Stufen zu sparen. Das führt schnell zur finanziellen Überforderung. Damit all dies nicht passiert, empfiehlt sich die Orientierung am Terrassenmodell, das in jedem Alter und in jeder Lebenslage leicht umsetzbar ist.

Das Ziel bestimmt das Mittel

Die perfekte Geldanlage? Sollte hohe Renditen erwirtschaften, dazu zugleich vollkommen sicher und jederzeit wieder veräußerbar sein, wenn man anderweitig dringend Geld benötigt. Klingt gut? Gibt es aber leider nicht, auch wenn windige Berater gerne versuchen, diesen Eindruck zu erwecken.

Mithilfe des „magischen Dreiecks der Geldanlage“ (siehe Grafik S. 32) lässt sich dieses Spannungsfeld gut darstellen. Jedes Anlageprodukt hat demnach in den drei Dimensionen des magischen Dreiecks ein klares Profil, das es von anderen Anlageprodukten unterscheidet. Wenn Sie auf der Suche nach einem passenden Anlageprodukt für eine Stufe Ihres persönlichen Terrassenmodells sind, sollten Sie sich dies vor Augen halten:

Das magische Dreieck
Eine Geldanlage kann nicht zugleich vollkommen sicher, hoch rentabel und allzeit verfügbar sein.

- **Sicherheit** bedeutet den Werterhalt des eingesetzten Geldes. Bei Verkauf oder Auflösung der Geldanlage bekommt man also sein Geld vollständig zurück; umgekehrt lässt sich daher unter dem Begriff Risiko die Möglichkeit verstehen, dass man mit einer Geldanlage einen Verlust erleidet. Die Sicherheit einer Geldanlage hängt davon ab, welchen Risiken sie unterworfen ist. Bei börsennotierten Geldanlagen sind hier zum Beispiel Kurs- oder Wertschwankungen gemeint, bei Sparanlagen der Banken können es das Niveau und die Solidität der Einlagensicherung sein.
- **Verfügbarkeit** (Liquidität) besagt, wie rasch sich eine Geldanlage wieder „verflüssigen", sprich zu Geld machen lässt. Bei Aktien oder auch ETF, die börsentäglich laufend gehandelt werden, ist das beispielsweise kein Problem, bei Immobilien dagegen kann sich der Verkaufsprozess über Monate hinziehen.
- **Rendite** (Rentabilität) meint den Ertrag, den man mit einer Geldanlage einfahren kann. Sie wird üblicherweise als das Verhältnis aus dem Ertrag einer Geldanlage zum Kapitaleinsatz innerhalb eines bestimmten Zeitraums dargestellt. In aller Regel wird die Rendite als ein auf die Laufzeit eines Jahres umgerechneter durchschnittlicher Prozentwert angegeben. Zur Rendite zählen nicht nur Wertveränderungen etwa in Form eines Kursanstiegs, sondern auch Zuflüsse aus Zinsen und Dividenden.

Das größte Spannungsverhältnis besteht grundsätzlich zwischen Rentabilität und Sicherheit: Als besonders sicher geltende Anlagen erbringen in aller Regel eine vergleichsweise geringe Rendite. Umgekehrt gehen höhere Renditechancen mit mehr Risiko einher. Warum das so ist, liegt auf der Hand: Wenn zwei Anlageformen vollkommen sicher wären, würde jeder die Alternative wählen, die mehr Rendite verspricht. Eine höhere Renditechance ist somit eine Kompensation für ein erhöhtes Risiko.

Auch Rentabilität und Liquidität lassen sich kaum vereinen. Liquide Anlagen sind üblicherweise mit vergleichsweise geringen

Renditen verbunden. Als Beispiel sei hier das Tagesgeldkonto genannt: Guthaben darauf können jederzeit abgehoben werden, wegen der Einlagensicherung ist das Geld zu so gut wie 100 Prozent sicher angelegt, aber die Verzinsung lässt gerade in Nullzinsperioden zu wünschen übrig. Ein Tagesgeldkonto als Geldparkplatz für den Notgroschen ist aber für jedermann ein Must-have und daher für Stufe 2 des Terrassenmodells besonders praktisch. Für die längerfristige Geldanlage kann es gerade in Marktphasen, in denen ein Zinsanstieg wahrscheinlich ist, ebenfalls als Sicherheitsbaustein neben Aktien-ETF geeignet sein.

Sie sind folglich gut beraten, Geldanlageprodukte anhand der drei Eckpunkte des magischen Dreiecks unter die Lupe zu nehmen und für jede Stufe Ihres Finanzplans das passende auszuwählen. Das gilt auch für ETF: In der weit gefassten Produktkategorie ETF gibt es große Unterschiede, inwieweit die drei Kriterien jeweils erfüllt werden. Darüber hinaus lassen sich weitere Aspekte, etwa ethisch-ökologische Kriterien, in die Betrachtung einbeziehen.

Schluss mit falscher Geldanlage

Jedes Jahr gehen hierzulande Milliarden durch falsches Investieren verloren. Wer die häufigsten Fehler kennt, kann sie abstellen und mehr Vermögen schaffen.

→ **Die Deutschen verfügen** über relativ hohe Einkünfte und sparen seit Jahrzehnten viel. Damit müssten sie doch inzwischen zu den reichsten Bürgern Europas gehören, oder? Leider nein. Eine Studie der Europäischen Zentralbank zeigt: Der „Median"-Deutsche – derjenige, der genau mehr als die eine Hälfte der Bevölkerung besitzt, aber weniger als die andere Hälfte – kommt gerade mal auf knapp 71000 Euro Vermögen, während ein entsprechender EU-Bürger nach Abzug der Schulden rund 99000 Euro besitzt. Ein Grund dafür ist, dass Bundesbürger viel öfter zur Miete wohnen als andere Europäer. Doch auch mit dem Geld, das sie in Finanzanlagen stecken, gehen sie suboptimal um. Sie vertrauen es am liebsten Banken oder Versicherungen an. Die Börse ist für viele ein Ort, an dem man spekuliert statt investiert. Mit teuren Folgen.

Fehler 1: Zu wenig auf langfristige Renditechancen schauen

Das Sicherheitsbedürfnis spielt für deutsche Anleger offenbar eine weitaus größere Rolle als die Renditeaussichten. Die Folge davon ist, dass Aktieninvestments wegen möglicher Kursschwankungen noch immer gemieden werden. Gerade mal etwa jeder sechste Deutsche über 14 Jahren hatte 2021 Teile seines Geldes in Aktien, Aktienfonds oder -ETF investiert, zeigen Zahlen des Deutschen Aktieninstituts. Nur knapp ein Viertel des Geldvermögens von 7,3 Billionen Euro (Stand: Oktober 2021) steckt in Aktien, sonstigen Anteilsrechten, Fonds- und ETF-Anteilen. Das zeigen Daten der Deutschen Bundesbank. Der große Rest schlummert in Spareinlagen und Bargeld, Versicherungen und anderen Alterssicherungssystemen.

Das Problem dabei ist: Mit Geldanlagen auf Konten und Sparbüchern wird man bei den aktuellen Nullzinsen nicht reicher, sondern ärmer. Denn die Inflation nagt beständig an der Kaufkraft des Geldes – später können Sparer sich weniger leisten.

Dass Aktien eine gute Geldanlage sind, zeigen Berechnungen zur Rendite von Aktienindizes der Finanztest-Redaktion. Demnach konnten Anleger in den vergangenen 25 Jahren stets positive Erträge erwirtschaften, wenn sie ihr Geld längerfristig an der Börse angelegt hatten. Wer sein Vermögen international breit streute, profitierte (siehe Grafik „Wer durchhält, profitiert“). Und das, obwohl die Zeiten alles andere als ruhig waren: In die vergangenen 25 Jahre fielen das Platzen der Dotcom-Blase um die Jahrtausendwende, die Einbrüche nach der Finanzkrise 2008/2009 und der Corona-Crash 2020. Die maximalen Kursverluste waren zum Teil heftig. Doch wer die Nerven behielt und Schwankungen aussaß, lag richtig.

Diese Entwicklungen liefern daher einen eindrucksvollen Beleg dafür, dass es sinnvoll ist, sich beim privaten Vermögensaufbau am Terrassenmodell zu orientieren: Denn nur Anleger, die über genügend Reserven verfügen, um Aktienbestände lange Zeit liegen zu lassen, können es sich leisten, Kursschwankungen auszusitzen.

Doch selbst die Bundesbürger, die sich aufs Börsenparkett wagen, scheinen falsche Vorstellungen davon zu haben, welche Strategien langfristig Vermögen schaffen. Das zeigt eine groß angelegte Untersuchung von 40 000 Depots über einen Zeitraum von zehn Jahren im Auftrag von Finanztest. Die Wirtschaftsprofessoren Andreas Hackethal und Steffen Meyer untersuchten die Depots von Direktbankkunden und werteten den Depot-Mix, die Kontenbewegungen und die Rendite aus. Mit ernüchterndem Ergebnis. Zwischen 2005 und 2015 gingen den Anlegern etwa 5,6 Prozent Rendite jährlich durch die Lappen. Denn nach der durchschnittlichen Bestückung der Depots mit 80 Prozent Aktien und 20 Prozent Rentenpapieren wäre eine Rendite von 8,7 Prozent pro Jahr drin gewesen. Erreicht wurden aber im Schnitt nur 3,1 Prozent pro Jahr.

Wer durchhält, profitiert

Wenn Anleger gute Nerven mitbrachten und langfristig breit gestreut investierten, haben sie in den vergangenen 25 Jahren an den Weltbörsen gute Renditen eingefahren – zwischenzeitlichen herben Verlusten zum Trotz.

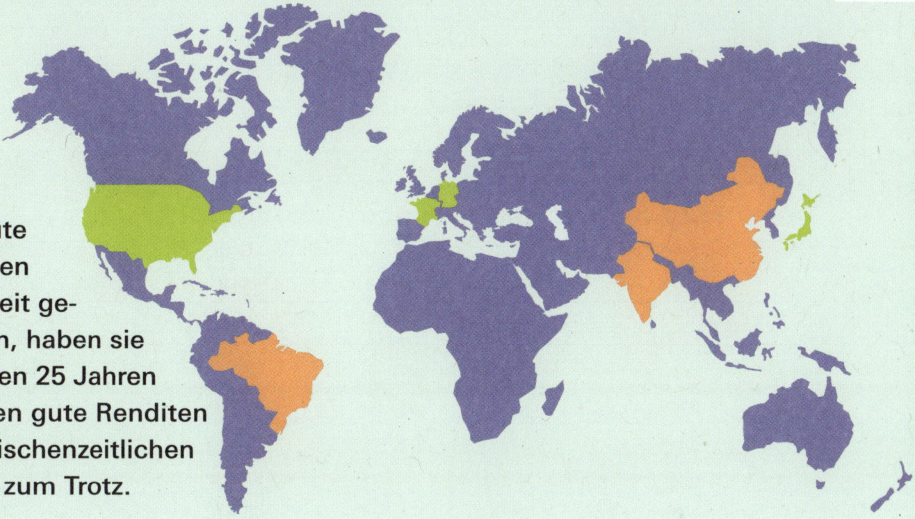

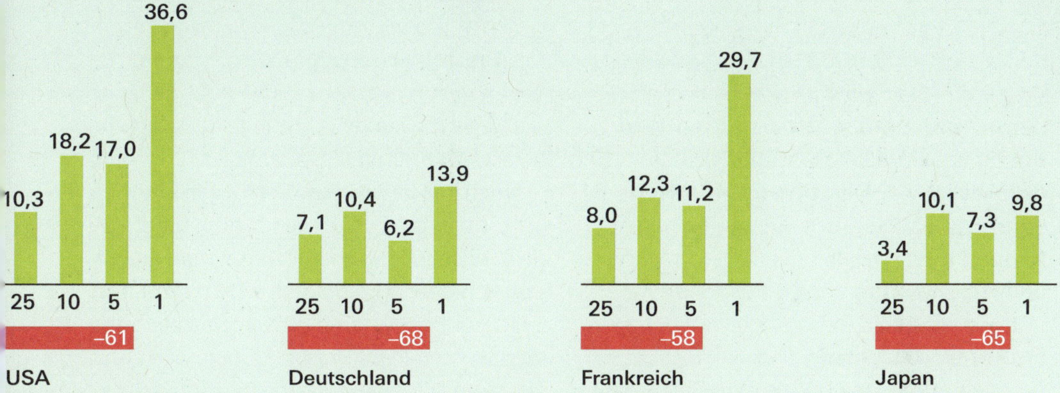

Wertentwicklung des jeweiligen MSCI-Index (in Euro, mit vollständiger Wiederanlage der Dividende) in Prozent pro Jahr seit 25, 10, 5, 1 Jahren

- Entwickelte Märkte
- Schwellenländer
- Maximaler prozentualer Verlust, größter Einbruch nach einem zuvor erreichten Höchststand.

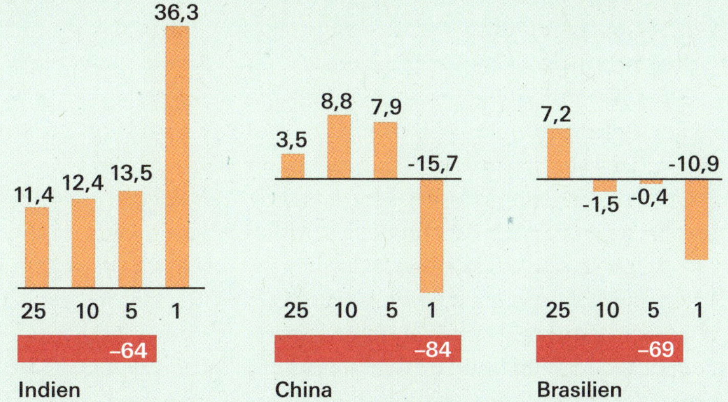

Quellen: Refinitiv, eigene Berechnungen   Untersuchungszeitraum: 31.12.1996 bis 31.12.2021

Renditekiller Aktienauswahl

8,7 Prozent Rendite pro Jahr hätten die untersuchten Depots im Zeitraum zwischen 2005 und 2015 gemäß Marktentwicklung erzielen können. Aber nur 3,1 Prozent haben die Anleger erreicht. Größter Renditekiller war die Auswahl der Einzelaktien, die sich die Anleger ins Depot geholt haben. Sie drückten die Rendite um 7,7 Prozent.

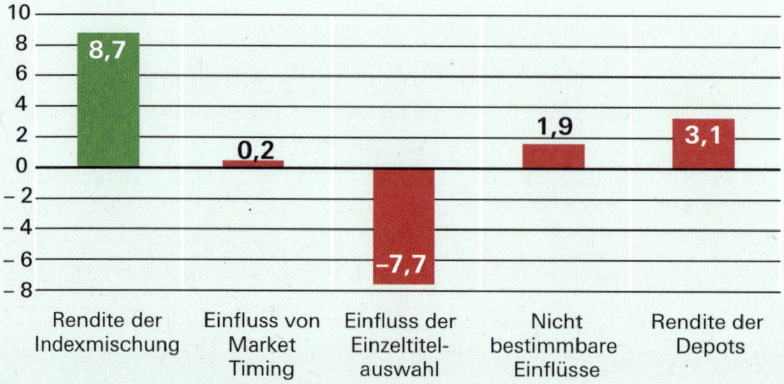

Quellen: Berechnungen Hackethal und Meyer, Thomson Reuters   Zeitraum 1.1.2005 bis 31.12.2015

Nach Erkenntnis der Experten sind es nur wenige falsche Handlungsmuster, die den Anlageerfolg nachhaltig schmälern. Es lohnt sich daher, sie genau anzusehen. Denn nur wer die Fehler kennt, kann sie vermeiden und erfolgreich investieren.

Fehler 2: Zu wenig streuen

Gerade einmal zwölf Aktien hielten die Besitzer der 40 000 untersuchten Depots – viel zu wenig, um ihr Anlagerisiko zu streuen. Wichtig ist es, „Klumpenrisiken" zu vermeiden. Das heißt, Sie sollten möglichst weitgehend ausschließen, dass ein Ereignis alle Aktien im Depot gleichermaßen in Schieflage bringt. Ein Beispiel dazu: Hohe Ölpreise sind ein Segen für einige der großen Ölförderer und alle Zulieferer der Ölindustrie, zudem für die Hersteller alternativer Energieausrüstung, weil sich Investitionen in andere Antriebe und Stromgewinnungsverfahren besser rentieren. Wenn Sie gerade mal zwölf Aktien im Depot haben und sechs davon aus einem dieser Bereiche stammen, könnte die Hälfte Ihres Vermögens leiden, wenn der Ölpreis plötzlich ins Rutschen gerät. Viel besser, wenn Sie dann auch Unternehmen besitzen, die von niedrigen Energiekosten profitieren, beispielsweise aus energieintensiven Branchen.

→ Vorsicht: Home Bias

Sie haben viele deutsche Aktien im Depot? Das ist riskant: Ihr Vermögen und Ihre Zukunft sind wahrscheinlich ohnehin eng mit der wirtschaftlichen Entwicklung hierzulande verknüpft. Vermutlich haben Sie Ihren Arbeitsplatz hier, vielleicht eine Immobilie, sind künftig vom Rentensystem abhängig und vieles mehr. Läuft es hier irgendwann schlecht, würde auch Ihr Vermögen darunter leiden.

Dieser „Home Bias", also die Neigung, vor allem Aktien aus dem eigenen Land zu erwerben, ist bei Anlegern weltweit verbreitet – nützlich ist er nicht. Im Durchschnitt lag der Deutschlandanteil der untersuchten Depots bei 43 Prozent, nach der Kapitalisierung der weltweiten Aktienmärkte dürfte er aber nur bei ungefähr 3 Prozent liegen.

Wie stark ein Depot durch die Auswahl einzelner Aktien in Gefahr ist, lässt sich durch das Chance-Risiko-Verhältnis wissenschaftlich messen. Genau das haben die Professoren Hackethal und Meyer gemacht. Mit klarem Ergebnis: Am schlechtesten stand das Fünftel der Depots da, in denen die wenigsten Aktien lagen. Aber selbst das Fünftel der untersuchten Depots mit den meisten Einzeltiteln konnte nicht glänzen: Deren Chance-Risiko-Verhältnis lag noch meilenweit unter dem des weltweiten Aktienindex MSCI World. Ein ETF darauf hätte also nicht nur die Nerven geschont, sondern auch weit bessere Ergebnisse geliefert.

Fehler 3: Spekulieren statt Investieren

Lesen Sie Börsenbriefe? Oder diskutieren Sie gerne Anlagetipps mit Freunden? Und haben Sie schon einmal eine Aktie von einem Unternehmen gekauft, von dessen Existenz Sie kurz vorher gar nicht wussten? Dann sind Sie vermutlich ein typischer deutscher Aktienanleger, wie die Studie ebenfalls zeigt. In den untersuchten Portfolios waren breit streuende Fonds oder ETF eher die Ausnahme. Die Direktbanken-Kunden setzten lieber auf Einzelwerte – mit Schwerpunkt Deutschland und dabei vor allem auf kleine spekulative Titel, die den Gesamtmarkt nicht repräsentieren.

Diese Fokussierung auf einen kleinen Ausschnitt des weltweiten Aktienmarktes, anstatt einfach auf den weltweiten MSCI-Index zu setzen, brachte die Anleger um viel Geld. Kein anderer Faktor hat die Performance der untersuchten Depots so stark nach unten gezogen (siehe Grafik „Renditekiller Aktienauswahl", links). Zur Verdeutlichung: Bei einer Anlagesumme von 10 000 Euro ging den Anlegern im Schnitt binnen zehn Jahren ein potenzieller Gewinn von beinahe 9 500 Euro durch die Lappen!

Fehler 4: Zu häufig umschichten

Sicher gibt es gute Gründe, ein Wertpapier zu verkaufen. Wenn zum Beispiel Ihre Vermögensaufteilung nach starken Kursbewegungen durcheinandergeraten oder Ihr Anlagebedürfnis anders geworden ist, weil sich Ihre Lebenslage verändert hat. Ein schlechter Grund ist es aber, auf kurzfristige Trends zu setzen. Denn die Finanztest-Studie zeigt nicht nur, dass die Anleger wenig Gespür fürs Timing besitzen. Sie beweist auch, dass Aktionismus die Rendite weiter drückt.

Denn Handeln kostet Gebühren, auch wenn inzwischen neue, sehr günstige Onlinebroker am Markt sind (siehe „Gut und günstig – das passende Depot“ ab S. 98). Fakt ist: Je teurer der Depotanbieter, desto stärker kann häufiges Kaufen und Verkaufen die Gewinne mindern. Auffällig ist aber auch, dass die Rendite der passiveren Anleger auch ohne Betrachtung der Kosten deutlich höher lag als die der Vieltrader. Sie haben wohl nicht nur die besseren Nerven, sondern auch die bessere Depotmischung.

Fehler 5: Nach dem richtigen Zeitpunkt suchen

Davon träumen wir alle: Aus 1000 Euro binnen zehn Jahren 57 200 Euro machen. Das hätte ein Anleger geschafft, der zwischen 2005 und 2015 nur in den Wochen im Dax investiert war, in denen es aufwärts ging. Umgekehrt hätten Anleger aber auch einen Albtraum erleben können. Wer nur in den schlechten Wochen dabei gewesen wäre, hätte am Ende gerade mal 13 Euro übrig gehabt. Und das in Zeiten, in denen die Börsen wirklich gut liefen. Fast 290 Prozent legten die Kurse im Untersuchungszeitraum zu. Kurse schwanken eben, auch in einem soliden Aufwärtstrend. „Wie Herr und Hund“, meinte der bekannte Investor André Kostolany, sei das Verhältnis zwischen Konjunktur und Börse. Während der Herr – die Konjunktur – gemächlich seinen Weg geht, bleibt der Hund – die Börse – mal ein gutes Stück zurück, mal läuft er weit voraus. Das ist meist der Stimmung der Investoren und damit der Börsenpsychologie geschuldet.

„Anleger sind nicht sehr erfolgreich darin, die richtige Prognose zu stellen.

Kaufen, wenn die Kurse niedrig sind, und verkaufen, wenn sie hoch stehen – klingt gut? Klappt aber leider selten. Anleger sind nicht sehr erfolgreich darin, die richtige Prognose zu stellen. Das ergibt sich zumindest aus der Finanztest-Studie. Gerade mal 0,2 Prozent mehr Rendite erzielten Anleger durch günstige Kauf- und Verkaufszeitpunkte – ohne Berücksichtigung der damit verbundenen Handelskosten. Und die dürften die Gewinne mehr als wieder aufzehren.

Dafür erhöht sich das Risiko erheblich, einen kräftigen Aufwärtstrend zu verpassen oder in einen Crash zu laufen. Buy and hold von weltweit anlegenden ETF, also kaufen und lange liegen lassen, mag langweiliger sein, die bessere Strategie ist es dennoch.

Fehler 6: Die Macht der Gefühle unterschätzen

Für unsere Vorfahren, die Steinzeitmenschen, war die Fähigkeit zu intuitiver Reaktion überlebenswichtig. Wenn Gefahr drohte, weil etwa der berüchtigte Säbelzahntiger aus dem Gebüsch sprang, war keine Zeit für lange Analysen der Lage. Die richtige Entscheidung musste blitzschnell fallen.

Solche intuitiven Reaktionen werden gesteuert vom limbischen System, dem ältesten Teil des menschlichen Gehirns, das sich bis heute in jedem von uns erhalten hat. Was das mit Fehlern bei der Geldanlage zu tun hat? Eine ganze Menge. Denn das limbische System ist schnell und mächtig. Leider mischt es sich auch bei Entscheidungen ein, in denen rationale Abwägung der bessere Weg wäre – wie beim Thema Börse.

Angst, Gier und ein ganz ausgeprägter Herdentrieb sind die drei wichtigsten Triebe, und sie alle wirken sich auf Anlageentscheidungen negativ aus. Angst hindert viele daran, sich überhaupt objektiv mit dem Thema Aktien auseinanderzusetzen. Wer sich dennoch an die Börse wagt, muss ebenfalls auf seine Motive achten. Die Gier, die in längst vergangenen Zeiten vielleicht dafür sorgte, dass die eigene Familie besser durch den harten Winter kam als die in der Nachbarhöhle, hat so manche Anleger schon in die Falle gelockt – der Tipp aus dem Börsenbrief klang zu verlockend.

An der Börse verdichten sich all die persönlichen Bauchentscheidungen immer wieder einmal zu einem psychologischen Massenphänomen. Nur so ist zu erklären, warum so viele Menschen um die Jahrtausendwende bereit waren, immenses Geld für Anteile von Techfirmen zu zahlen, die bis dato nie einen Cent Gewinn erwirtschaftet hatten. Untersucht wird das alles von der Behavioral Finance Theory, zu Deutsch Verhaltensökonomie. Einer ihrer Vordenker, Daniel Kahneman, erhielt 2002 den Wirtschaftsnobelpreis für seine Forschung.

Fehler 7: Ohne Anlagestrategie vorgehen

Der Verhaltensökonomie verdanken wir inzwischen nicht nur tief gehende Erkenntnisse über unser Handeln in Sachen Geldanlage, sondern vor allem auch Regeln, mit denen wir unsere Gefühle unter Kontrolle halten und bessere Investoren werden können. Die wichtigsten davon lauten in Kürze:

- **Langsam werden:** Erst einmal informieren, dann agieren.
- **Falsche Informationen erkennen:** Vor jeder Entscheidung hinterfragen, ob Gerüchte, Massenphänomene oder eigene Vorurteile womöglich eine Rolle spielen könnten.
- **Ganz rational und in Ruhe** einen großen, langfristigen Plan zur Geldanlage erstellen (siehe „Mein großer Plan“ ab S. 28).
- **Vorab feste Regeln setzen,** zum Beispiel die Anteile von breit gestreuten Aktien-ETF und verfügbarem Tagesgeld definieren und festlegen, wie oft das Depot überprüft und gegebenenfalls neu austariert werden soll.
- **Die festgelegte Anlagestrategie** umsetzen und daran festhalten.

Ohne eine auf die eigenen Bedürfnisse hin genau angepasste Anlagestrategie, die man nicht nur einmal aufstellt, sondern dauerhaft verfolgt, wird es schwer möglich sein, langfristig erfolgreich anzulegen. Sie ist die Richtschnur für den Börsenerfolg.

Ohne Ziel kein Weg

Es gibt viele gute Gründe dafür, Geld zur Seite zu legen. In einigen Fällen sind ETF ein gutes Mittel, das Ziel schneller zu erreichen. Prüfen Sie, ob das auch für Ihr Sparvorhaben gilt.

Worum geht es Ihnen? Die nächste Urlaubsreise, ein neues Auto oder gar den Traum von der eigenen Immobilie? Oder denken Sie langfristig und sparen für ein sorgenfreies Alter? Vielleicht wollen Sie aber auch einfach ein bisschen Geld zur Verfügung haben, weil Sie flexibel auf künftige Wünsche reagieren können wollen? Oder Sie haben bereits Kapital angespart, das Sie möglichst gut anlegen möchten?

ETF sind ein geniales Mittel, viele Ihrer Ziele zu erreichen, aber sie sind eben nicht für jedes Vorhaben geeignet. Bevor Sie also loslegen, sollten Sie sich erst einmal über Ihre Ziele und Ihre Motive klar werden und dann festlegen, wie Sie sie finanziell erreichen. Wenn Sie dabei in den Kategorien des Terrassenmodells denken (siehe S. 28), fällt es Ihnen leichter, die beste Strategie für sich zu finden und umzusetzen. Hier ein paar Beispiele, wie Sie vorgehen können:

Ich will mir etwas leisten

Es gibt Träume, die sollten einfach irgendwann in Erfüllung gehen: die Traumreise, der wirklich schnelle Computer oder dieses wahnsinnig schöne Sofa. Ihr Zeithorizont liegt dabei unter drei Jahren. So bitter das ist: Für einen solch kurzen Zeitraum bleibt Ihnen keine Wahl, außer Ihr Geld auf Bankkonten zu sammeln, auch wenn es hier derzeit keine Rendite bringt. ETF sind ungeeignet: Mit Aktien-ETF könnten Sie viel Geld verlieren, wenn die Börse schwächelt. Und auch Renten-ETF könnten schlecht laufen, falls die Zinsen am Anleihemarkt nun allmählich wieder steigen. Bestehende Anleihen bringen dann Kursverluste.

Ich will für den ganz großen Schritt bereit sein

Ein paar große Schritte im Leben machen – das wollen viele. Eine Immobilie kaufen etwa, ein eigenes Unternehmen gründen oder eine längere Auszeit vom Job nehmen und eine Weltreise antreten. Doch meistens kann das nur gelingen, wenn die finanziellen Mittel dafür vorhanden sind. Wer so etwas plant, hat meist einen Anlagehorizont von etwa fünf Jahren.

Und damit gilt hier leider dasselbe wie für Sparziele unter drei Jahren: Der Zeitraum ist zu kurz, um die Risiken von ETF auszugleichen. Ihnen bleibt also ebenfalls kaum eine andere Wahl als sichere Zinsanlagen bei der Bank.

→ Vorbereitet sein

Gelegenheiten kommen oft unverhofft. Daher ist es sinnvoll, auch dann mit dem Sparen anzufangen, wenn die Idee noch sehr schwammig ist. Wenn Sie davon träumen, „irgendwann einmal" eine Immobilie zu kaufen, können Sie auch riskantere und damit profitablere Anlagen wie ETF einsetzen – sofern Sie mindestens zehn Jahre Zeit haben. Sie sollten das Depot aber auf sicherere Zinsanlagen umschichten, sobald die Pläne konkreter werden.

Ich will Geld einfach gut anlegen

Ihr Gehalt ist sehr gut oder Sie haben geerbt und brauchen nicht alles, um Ihr Leben zu finanzieren? Dann haben Sie jetzt ein nicht ganz leicht zu lösendes Luxusproblem. Bevor Sie investieren, sollten Sie unbedingt noch einmal einen Blick auf Ihre Altersvorsorge werfen und Ihre Finanzen anhand des Terrassenmodells überprüfen. Ist das Geld wirklich „übrig"?

Jetzt kommt die Gretchenfrage: Wie lange kann das Geld unangetastet liegen bleiben? Wenn Sie das nicht wissen, sollten Sie Ihr Vermögen in zwei Teile aufteilen, die Sie je nach Ihren voraussichtlichen Plänen unterschiedlich groß gestalten. Einer ist vor allem eines: verfügbar. Hier wird in Zinsanlagen investiert, die Sie jederzeit auflösen können. Den anderen Teil stecken Sie in renditestarke, langfristige Anlagen. Hier können Sie die Vorteile von ETF ausspielen.

Ich will mich auf ein sorgenfreies Alter freuen können

Das Thema Altersvorsorge erzeugt bei den meisten ein mulmiges Gefühl. Weil es so wichtig ist, haben wir ihm einen eigenen Abschnitt gewidmet (siehe S. 74). Wichtigster Faktor bei der Altersvorsorge ist die Zeit: je länger, desto besser. Bei einer Perspektive von mindestens 20 bis 30 Jahren können Sie die Stärke von ETF-Investments voll ausspielen, wenn Sie Ihr Erspartes einfach in Ruhe arbeiten lassen. Das ist stressfrei und der beste Weg zum Erfolg.

Breit streuende Aktien-ETF sind das Herz Ihrer Geldanlage, ein gewisser Anteil an Zinsanlagen sollte aber dabei sein, um das Portfolio zu stabilisieren. Betrachten Sie bei der Aufteilung des Geldes stets Ihr gesamtes Vermögen. Wenn Sie eine Immobilie besitzen, können Sie ein wenig risikofreudiger mit Ihrem Geldvermögen umgehen.

→ Zeit ist Geld

Planen Sie JETZT Ihren finanziellen Lebensabend. Fangen Sie so bald wie möglich an – sofern Sie nach dem Terrassenmodell einen Spielraum ermittelt haben. Der muss nicht groß sein: Mit einem ETF-Sparplan ist das auch bereits mit kleinen Summen machbar.

Alle ETF im Überblick

Anleger können aus fast 1 800 börsengehandelten Indexfonds die für sie passenden aussuchen. Als Basisanlagen für ein langfristiges Wertpapierdepot eignen sich jedoch nur relativ wenige der vielen Aktien- und Renten-ETF.

„Wer die Wahl hat, hat die Qual." Diese Redensart trifft bei ETF ins Schwarze. Sobald Sie sich dafür entschieden haben, für Ihre Geldanlage ETF zu verwenden, fängt die Sucherei an. Sie müssen wählen, welche der nahezu 1800 ETF, die an den deutschen Börsen gehandelt werden, für Sie infrage kommen. Dazu müssen Sie zuerst herausfinden, welche Indizes für Ihre persönlichen Ziele besonders geeignet sind.

Für die Mehrzahl der Anleger macht es Sinn, beim Auf- und Ausbau eines Wertpapier-Portfolios ihre Ersparnisse auf die beiden wichtigsten Anlageklassen aufzuteilen: Aktien und Anleihen. Aktien decken den risikoreichen, aber dafür langfristig renditestarken Teil der Vermögensanlage ab, Anleihen, auch Renten genannt, den sicheren. Kein Wunder, dass Aktien-ETF und Renten-ETF die Schwerpunkte des gesamten ETF-Angebots bilden. Von den Anfang 2022 an der Börse Frankfurt gehandelten 1624 Aktien- und Renten-ETF basieren fast drei Viertel auf Aktien- und gut ein Viertel auf Anleihen-Indizes. Was gilt es bei der Suche nach den „richtigen" ETF zu beachten?

Aktien-ETF: Es müssen nicht Dax oder Dow Jones sein

Mit globalen und große Regionen umfassenden Aktien-ETF können Sie bequem Ihre Investments breit streuen. Hier erfahren Sie, welche Indizes sich auch für Einsteiger eignen.

Aktien, das zeigen viele Studien und Statistiken aus aller Welt, sind langfristig die ertragreichste Wertpapierform. Wie kommt es aber, dass trotz dieser überzeugenden Faktenlage Aktien bei deutschen Anlegern und Anlegerinnen einen denkbar schlechten Ruf genießen?

Das mag daran liegen, dass es in den vergangenen 25 Jahren eine derart große Häufung an Börsencrashs gegeben hat wie selten zuvor: der Asien-Crash 1997, der Internetaktien-Crash 2000, der durch die Terrorangriffe in New York und Washington bis 2003 verlängert und verschärft wurde, der Finanzcrash 2008, der Euro-Schuldencrash 2011, der Corona-Crash 2020 und zuletzt der Ukraine-Schock. Diese rasche Folge von Kursstürzen hat die Wahrnehmung der Anleger von Aktien negativ mitgeprägt.

Aktien gelten vielen als reine Spekulationsobjekte – aber sie sind genau das Gegenteil: Über sie können sich Anleger an Unternehmen beteiligen und am Wachstum sowie an Produktivitätsfortschritten teilhaben. Und unternehmerischer Erfolg ist in der Regel langfristig angelegt.

Langfristig sind Aktien Trumpf

Gerade für die Altersvorsorge sind Aktien erste Wahl, weil dieser Sparprozess meist auf Dauer ausgerichtet ist, Aktien also ihre Ertragsvorteile ausspielen und Rückschläge wettmachen können. Dazu kommt, dass die Altersvorsorge üblicherweise ein regelmäßiger Sparprozess ist. Je früher man damit anfängt, desto besser. Das Timing, sprich der Versuch, optimale Ein- und Ausstiegskurse zu finden, spielt keine Rolle, dafür der Langfristtrend umso mehr. Der weist, wie uns die Historie lehrt, nach oben. Aktien-ETF sind ideale Instrumente, um langfristige Renditevorteile zu nutzen, auch mit kleinen Beträgen. Das Pantoffel-Portfolio und der Pantoffel-Sparplan (siehe „Bequem anlegen" ab S. 68) zeigen, wie das konkret klappt. Aber welche Aktien-ETF eignen sich für welche Zwecke? Um das zu beantworten, betrachten wir die wichtigsten Aktienindizes, die mit ETF nachgebildet werden.

Natürlich kennen viele den Dax, den amerikanischen Dow Jones oder den japanischen Nikkei 225. Diese Leitindizes der führenden Aktienmärkte in den Industrienationen repräsentieren jeweils die bedeutendsten börsennotierten Aktiengesellschaften ihres Landes, die „Blue Chips". Wenn Medien und Banken die Marktentwicklung beschreiben, beziehen sie sich meistens auf diese renommierten Börsenbarometer. Da ist es kein Wunder, dass es zahlreiche ETF auf diese Indizes gibt. Allerdings weisen sie einen Makel auf: Sie umfassen nur Aktien der ganz großen Konzerne. Mittlere oder gar kleine Unternehmen bleiben völlig außen vor. Und sie sind zudem branchenmäßig nicht breit gestreut.

Die Schwächen des beliebten Dax

Für die deutschen Anleger ist der Dax der Superstar. Er repräsentiert als Stimmungsbarometer der heimischen Wirtschaft die größten deutschen Aktiengesellschaften. Ursprünglich waren es 30 Titel, im September 2021 wurde er auf 40 Titel aufgestockt. Die sind im Index aber nicht alle gleich gewichtet. Vielmehr hängt der Anteil von ihrer Marktkapitalisierung ab. Mit anderen Worten: vom Börsenwert des Unternehmens. Anfang 2022 war Linde das gewichtigste Dax-Mitglied. Der Weltmarktführer bei Industriegasen machte rund 11 Prozent des Dax-Wertes von 1,4 Billionen Euro aus, gefolgt von SAP, das mit rund 8,3 Prozent vertreten war. Da das Indexgewicht maximal zehn Prozent betragen darf, wurden bei Linde auch nur 10 Prozent eingerechnet. Gemeinsam mit Siemens, Allianz, Airbus, Mercedes und BASF bestimmen diese sieben Aktien knapp die Hälfte der Dax-Entwicklung. Die andere Hälfte verteilt sich auf die übrigen 33 Firmen.

Zahlreiche ETF bilden den Dax nach. Gemessen an den Handelsumsätzen im vollelektronischen Handel auf Xetra (das nach eigenen Angaben rund 78 Prozent aller ETF-Umsätze in Deutschland abwickelt) war er

Gut zu wissen

Der Börsenwert, auch Marktkapitalisierung genannt, zeigt an, wie hoch ein Unternehmen an der Börse bewertet wird. Dazu wird der aktuelle Kurs mit der Anzahl der ausgegebenen Aktien multipliziert. Ein Beispiel: Linde wies im Januar 2022 einen Börsenwert von rund 154 Milliarden Euro auf: 552 Millionen Aktien mal dem Kurs von knapp 280 Euro. Der Streubesitz, auch Free Float genannt, umfasst nur den Börsenwert der Aktien, die sich nicht im Festbesitz befinden, also keinem Aktionär mit mehr als 5 Prozent Anteil am Aktienkapital gehören. Die Gewichtung richtet sich beim Dax und anderen Indizes der Deutschen Börse nach dem Streubesitz. Im Januar 2022 lag der für das Dax-Gewicht entscheidende Streubesitz von Linde zum Beispiel bei 89,2 Prozent.

2021 nach dem global investierenden MSCI World mit 14 Prozent Anteil der beliebteste Index bei Anlegern, gefolgt vom Euro Stoxx 50, dem S&P 500 und dem Nasdaq 100.

Dabei ist der Dax ganz anders als viele andere Indizes. Im Gegensatz zu den meisten Leitindizes wie Dow Jones oder Nikkei hat er eine Besonderheit in der Berechnung: Der Dax steigt Jahr für Jahr automatisch um den Wert der ausgeschütteten Dividenden, sie werden rechnerisch wieder in den Index investiert. Mit den Dividenden zeigt er sozusagen die gesamte Performance und wird daher als Performanceindex bezeichnet. Seine Konkurrenten Dow Jones, S&P 500, Nikkei oder Euro Stoxx sind hingegen Kursindizes, die lediglich die Preisveränderungen der einzelnen Aktien widerspiegeln, Dividendenabschläge und andere Ausschüttungen wie Bezugsrechte werden dagegen wie Verluste behandelt. Wenn man die Wertentwicklung von Kursindizes wie dem S&P 500 oder dem Euro Stoxx 50 mit Performanceindizes wie Dax oder MDax vergleicht, muss man also genau nachrechnen.

Beim Dax hilft dabei die Deutsche Börse. Sie veröffentlicht parallel zum Performanceindex einen Dax-Kursindex. Er lag Ende Januar 2022 bei nicht einmal der Hälfte des Dax-Performanceindex von rund 15 500 Punkten, nämlich bei rund 6 000 Zählern. Dividenden haben also mehr als 50 Prozent zum Gesamtergebnis beigetragen. Diese große Differenz zeigt, wie entscheidend Di-

Gut zu wissen

Der Index lebt. Üblicherweise mehrmals pro Jahr wird die Indexzusammensetzung nach dem Kriterium Marktkapitalisierung des Streubesitzes überprüft. Für die Dax-Familie, also Dax, MDax, TecDax und SDax, erfolgt das quartalsweise. Wer unter einen festgelegten Ranglistenplatz rutscht, muss weichen und wird von einer besser platzierten Aktie ersetzt. ETF vollziehen diese Änderungen nach. Eine sehr große Umstellung gab es im Herbst 2018. Seither dürfen Aktien, die im TecDax gelistet sind, gleichzeitig auch in einem der anderen drei Indizes vertreten sein.

Dividenden sind Ausschüttungen von Aktiengesellschaften an die Aktionäre als Ertrag für das Kapital, das man in Aktien investiert hat. Zudem besteht bei Aktien die Chance auf Kursgewinne.

videnden langfristig für die gesamte Wertentwicklung von Aktien und damit auch von Aktien-ETF sind. Und wie wichtig es ist, sie sofort nach der Ausschüttung wieder anzulegen und den Zinseszinseffekt zu nutzen. Der große Unterschied beweist zudem, dass es nur dann einen Sinn ergibt, Indizes zu vergleichen, wenn sie auf demselben Berechnungsschema fußen.

Der Dax ist zwar eines der beliebtesten Anlageziele, als Basisinvestment geeignet ist er aber nicht. Zum einen, weil er nur 40 Unternehmen enthält und damit im Vergleich zu umfassenderen Börsenbarometern wie dem S&P 500 oder dem Stoxx Europe 600 einen Bruchteil. Zudem ist er mit Finanzkonzernen und Industriefirmen übergewichtet – mit Branchen, die sehr konjunkturabhängig sind. Er ist deshalb schwankungsintensiver (volatiler) als die Leitindizes vieler anderer großer Industrieländer. Auch fehlen wichtige Sektoren wie Nahrungsmittel und Rohstoffe ganz oder weitgehend, und die „New Economy" ist zwar seit der Index-Reform vom September 2021 stärker vertreten als zuvor, aber nicht so stark wie in anderen Leitindizes. Der Dax spiegelt also die sehr vielschichtige Branchen- und Größenstruktur deutscher Firmen nur unzureichend wider. Der Mittelstand, oft als Rückgrat der deutschen Wirtschaft bezeichnet, fehlt fast komplett.

Ein ETF auf den Dax, ebenso wie auf andere Leitindizes, kann sinnvoll sein, wenn er mit anderen ETF im Rahmen einer durchdachten Strategie kombiniert wird. Wenig geeignet ist ein Dax-ETF jedoch als Basis eines langfristig ausgerichteten Aktiendepots, beispielsweise für die Altersvorsorge. Dafür gibt es wesentlich bessere Lösungen.

→ Was zeichnet einen Basis-ETF aus?

Finanztest versteht darunter ETF, die als Grundlage für ein Portfolio dienen. Mit ihnen können auch Börsenlaien nichts falsch machen. Aktienindizes, die von Basis-ETF nachgebildet werden, müssen international breit gestreut sein und eine Vielzahl an Branchen und Ländern beinhalten. Streuung schützt vor allzu kräftigen Kursausschlägen und sorgt langfristig für relativ stabile und hohe Erträge.

Fünf gut geeignete Indizes für das langfristige Sparen

Für Anleger, die langfristig einen Buy-and-Hold-Ansatz (das bedeutet „kaufen und liegen lassen") bevorzugen und die den Aktienteil ihres Depots mit nur einem oder einer sehr geringen Zahl an ETF abdecken wollen, hält Finanztest fünf marktbreite Indizes für besonders geeignet: den MSCI World, den MSCI All Country World, den MSCI Europe und den Stoxx Europe 600. Hinzu kommt der FTSE All World, der mit dem MSCI All Country World vergleichbar ist. Die Renditeentwicklung beider Indizes

Stabiler Weltindex

Der Weltaktienindex MSCI World hat auf Zehnjahressicht den Dax bei der Wertentwicklung deutlich hinter sich gelassen – und das bei wesentlich geringeren Wertschwankungen.

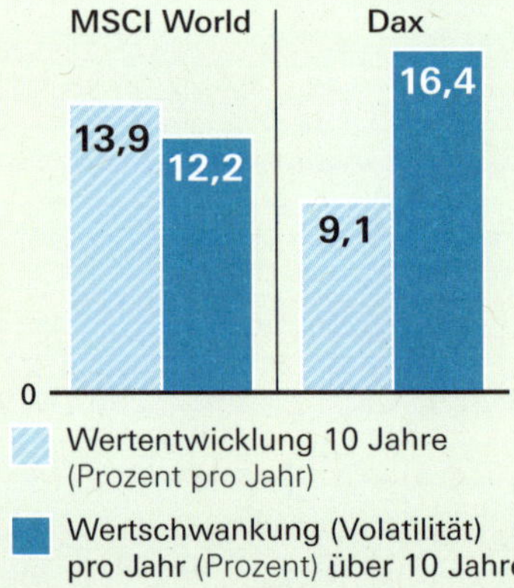

Quellen: MSCI, eigene Berechnungen
Untersuchungszeitraum: 31.1.2012 bis 31.1.2022

verläuft seit Jahren fast parallel. Vanguard beispielsweise, der Indexfonds-Pionier, verwendet aus Kostengründen keine MSCI-Indizes, sondern Indizes des britischen Anbieters FTSE Russell. Diese fünf Indizes sorgen zwar in den Medien selten für Schlagzeilen, sie weisen dafür aber viele Vorteile auf. Welche sind das, und was zeichnet diese Indizes im Detail aus?

Der MSCI World bündelt die Industrieländer

Der MSCI World ist der renommierteste und älteste globale Aktienindex, berechnet vom US-Finanzdienstleister MSCI (siehe „Die großen Indexanbieter", S. 161). Viele Großanleger verwenden ihn seit Jahrzehnten als Vergleichsmaßstab (Benchmark), an dem sie ihren Investmenterfolg messen. Sie schauen also, ob sie mit ihren Anlagen besser oder schlechter abschneiden als der MSCI World. Sein Ausgangswert von 100 Punkten wurde per 31. Dezember 1969 festgesetzt. Ende Januar 2022 hatte er knapp 3000 Punkte erreicht, also 30-mal so viel.

Wenn Sie in einen ETF auf den MSCI World investieren, sind Sie an rund 1550 Aktien großer und mittelgroßer Firmen aus 23 Industrieländern beteiligt. Gewichtet werden die Aktien nach ihrem Börsenwert. Den größten Anteil am Index hatte Ende Januar 2022 der US-Technologiekonzern Apple mit 4,9 Prozent, gefolgt von Microsoft (3,8 Prozent), Amazon (2,3 Prozent), Alphabet A (1,4 Prozent) und Tesla (1,3 Prozent).

Die zehn größten MSCI-World-Mitglieder kommen zusammen nur auf einen Anteil von knapp 19 Prozent, während die zehn größten Dax-Unternehmen mehr als die Hälfte des deutschen Leitindex ausmachen. Dementsprechend ist die Volatilität, also die Schwankungsbreite, des Dax in der Regel deutlich höher als beim breit aufgestellten MSCI World. Die durchschnittlichen jährlichen Renditen (jeweils einschließlich der wieder angelegten Dividenden) sind langfristig beim MSCI World besser (siehe Grafik „Stabiler Weltindex"). Also klarer Vorteil MSCI World: Die Renditen waren höher und ein Investment weniger riskant.

Aber auch der MSCI World ist nicht ohne Fehl und Tadel: US-Aktien sind mit fast 69 Prozent sehr hoch gewichtet, deutsche mit 2,1 Prozent dagegen weitaus weniger stark vertreten, als es ihrem Anteil an der globalen Wirtschaftsleistung entspricht. Der be-

Der MSCI World ist vorbildlich: Geringeres Risiko dank Streuung

Ein Index mit möglichst vielen Aktien aus verschiedenen Ländern und Branchen bietet den besten Schutz vor hohen Wertschwankungen. Beim MSCI World ist die Gewichtung der Aktien im Index gut verteilt, beim Dax und Euro Stoxx 50 dagegen nicht.

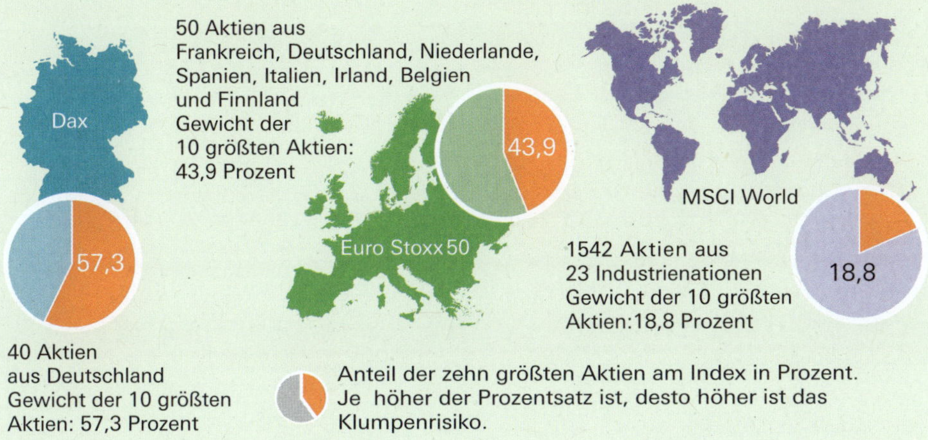

Quelle: Indexanbieter Stand: 31.1.2022

läuft sich auf rund 5 Prozent. Grund dafür: Hierzulande ist der Anteil von Unternehmen, die nicht an der Börse gehandelt werden, höher als in anderen Ländern, weil viele deutsche Mittelständler den Gang an die Börse scheuen. Deshalb ist die Marktkapitalisierung, also der Börsenwert aller deutschen Aktiengesellschaften, vergleichsweise gering. Aber genau daran orientiert sich das Ländergewicht im MSCI World. Das wirtschaftlich deutlich kleinere Großbritannien dagegen hat mit 4,2 Prozent im MSCI World Index doppelt so viel Gewicht.

MSCI All Country World: Die Schwellenländer nicht vergessen

Aktien aus den aufstrebenden Schwellenländern wie China, Indien oder Südkorea fehlen im MSCI World sogar völlig – allerdings bewusst. Sie sind in einem eigenen Index, dem MSCI Emerging Markets, enthalten, der über 1400 Unternehmen (Stand Ende Januar 2022) aus 25 Schwellenländern umfasst. Das größte Gewicht mit 7,0 Prozent weist hierin der Chipriese Taiwan Semiconductor (TSMC) auf, gefolgt von Tencent (4,2 Prozent), das in China mehrere Social-Media-Dienste anbietet, sowie von der südkoreanischen Samsung Electronics (4,0 Prozent). China hat mit knapp 34 Prozent den höchsten Anteil vor Taiwan mit 15 Prozent sowie Südkorea und Indien mit je gut 12 Prozent.

Ein „echter" Weltindex, der diesen Namen verdient, ist der MSCI ACWI. Er fasst den MSCI World und den MSCI Emerging Markets und damit fast die gesamte Börsenwelt der großen und mittleren Aktiengesellschaften zusammen. Der Zusatz ACWI steht für All Country World Index. Er enthält fast 3000 Aktien. US-Unternehmen haben hier „nur" knapp 61 Prozent Anteil, Schwellen-

HÄTTEN SIE'S GEWUSST?

Der **Dow Jones,** auch nur „Dow" genannt, ist zwar der bekannteste Index der Welt, aber nach heutigem Maßstab wenig sinnvoll konstruiert.

Korrekt heißt er Dow Jones Industrial Average, also Durchschnitt – und wurde 1896 erstmals publiziert. Er wird nicht nach wissenschaftlichen Methoden berechnet wie moderne Indizes und gewichtet die Aktien nicht wie diese nach dem Börsenwert (der Marktkapitalisierung), sondern nach dem Aktienkurs.

Je höher der Kurs, desto größer der Anteil am **Indexniveau**. Das wirkt antiquiert – aber der Popularität des Dow tut das keinen Abbruch. Es gibt ETF auf ihn, aber bei Weitem nicht so viele, wie es seinem Bekanntheitsgrad entspricht.

länder über 10 Prozent und Deutschland 2,1 Prozent. Auf den MSCI ACWI gibt es jedoch nicht so viele ETF wie auf seine beiden Einzelteile, zudem liegen die jährlichen Kosten etwas höher. Aber er eignet sich als Basisinvestment, da er auch die wachstumsstarken Schwellenländer umfasst. Die Alternative des Indexanbieters FTSE Russell, der FTSE All World, enthält sogar über 4000 Aktien, die Länderanteile unterscheiden sich nur geringfügig vom MSCI All Country World.

MSCI Europe und Stoxx Europe 600 für den Europafokus

Gerade für deutsche Anleger bieten sich neben dem MSCI World, dem MSCI All County World und dem vergleichbaren FTSE All World auch andere Indizes als Basisanlagen an. Der Grund ist klar: Einen Deutschland-Anteil von gut 2 Prozent halten viele für zu gering. Sie können die beiden vorgestellten ETF auf die globalen Indizes mit breiten europäischen ETF ergänzen: auf den MSCI Europe und den Stoxx Europe 600.

Der MSCI Europe enthält rund 429 Aktien großer und mittelgroßer Unternehmen aus 15 europäischen Industrieländern. Großbritannien ist mit gut 23 Prozent am stärksten vertreten, gefolgt von Frankreich mit 18 Prozent, der Schweiz mit fast 16 Prozent und Deutschland mit knapp 14 Prozent. Zwei der drei Indexwerte mit der höchsten Gewichtung kommen aus der Schweiz: der Nahrungsmittelkonzern Nestlé mit 3,4 Prozent und der Pharmariese

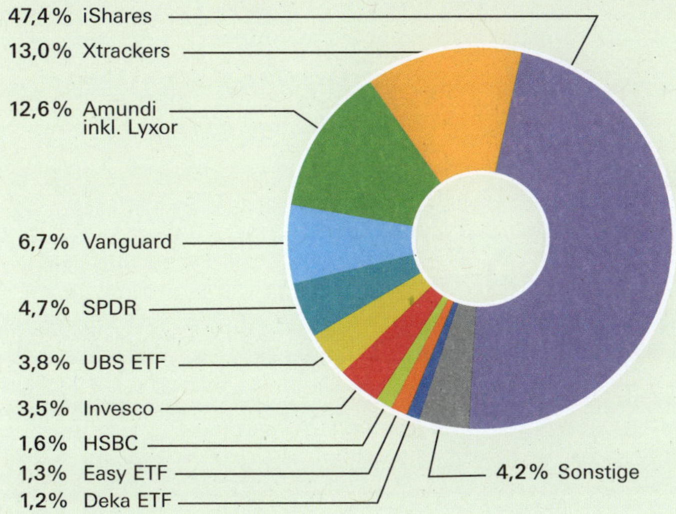

Gemessen am Fondsvolumen (Assets under Management) der ETF, die auf Xetra gehandelt werden

Quelle: Deutsche Börse Stand: 31.12. 2021

Die Marktanteile der ETF-Anbieter

Der größte ETF-Anbieter ist iShares. Dahinter verbirgt sich BlackRock, der weltgrößte Vermögensverwalter. Mehr über die einzelnen Anbieter und wer hinter ihnen steckt, erfahren Sie auf S. 162.

Roche Holding mit 2,5 Prozent. Zwischen den beiden rangiert der Chipfertigungs-Ausrüster ASML aus den Niederlanden. Deutsche Aktien fehlen in den Top Ten.

Bei der Branchenverteilung hat der Finanzsektor das höchste Gewicht (mit rund 17 Prozent), dahinter weisen Industrie und Gesundheitswesen jeweils Anteile von gut 14 Prozent auf. Internetunternehmen sind sehr schwach vertreten – ein großer Unterschied also zu den MSCI- World-Indizes. Anleger mit einer Vorliebe für die Technologiebranche sind daher beim MSCI Europe nicht so gut aufgehoben.

Gleiches gilt für den Stoxx Europe 600. Sowohl die Länderaufteilung als auch die größten Indexmitglieder ähneln denjenigen des MSCI Europe. Aber es gibt gravierende Unterschiede: Der Stoxx Europe 600 enthält auch kleine Unternehmen, denn die 600 Aktien sind in jeweils 200 große, mittlere und kleine aufgeteilt. Da Small Caps auf lange Sicht oft bessere Ergebnisse brachten (siehe „Faktoren und Strategien“, S. 138) als der Gesamtmarkt, können Anleger auch beim Stoxx Europe 600 auf diesen Effekt setzen, müssen aber auch auf stärkere Kursschwankungen gefasst sein. In den vergangenen fünf Jahren hat der Stoxx Europe 600 tatsächlich etwas höhere Erträge erzielt als der MSCI Europe.

Welche Basis-ETF gibt es?

Auf alle genannten Basis-Indizes gibt es ETF von mehreren Fondsgesellschaften. Eine ETF-Auswahl finden Sie in der Tabelle „ETF auf diese fünf Aktienindizes eignen sich als Basisanlage“, S. 52/53. Von den seltsam anmutenden Namen sollten Sie sich nicht beunruhigen lassen, dahinter stehen namhafte Adressen. So verbirgt sich hinter dem Markennamen iShares mit BlackRock die

ETF auf diese fünf Aktienindizes eignen sich als Basisanlage

	MSCI World	MSCI All Country World
Beschreibung	Der Index enthält Aktien aus 23 entwickelten Ländern.	Der Index enthält Aktien aus 23 entwickelten Ländern und 25 Schwellenländern.
Anzahl der Aktien	1542	2964
Größte Länder (Prozent)	USA (68,8), Japan (6,3), Großbritannien (4,2), Kanada (3,4), Frankreich (3,3)	USA (60,9), Japan (5,5), Großbritannien (3,7), China (3,7), Kanada (3,0)
Größte Branchen (Prozent)	Informationstechnologie (22,9), Finanzen (14,0), Gesundheitswesen (12,3), zyklische Konsumgüter (11,9), Industrie (10,1)	Informationstechnologie (22,8), Finanzen (14,8), zyklische Konsumgüter (12,0), Gesundheitswesen (11,4), Industrie (9,5)
Größte Einzelaktien (Prozent)	Apple (4,9), Microsoft (3,8), Alphabet (2,7), Amazon (2,3), Tesla (1,3)	Apple (4,3), Microsoft (3,3), Alphabet (2,4), Amazon (2,0), Tesla (1,2)
Wichtigste Währungen	US-Dollar, Euro, Japanischer Yen, Britisches Pfund	US-Dollar, Euro, Japanischer Yen, Britisches Pfund
Deutschlandanteil (Prozent)	2,1	2,1
Anteil der zehn größten Werte (Prozent)	18,8	16,8
Wertentwicklung fünf Jahre (Prozent pro Jahr)	13,3	12,6
Maximaler Verlust (Prozent pro Jahr)	8,2	9,4
Anbieter von ETF auf den Index (Isin) Genannt wird jeweils ein ETF pro Anbieter mit der Finanztest-Bewertung „1. Wahl"	Amundi (LU 168 104 359 9) HSBC (IE 00B 4X9 L53 3) Invesco (IE 00B 60S X39 4) iShares (IE 00B 4L5 Y98 3) Lyxor (Amundi; FR 001 031 577 0) UBS (LU 034 028 516 1) Xtrackers (IE 00B J0K DQ9 2)	iShares (IE 00B 6R5 225 9) Lyxor (Amundi; LU 182 922 021 6) SPDR (IE 00B 44Z 5B4 8)

FTSE All-World	MSCI Europe	Stoxx Europe 600
Der Index enthält Aktien aus 39 Ländern, darunter entwickelte Länder und Schwellenländer.	Der Index enthält Aktien aus 15 entwickelten europäischen Ländern.	Der Index enthält Aktien aus 17 entwickelten europäischen Ländern.
4 089	429	600
USA (59,5), Japan (6,2), Großbritannien (4,0), China (3,6), Frankreich (2,8)	Großbritannien (23,1), Frankreich (18,0), Schweiz (15,5), Deutschland (13,7), Niederlande (7,0)	Großbritannien (23,6), Frankreich (16,8), Schweiz (14,7), Deutschland (14,1), Niederlande (6,7)
Technologie (23,7), Konsumgüter (16,2), Finanzen (14,7), Industrie (11,5), Gesundheitswesen (11,0)	Finanzen (17,1),Industrie (14,7), Gesundheitswesen (14,4), Basis-Konsumgüter (12,7), zyklische Konsumgüter (11,4)	langlebige Konsumgüter (14,6), Gesundheitswesen (14,4), Finanzen (13,4), Industriewerte (12,5), Technologie (7,3)
Apple (4,0), Microsoft (3,5), Alphabet (2,3), Amazon (1,9), Tesla (1,1)	Nestlé (3,5), ASML (2,6), Roche (2,5), LVMH Moet Hennessy (2,1), Shell (1,8)	Nestlé (3,1), ASML (2,4), Roche (2,3), LVMH Moet Hennessy (1,8), Novartis (1,8)
US-Dollar, Euro, Japanischer Yen, Britisches Pfund	Euro, Britisches Pfund, Schweizer Franken	Euro, Britisches Pfund, Schweizer Franken
2,3	13,7	14,1
16,3	20,0	18,6
13,1	9,3	8,2
9,1	14,3	11,2
Vanguard (IE 00B 3RB WM2 5)	Deka (DE 000 ETF L28 4) HSBC (IE 00B 5BD 5K7 6) Invesco (IE 00B 60S WY3 2) iShares (IE 00B 1YZ SC5 1) Lyxor (Amundi; FR 001 026 119 8) SPDR (IE 00B KWQ 0Q1) UBS (LU 044 673 410 4) Xtrackers (LU 027 420 923 7)	BNP easy (FR 001 155 019 3) Invesco (IE 00B 60S WW1 8) Lyxor (Amundi; LU 090 850 075 3) iShares (DE 000 263 530 7) Xtrackers (LU 032 847 579 2)

Quellen: Index- und ETF-Anbieter, Thomson Reuters, Finanztest eigene Berechnungen

Stand: 31. 1. 2022

mit Abstand größte Fondsgesellschaft. Das US-Unternehmen ist gleichzeitig weltgrößter Vermögensverwalter und dominiert das deutsche und europäische ETF-Geschäft. Es folgen Xtrackers und Amundi mit deutlich geringeren Anteilen (siehe Grafik „Die Marktanteile der ETF-Anbieter", S. 51). Ein Kurzporträt der wichtigsten Fondsgesellschaften finden Sie im Abschnitt „Die großen ETF-Anbieter" auf S. 162. Auf der S. 161 erhalten Sie auch eine Übersicht über die wichtigsten Indexanbieter.

Was ist mit dem Währungsrisiko?

Wer einen global ausgerichteten Aktien-ETF kauft, sollte wissen, dass er ein Währungsrisiko eingeht. Denn zum Kaufzeitpunkt wird der Kurs jeder Aktie oder Anleihe im Heimatland stets mit dem aktuellen Wechselkurs umgerechnet. Im MSCI World beispielsweise notierten Ende Januar 2022 fast 69 Prozent der Aktien in US-Dollar, rund 10 Prozent in Euro, 6 Prozent in japanischen Yen und 4 Prozent in Pfund. Es ist jedoch relativ egal, ob ein ETF in Euro oder – wie beim MSCI World – die Mehrzahl der Aktien in US-Dollar gehandelt wird. Die Umrechnung aus der Währung der einzelnen Wertpapiere in die Fondswährung verändert den Börsenwert der im Index enthaltenen Aktien nicht. Das ist eine reine Rechenoperation.

Das Risiko – und die Chance – auf Währungsveränderungen ergibt sich einzig und allein aus den Heimatwährungen der einzelnen Aktien. Wenn beispielsweise das britische Pfund an Wert verliert, verliert der Kurs des Pharmakonzerns AstraZeneca oder des Ölriesen BP bei der Umrechnung in Dollar in gleichem Maß, und das wirkt sich negativ auf den Kurs eines ETF auf den MSCI World aus.

Es gibt allerdings eine Ausnahme: Der ETF ist währungsgesichert. In diesem Fall findet sich üblicherweise im Namen des ETF ein Zusatz wie „currency hedged". Für einige globale oder internationale Indizes wie den MSCI World gibt es die Möglichkeit, währungsgesicherte ETF zu kaufen. Devisenkursschwankungen gleicht der ETF-Anbieter dann aus, egal ob Gewinne oder Verluste gegenüber dem Euro entstehen. Wechselkursschwankungen spielen auf diese Weise für die Wertentwicklung des ETF keine Rolle mehr.

Doch das hat seinen Preis, die Kosten dieser ETF sind höher als ohne Absicherung. Und da sich zum einen Währungsschwankungen über längere Zeiträume ausgleichen und zum anderen Gebühren am Ertrag zehren, schaffen es die währungsgesicherten ETF nicht in die Favoritenlisten von Finanztest.

Renten-ETF sind von der Zinsentwicklung abhängig

Staatsanleihen sollen das Risiko im Depot senken, weil sie als sicher gelten und die Kurse geringer schwanken als bei Aktien. Die Minizinsen bereiten Anlegern aber Herausforderungen.

Jeder langfristig ausgerichtete Anleger sollte neben Aktien, die für den Ertragsanteil zuständig sind, auch auf risikoarme Anlagen setzen. Was versteht man darunter? Üblicherweise bergen Staatsanleihen oder Geldmarktanlagen wie Festgeld und Tagesgeld in heimischer Währung wenig Risiko. Sie bringen feste Zinsen, und am Ende wird das Geld wieder zurückgezahlt. Seit Jahren sind „sichere" Zinsen extrem niedrig oder sogar negativ, dennoch bringen manche Anleihen mehr, andere weniger Rendite. Wie viel, hängt vornehmlich von zwei Faktoren ab: davon, wie solide ein Schuldner ist, sprich, wie gut dessen Bonität ist (siehe „Gut zu wissen", S. 56), und zum anderen, wie lange das Kapital gebunden ist. In der Regel gilt: Je solider der Schuldner, also der Herausgeber der Anleihe, desto niedriger ist der Zinssatz, und je länger das Geld angelegt wird, desto höher ist er.

Solide Zinsanlagen verzeichnen üblicherweise viel geringere Wertschwankungen als Aktien, und ihre Kurse bewegen sich zeitweise gegenläufig zu Aktien. Damit stellen sie eine Art Sicherheitsnetz dar: Das Gesamtdepot gewinnt dadurch an Stabilität. Finanztest empfiehlt wegen des Zinsänderungsrisikos bei Anleihen (siehe S. 68) derzeit Tagesgeld als bevorzugte sichere Zinsanlage; prinzipiell lässt sich aber auch mithilfe von Renten-ETF (Anleihen werden auch Renten genannt) der risikofreie Teil des Depots bequem, breit gestreut und kostengünstig bestücken.

Wer in Anleihen investieren möchte, sollte ETF kaufen, denn sie haben gegenüber dem Direktkauf von Anleihen den Vorzug, dass ihre Laufzeit quasi unbegrenzt ist. Sparer müssen sich also nicht um die Wiederanlage kümmern. Die Anleihe wird hingegen am Ende der Laufzeit getilgt. Hinzu kommt, dass Sie Renten-ETF für kleine Summen kaufen können. Der Direktkauf von Anleihen, besonders von Unternehmensanleihen, erfordert dagegen häufig einen relativ hohen Betrag, da sich die Mindeststückelung auf 10 000 Euro oder gar 50 000 Euro belaufen kann. Zudem ist der Börsenhandel bei vielen dieser Wertpapiere nicht sehr liquide, ETF dagegen können an den Börsen jederzeit ge- und verkauft werden.

Gut zu wissen

Bonität bezeichnet die Kreditwürdigkeit von Schuldnern. Bei Herausgebern von Anleihen, den „Anleiheemittenten“, wird sie in Noten angegeben. Sie werden von speziellen Ratingagenturen vergeben – für Staats-, Unternehmens- und sonstige Anleihen. Die größten Agenturen sind Standard & Poor's, Moody's und Fitch, alle mit Sitz in den USA. Bei Standard & Poor's ist AAA die Höchstnote. Dieses „Triple A“ erhalten nur die sichersten Schuldner wie der Staat Deutschland. Frankreich hat AA (Stand Februar 2022), Italien BBB. Bis BBB– reicht die Skala des „Investmentgrade“, die eine relativ hohe Sicherheit von Zins- und Rückzahlungen ausdrückt. Unterhalb davon beginnen die Hochzinsanleihen, auch „Ramsch-Anleihen“ (englisch Junk Bonds) genannt, mit erhöhtem Risiko. Die schlechteste Note ist D.

Renten-ETF bilden wie Aktien-ETF einen bestimmten Index nach, sie sind aber weit weniger bekannt. Dabei gibt es eine große Auswahl, denn Versicherer, Pensionsfonds oder Stiftungen legen einen erheblichen Teil ihrer Kundengelder in Zinspapieren an, meistens einen weitaus größeren als in Aktien. Renten-ETF gewinnen bei ihnen zunehmend an Bedeutung. Renten-ETF gibt es für Staatsanleihen, Unternehmensanleihen und für Mischungen aus beiden. Und es gibt sie für unterschiedliche Laufzeiten, Währungen und Kreditqualitäten der Schuldner. Ein Kurzporträt der Anbieter von Rentenindizes finden Sie im Abschnitt „Die großen Indexanbieter“ auf S. 161. Viele Renten-ETF gibt es auf die Indizes von Bloomberg Barclays Indices und Markit iBoxx.

Nicht alle Staatsanleihen sind „sichere Häfen“

Als sicherste festverzinsliche Wertpapiere gelten Staatsanleihen. Sie werden von Regierungen aufgelegt, die damit ein Defizit im Staatshaushalt finanzieren. Anleger, die Staatsanleihen kaufen, geben dem entsprechenden Land einen Kredit für eine bestimmte Laufzeit – beispielsweise fünf Jahre – und erhalten dafür Zinsen. Da die meisten Staaten pro Jahr mehr Geld ausgeben, als sie einnehmen, sind sie auf die Emission von Anleihen angewiesen, um diese Defizite zu finanzieren.

Bei Anlegern sind Staatsanleihen beliebt, weil Nationen normalerweise sichere Zahler sind. Sie können schließlich, anders als Unternehmen, über Steuern und andere Abgaben ihre Einnahmen zwangsweise erhöhen und damit Zins- und Rückzahlungen finanzieren. Vor allem in Zeiten wirtschaftlicher Krisen erweisen sich Staatsanleihen oft als Hort der Stabilität. Viele Anleger trennen sich in diesen Phasen vorsichtshalber von risikobehafteten Investments wie Aktien und flüchten mit dem Geld in Staatsanleihen als „sichere Häfen“. Unternehmensanleihen sind dann wenig gefragt, weil die Risiken einer nicht fristgerechten Rückzahlung durch die Firmen mit einer schwächeren Konjunktur zunehmen. Staatsanleihen dagegen gleichen die Verluste von Aktien mit Gewinnen in solchen Phasen oft teilweise aus und sorgen so für ein gewisses Maß an Stabilität des Gesamtdepots.

Wie hoch die Zinsen sind, die Staaten für Anleihen bezahlen müssen, hängt von der Bonität des jeweiligen Landes ab, also seiner Kreditwürdigkeit. Je höher die Wahrscheinlichkeit eingeschätzt wird, dass Zinsen und Rückzahlungen pünktlich geleistet werden, desto besser fallen die Bonitätsnoten aus. Sie werden von Ratingagenturen wie zum Beispiel Standard & Poor's vergeben. Die höchste Bonitätsstufe lautet AAA, Triple A genannt, die niedrigste D (siehe „Gut zu wissen“, S. 56).

Die Staatsanleihen der Euro-Länder weisen unterschiedliche Bonitätsnoten auf. Deutschland steht mit AAA an der Spitze, Italien schafft es mit BBB (Februar 2022) gerade noch in den Investmentbereich. Das ist deshalb wichtig, weil viele Großanleger laut ihren Statuten nur Anleihen mit Investmentgrade kaufen dürfen. Griechenland weist schlechtere Noten als BBB– auf. Und das wirkt sich auch auf Renditen von Renten-ETF aus. Dazu später mehr.

Bundesanleihen bringen negative Renditen

Da Deutschland im EU-Vergleich eine relativ geringe Staatsverschuldung und bis zur Corona-Krise jahrelang Überschüsse ausgewiesen hat, sind die Renditen deutscher Staatsanleihen am niedrigsten. Am 8. Februar 2022 lagen sie für Bundesanleihen mit zehn Jahren Laufzeit pro Jahr bei plus 0,22 Prozent, für Frankreich-Bonds bei 0,67 Prozent; Spanien musste 1,07 Prozent bezahlen und Italien 1,78 Prozent. Für Bundesanleihen mit zwei Jahren Laufzeit gab es immer noch Minus-Renditen von 0,31 Prozent. Anleger zahlen also zum Teil drauf, wenn sie deutsche Staatsanleihen mit kurzen Laufzeiten kaufen. Damit Anleger überhaupt Erträge erzielen, müssen sie also bei Bundesanleihen mittlere und längere Laufzeiten akzeptieren oder einen Korb mit Anleihen verschiedener Euro-Staaten kaufen. Das lässt sich mit Renten-ETF gut machen.

Warum sollen die Anleihen aus den Euro-Staaten sein und nicht etwa aus Japan oder den USA? Weil es im Euroraum kein Währungsrisiko gibt. Da Staatsanleihen den Sicherheitsanker im Portfolio bilden, sollten Wechselkursrisiken vermieden werden – zumindest bei Basisanlagen für langfristige Sparprozesse. Die Renten-ETF mit sicheren Staatsanleihen aus den Euro-Ländern, die Finanztest als „1. Wahl“ empfiehlt, erfüllen diese Anforderungen. In den Bezeichnungen der Fonds stehen dafür häufig die englischen Begriffe für Staatsanleihen:

So haben sich Anleiherenditen seit der Euro-Einführung entwickelt

Der längerfristige Trend zeigte bis 2021 abwärts. Ausnahme war die Eurokrise, als die Renditen von Krisenländern wie Italien kräftig stiegen. Besonders stark fielen die Renditen von Bundesanleihen. Die Wertentwicklung von Renten-ETF ging dadurch nach oben.

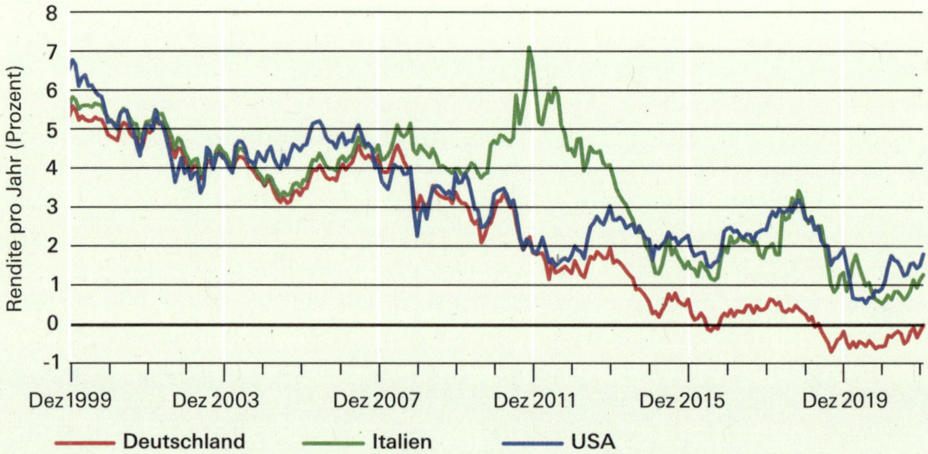

Quelle: Refinitiv. Stand: 31. 1.2022

Treasuries, Government Bonds oder Sovereign Bonds. Die in der Tabelle „ETF auf diese Anleiheindizes eignen sich als Basisanlage“, S. 60 / 61, aufgeführten ETF enthalten nur Staatsanleihen – mit einer Ausnahme: Der iShares Euro Aggregate Bond, der einen Rentenindex des Anbieters Bloomberg Barclays nachbildet, ist mit Staatsanleihen, Unternehmensanleihen und verbrieften Anleihen (wie Pfandbriefen) bestückt. Der eb.rexx wiederum beschränkt sich auf 25 hochliquide deutsche Staatsanleihen.

Steigende Renditen lassen die Anleihekurse fallen

Das waren noch Zeiten für Zinsjäger: 1982 brachten italienische Staatsanleihen mit zehn Jahren Laufzeit pro Jahr mehr als 15 Prozent Rendite, deutsche zehnjährige Bundesanleihen über 9 Prozent. Danach aber ging es mit den Anleihezinsen immer weiter bergab – bis auf minus 0,9 Prozent im März 2020 für deutsche Staatsanleihen. Dieser Zinsabbau hat dafür gesorgt, dass die Kurse der Anleihen bis März 2020 nahezu stetig gestiegen sind. Sie bewegen sich gegenläufig zu den Renditen. Fallen die Marktzinsen, steigen die Kurse der Anleihen; klettern die Marktzinsen, verlieren Anleihen an Wert. Das klingt komplizierter, als es ist.

Beispiel: Anleger A hat eine Anleihe mit einem Zinssatz von 1,0 Prozent gekauft. Nun aber steigt die Marktrendite für das entsprechende Anleihesegment auf 2,0 Prozent. Seine Anleihe ist damit weniger wert geworden. Er könnte sie nicht mehr verkaufen, weil andere Anleger natürlich Anleihen mit 2 Prozent Rendite einem Papier mit einem Prozent vorziehen. Der Renditeausgleich erfolgt über den Kurs der Anleihe von Anleger A: Er fällt so lange, bis die Rendite das neue Zinsniveau von 2 Prozent erreicht. Die Kursveränderungen der Anleihen sind umso stärker, je länger die Laufzeit ist.

→ Was sagen Duration und modifizierte Duration aus?

Duration lässt sich ganz einfach mit Kapitalbindung übersetzen. Die Kennziffer zeigt also, wie lange das Kapital nicht verfügbar ist oder wann eine Anleihe zurückgezahlt wird. Für ein ETF-Portfolio zeigt sie den Durchschnitt der Restlaufzeiten. Noch hilfreicher für Anleger ist die modifizierte Duration, die Kursrisiko oder -chance ausdrückt. Die Kennzahl gibt an, um wie viel sich der Anleihekurs verändert, wenn es zu einer 1-prozentigen Zinssatzänderung kommt. Eine modifizierte Duration von 5 Prozent bedeutet also, dass der Kurs des ETF um etwa 5 Prozent fällt, wenn der Marktzins um 1 Prozent steigt (und entsprechend um 5 Prozent klettert, wenn der Zins um 1 Prozent fällt). Besonders dann wird es wichtig, auf diese Kennzahl zu achten, sobald eine Zinswende an den Rentenmärkten eintritt.

Unternehmensanleihen locken mit Zinsvorteilen

Nicht nur Staaten, sondern auch viele Unternehmen legen Anleihen auf. Damit können sie das extrem niedrige Zinsniveau für längere Zeit festschreiben, als dies üblicherweise bei Bankkrediten der Fall ist. Für Anleger bieten Unternehmensanleihen – englisch: Corporate Bonds – eine Möglichkeit, höhere

4 TIPPS ZU RENTEN-ETF

1 Mix. Ob Zinsen steigen, niedrig bleiben oder fallen – mit einem Mix aus Tages- oder Festgeld sowie Renten-ETF sind Sie für alle Fälle gewappnet.

2 Auswahl. Mit ETF legen Sie am bequemsten in Anleihen an. Wählen Sie ETF mit Euro-Anleihen. Achten Sie auf einen Mix aus Staats- und Unternehmensanleihen unterschiedlicher Laufzeiten. Geeignete ETF finden Sie in der Tabelle auf S. 60/61. Interessant sind auch ETF auf inflationsindexierte Anleihen (siehe S. 62).

3 Zinswende. Rechnen Sie mit Kursverlusten bei Renten-ETF, wenn die Zinsen steigen. Wie stark und lange sie ins Minus rutschen, hängt von der Höhe und der Dauer des Zinsanstiegs, der Anleihenart und dem Ausgangsniveau ab.

4 Tagesgeld. Wenn Sie Risiken scheuen und mögliche Kursverluste vermeiden wollen, investieren Sie nur in Tages- und Festgeld (Topangebote finden Sie gegen eine Gebühr von 2 Euro unter test.de/zinsen).

ETF auf diese Anleiheindizes eignen sich als Basisanlag

	Staatsanleihen		
Name des Index	**Bloomberg Euro Treasury (früher: Barclays Euro T.)**	**Markit iBoxx EUR Sovereigns Eurozone**	**FTSE MTS Eurozone Government Broad IG**
Anzahl Anleihen	463	412	585
Länderverteilung (Prozent)			
Deutschland	18,0	18,0	18,1
Frankreich	24,7	24,7	25,4
Italien	21,9	21,9	22,4
Anleiheart (Prozent)			
Staat [1] **/ Unternehmen / besichert** [2]	100/0/0	100/0/0	100/0/0
Bonitätsverteilung nach Standard & Poor's (Prozent)			
AAA	22,8	22,8	22,8
AA+ bis AA–	37,4	37,4	36,2
A+ bis A–	15,5	15,5	16,4
BBB+ bis BBB–	24,3	24,3	24,6
Laufzeitenverteilung (Prozent)			
1 bis 3 Jahre	17,7	17,7	23,2
3 bis 7 Jahre	31,6	31,6	36,2
Mehr als 7 Jahre	50,7	50,7	40,6
Zinsänderungsrisiko			
Modifizierte Duration (Prozent)	8,6	8,6	8,3
Wertentwicklung (Prozent pro Jahr)			
Rendite 5 Jahre p.a.	2,0	2,0	2,1
Finanztest **Kommentar**	Breit gestreut, fast identisch mit dem Markit iBoxx EUR Sovereigns Eurozone. Relativ hohes Zinsänderungsrisiko.	Breit gestreut, fast identisch mit dem Bloomberg Euro Treasury. Relativ hohes Zinsänderungsrisiko.	Staatsanleihen der Euro-Staaten mit zwei oder mehr Investment-Grade-Ratings. Relativ hohes Zinsänderungsrisiko.
Fonds			
Name möglicher ETF	iShares (IE 00B 4WX JJ6 4), SPDR (IE 00B 3S5 XW0 4) Vanguard (IE 00B Z16 3H9 1)	Xtrackers (LU 029 035 571 7)	Amundi (LU 168 104 626 1)

1) Inklusive staatsnahe Anleihen. 2) Zum Beispiel Pfandbriefe.

		Gemischte Anleihen
FTSE EMU Government Bond	**eb.rexx**	**Bloomberg Euro Aggregate (früher: Barclays Euro Agg.)**
348	25	6 458
18,8	100	18,9
25,6		22,1
22,8		13,8
100/0/0	100/0/0	62,8 / 27,4 / 4,8
23,7	100	25,6
38,6		30,2
14,9		17,7
22,8		26,5
18,8	18,3	21,1
31,6	52,4	37,6
49,6	29,3	41,3
8,7	8,7	7,6
1,8	-0,3	1,7
Breit gestreut mit Schwerpunkt auf Staatsanleihen von Frankreich, Italien und Deutschland. Relativ hohes Zinsänderungsrisiko.	Sicherste Variante, da nur deutsche Staatspapiere im Portfolio, Renditechancen sehr gering. Relativ hohes Zinsänderungsrisiko.	Fokus auf Staatsanleihen, umfasst auch Unternehmensanleihen, Risiko kaum höher als bei reinen Staatsanleihenindizes.
Lyxor (Amundi; LU 232 974 591 8)	iShares (DE 000 628 946 5)	iShares IE 00B 3DK XQ4 1) SPDR (IE 00B 41R YL6 3)

Quellen: Refinitiv, ETF- und Indexanbieter, Finanztest, eigene Berechnungen

Stand: 31. 1. 2022

Renditen als mit Staatsanleihen zu erzielen. Auf einzelne Papiere zu setzen ist wegen der geringen Handelbarkeit und der oft hohen Mindeststückelung kaum zu empfehlen oder oft gar nicht möglich. Renten-ETF, die Indizes von Unternehmensanleihen nachbilden, sind eine elegante Lösung. Allerdings hat die Niedrigzinsphase auch die Renditen von Corporate Bonds gedrückt.

Auch ein ETF, der einen Mix aus Staats- und Unternehmensanleihen gemischter Laufzeiten enthält, wie der Bloomberg Euro Aggregate, eignet sich als Basis (siehe Tabelle „ETF auf diese Anleiheindizes eignen sich als Basisanlage“, S. 61). Er weist höhere Renditechancen auf, aber auch höhere Risiken.

Inflationsindexierte Anleihen preisen die Teuerung mit ein

Angesichts einer Inflationsrate von 3,1 Prozent (2021) sind niedrige Renditen ein schlechtes Geschäft für Anleger. Real, also nach Abzug der Teuerung, verlieren sie mit Anleihen erheblich an Kaufkraft. Einen Ausweg können inflationsindexierte Bonds bieten, englisch „Inflation-Linked-Bonds“ oder „Linker“. Bei ihnen sind die Zinsen an die Inflationsentwicklung gekoppelt. Das bedeutet, sowohl die Zinszahlungen als auch die Rückzahlung am Ende der Laufzeit hängen vom Preisanstieg ab. Für diesen „Inflationsaufschlag“ müssen Anleger aber einen niedrigeren Nominalzins in Kauf nehmen als bei herkömmlichen Anleihen. Um Währungsrisiken zu vermeiden, sollten Anleger „Linker“ von Euro-Staaten bevorzugen. Mit ETF auf Indizes von indexierten Bonds geht das am einfachsten. Der bekannteste Index ist der Bloomberg Euro Government Inflation Linked. Drei von Finanztest als „1. Wahl“ ausgezeichnete ETF bilden ihn nach, je einer von Lyxor, Xtrackers und iShares. Der Index enthält Staatsanleihen aus Frankreich (43,0 Prozent Ende Januar 2022), Italien (29,7 Prozent), Deutschland (15,2 Prozent) und Spanien (11,9 Prozent). Einen weiteren 1.-Wahl-ETF hat Amundi aufgelegt. Er basiert auf dem Markit iBoxx EUR Inflation-Linked Index und enthält nahezu die gleichen Anleihen der vier Länder. Sie sollten jedoch beachten: Da inflationsindexierte Anleihen an Börsen gehandelt werden, sind die aktuellen Inflationserwartungen des Marktes bereits in den Kursen enthalten. Nimmt die Inflation stärker zu als angenommen, klettern die Kurse und die Zinszahlungen; nimmt sie weniger zu, fallen sie entsprechend vom jeweiligen Niveau aus. Der Ertrag hängt also vor allem davon ab, wie sich die Erwartungen verändern. Seitdem die Inflationsraten klettern, haben sich „Linker“ deutlich besser entwickelt als „normale“ Anleihen: Der Bloomberg Euro Government Inflation Linked erreichte bis Ende 2021 eine Jahres-Performance von 6,05 Prozent und eine Drei-Jahres-Performance von 16,10 Prozent. Zum Vergleich: 2021 büßte der Bloomberg Euro Treasury Index (mit normalen Bonds) 3,6 Prozent ein und legte in den drei Jahren bis 2021 um 7,4 Prozent zu.

Spezial-ETF für besondere Anlageideen

ETF gibt es nicht nur auf Aktien oder Anleihen, sondern auch auf Rohstoffe wie Gold. Aber auch bewährte Strategien oder neuere Denkansätze eröffnen ETF-Anlegern Möglichkeiten.

Aktive Anleger, die mehr als nur Aktien- und Anleihen-ETF wollen, weil sie sich viel mit dem Börsengeschehen beschäftigen und eigene Ideen oder besondere Strategien umsetzen möchten, finden eine reichhaltige Auswahl. Denn ETF gibt es für fast alle Länder und Regionen, für viele Branchen und Themen wie etwa Digitalisierung oder Gesundheit oder auch auf Rohstoffe wie Gold, Silber oder Öl (mehr dazu siehe „ETF für Fortgeschrittene" ab S. 127). Auch wer ökologisch anlegen will, findet inzwischen viele Aktien-ETF, die diese Kriterien berücksichtigen (siehe Abschnitt „Nachhaltig investieren", S. 86).

Vielleicht haben Sie aber auch von den trendigen Faktor-ETF, auch Smart Beta genannt, gehört? Besonders stark wächst das Angebot an Papieren, die Aktienindizes nachbilden, die nach wissenschaftlichen Erkenntnissen konstruiert sind. So können etwa die Aktien in einem ETF alle mit dem gleichen Gewicht vertreten sein. Angesagt sind auch Strategien, mit denen Anleger auf dividendenstarke Aktien, Small Caps (Nebenwerte) oder Value-Aktien setzen. Zugegeben, uns überzeugen nicht alle Ideen. Doch einige Ansätze waren erfolgreich und lieferten auf lange Sicht ordentliche Ergebnisse. Mehr dazu: „Faktoren und Strategien", S. 138.

Mit Ausnahme der nachhaltigen ETF auf breit gestreute Indizes, die wir im Abschnitt „Nachhaltig investieren" vorstellen, sollten Spezial-ETF die klassischen Aktien- und Anleihen-ETF nicht ersetzen, sondern taugen eher als Ergänzung. Die Kreativität der Anbieter ist groß, daher sollten Sie abwägen, ob die Papiere Ihre persönlichen Erwartungen erfüllen.

→ Vorsicht bei ETC und ETN

Neben ETF werden Indexpapiere angeboten, die weniger sicher sind, wie Exchange Traded Commodities (ETC) oder Exchange Traded Notes (ETN). Wichtig: Bei diesen Papieren sind Sie nicht an Sondervermögen beteiligt, sondern kaufen eine Schuldverschreibung und sind im Konkursfall des Anbieters wenig geschützt.

Mein ETF-Plan

Eine gute Geldanlage ist wie ein schön sortierter Kleiderschrank: Der Inhalt muss zu Ihnen und Ihrem Leben passen, aber auch Größe und Qualität sollten stimmen. ETF sind dabei oft die „Basics". Hier erfahren Sie, wie Sie Ihr persönliches Depot aufbauen.

→ **Shorts oder dunkler Anzug** – was ist die bessere Wahl? Auf diese Frage kann die Antwort nur lauten: Es kommt darauf an. So wie es nicht das eine Kleidungsstück gibt, das immer für jeden passt, gibt es auch nicht die passende Geldanlage für alle Lebenslagen. Es kommt eben darauf an, was Sie brauchen, was Sie wollen und auch wer Sie sind. In vielen Fällen sind ETF aber besonders gut geeignet, eine renditestarke Vermögensanlage aufzubauen, die sich ohne viel Aufwand führen lässt. Ob das auch für Sie angebracht ist, wie Sie ein Basisdepot aufbauen und welche Sparmöglichkeiten sich in welchen Lebenslagen anbieten, erfahren Sie auf den folgenden Seiten.

Eine einfache und daher gerade auch für Einsteiger geeignete Form, in ETF zu investieren, ist das Finanztest-Pantoffel-Portfolio, das Sie ab S. 68 näher vorgestellt bekommen. Auch Einsteiger können es problemlos aufbauen. Es lässt sich in sehr vielen Lebenslagen umsetzen und ist für zahlreiche Anlagezwecke geeignet: zum Beispiel um mit einem Sparplan regelmäßig Geld zurückzulegen, etwa zum gezielten Vermögensaufbau für die Altersvorsorge (siehe „Mit dem Pantoffel-Sparplan gut für das Alter vorsorgen", S. 74). Und selbst in späteren Jahren müssen Sie nicht auf das Pantoffel-Portfolio verzichten, wenn Sie sich aus Ihren Geldanlagen eine zusätzliche Rente genehmigen möchten (siehe „Im Alter noch sinnvoll anlegen", S. 82). ETF taugen auch für das Anlegen von Vermögenswirksamen Leistungen (siehe „Geschenktes Geld vom Chef in ETF investieren", S. 78). Und auch Anleger, die Wert darauf legen, ihr Geld nachhaltig, ethisch und ökologisch korrekt anzulegen, können auf ETF setzen (siehe „Nachhaltig investieren mit ETF", S. 86).

Wie Sie investieren wollen, hängt von Ihrer Risikoneigung ab: Selbstverständlich sollte Ihnen die Sorge um Ihr Geld keine schlaflosen Nächte bereiten. Aber wenn es ausschließlich auf Bankkonten schlummert, weil Ihnen alles andere als zu wagemutig erscheint, verschenken Sie vor allem

Checkliste

Wie schätze ich meine Risikotragfähigkeit ein?

Wenn einer oder mehrere der folgenden Faktoren auf Sie zutreffen, haben Sie vermutlich eine höhere Risikotragfähigkeit als der Durchschnitt:

- ☐ **Gesichertes Einkommen.** Ihr Einkommen ist langfristig gesichert, zum Beispiel als Beamter oder durch andere sichere Quellen.
- ☐ **Finanzielle Reserven.** Für die Unwägbarkeiten im Leben wie etwa ein kaputtes Auto sind Sie finanziell gerüstet.
- ☐ **Altersvorsorge.** Die Basis Ihrer Altersvorsorge steht: mit Rentenansprüchen, vielleicht eigenen Immobilien oder Lebensversicherungen.

Wenn einer oder mehrere der folgenden Faktoren auf Sie zutreffen, haben Sie dagegen eher eine geringere Risikotragfähigkeit als der Durchschnitt:

- ☐ **Unsichere Einkommenslage.** Ihre Einkommenssituation ist unsicher, zum Beispiel weil Sie selbstständig tätig sind oder weil Sie Ihren Job als gefährdet betrachten.
- ☐ **Wenig Reserven.** Sie haben bislang kaum ein finanzielles Polster aufbauen können und werden auch Probleme haben, das in naher Zukunft zu schaffen.

derzeit Renditechancen. Wenn Sie sich die langfristigen Chancen von Aktien-ETF klarmachen, können Sie den Einstieg wagen.

Anleger mit hoher Risikoneigung kommen dagegen leichter in Versuchung, auf einzelne Aktien zu setzen oder andere wenig aussichtsreiche Anlageformen mit hohen Gewinnversprechen zu wählen – und dadurch viel Geld zu verspielen (siehe „Schluss mit falscher Geldanlage", S. 33).

Doch es gilt hier genau zu unterscheiden: Ihre (subjektive) Risikobereitschaft und Ihre (objektive) Risikotragfähigkeit sind zweierlei Dinge – und gerade das Zweite ist für Ihre Geldanlagestrategie wichtig.

→ Das passende Risiko finden

Die Risikostruktur einer Geldanlage muss zur Lebenssituation des Anlegers passen. Dabei unterscheidet man zwei Begriffe:

Risikobereitschaft. Darunter versteht man die ganz persönliche Neigung des Anlegers, Risiken einzugehen. Sowohl eine zu hohe als auch eine zu niedrige Risikobereitschaft kann in Sachen Geldanlage negativ wirken.

Risikotragfähigkeit. Bezeichnet den Spielraum für Verluste in den Finanzen des Anlegers. Generell gilt: Je besser das Leben durch andere Einnahmequellen abgesichert ist, desto höher ist die Risikotragfähigkeit.

“ Je höher Ihre Risikotragfähigkeit ist, desto stärker können Sie auf Aktien-ETF setzen.

Ganz klar: Je höher Ihre Risikotragfähigkeit ist, desto stärker können Sie auf Aktien-ETF setzen – mit der Aussicht auf langfristig überdurchschnittliche Renditen. Doch auch, wenn Ihr finanzieller Spielraum schmal und Ihre Risikotragfähigkeit vergleichsweise gering ist, können Sie unter Umständen in Aktien-ETF investieren, wenn Sie auf längere Sicht dabeibleiben wollen. Damit können Sie die Langfrist-Chancen auf mehr Wohlstand nutzen. Denn wie wir inzwischen wissen, bieten Aktien-ETF hohe Gewinnchancen bei vertretbarem Risiko – sofern der Anlagezeitraum nur lang genug ist.

Die Checkliste „Wie schätze ich meine Risikotragfähigkeit ein?" gibt Ihnen eine grobe Orientierung dazu, wie es um Ihre Risikotragfähigkeit bestellt ist.

Bequem anlegen – die Pantoffel-Portfolios

Reinschlüpfen und sich wohlfühlen: Finanztest hat ein leicht verständliches und einfach nachvollziehbares Rezept für die langfristige Geldanlage entwickelt: das „Pantoffel-Portfolio".

Aktien für jedermann? Mit den Finanztest-Pantoffel-Portfolios fällt auch Börsenneulingen der Einstieg leicht. Einmal aufgebaut, läuft ein solches Portfolio fast von allein und bedarf nur in seltenen Fällen etwas Pflege – deshalb der Name Pantoffel-Portfolio. Man kann es für die Anlage eines einmaligen Betrags nutzen, aber genauso gut für einen monatlichen Sparplan oder sogar als Auszahlplan später im Leben. Einzige wichtige Voraussetzung: Sie sollten bereit sein, mindestens zehn, besser 15 Jahre durchzuhalten, um Börsenkapriolen durchzustehen. Dann stehen die Chancen gut, dass Sie trotz zwischenzeitlicher herber Rückschläge an den Börsen eine ansehnliche Rendite erwirtschaften.

Wie Sie aus den vorigen Kapiteln wissen, wirken sich in einem breit gestreuten Portfolio Kurseinbrüche einzelner Werte nur wenig aus, im besten Falle werden sie durch Kurssteigerungen anderer Wertpapiere mehr als wettgemacht. Das zeigt die Entwicklung der Börsen in den vergangenen 30 Jahren (siehe die Grafik „Alle Pantoffel-Varianten im Plus" auf S. 69).

Zwei Bausteine genügen

Die Finanztest-Strategie besteht aus zwei Bausteinen: einem Rendite- und einem Sicherheitsbaustein; die Inhalte der jeweiligen Bausteine stellen Sie sich ganz einfach aus einer Art Baukasten selbst zusammen. Im einfachsten Fall besteht das Pantoffel-Portfolio lediglich aus einem globalen und somit besonders breit gestreuten Aktien-ETF auf den MSCI-World-Index sowie aus Tagesgeld. Der Aktien-ETF dient als langfristiger Renditebringer, die Zinsanlage als Stabilitätsanker. Der Vorteil von Tagesgeld besteht vor allem darin, dass man flexibel bleibt und bei wieder anziehenden Zinsen – anders als bei Anleihen-ETF – keine Kursverluste riskiert (siehe „Renten-ETF", S. 55). Anleger, die 2022 ein Pantoffel-Portfolio aufbauen, sollten daher Tagesgeld als Sicherheitsbaustein den Vorzug geben; wegen des Zinsänderungsrisikos ist aktuell von Anleihen-ETF abzuraten.

Der MSCI World setzt nicht auf einzelne Länder, Branchen oder Trends, sondern auf das Wirtschaftswachstum der „entwickelten" Börsenwelt und ermöglicht daher eine

Für vorsichtige und risikobereite Anleger gleichermaßen geeignet

Das Pantoffel-Portfolio gibt es in drei Varianten – je nach persönlicher Risikoeinstellung. Als Aktienbaustein kommen ETF auf international breit gestreute Indizes wie den MSCI World infrage, als Zinsbaustein Tagesgeld; Rentenfonds sind wegen Zinsänderungsrisiken derzeit nur eingeschränkt geeignet.

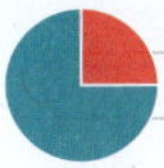

Defensiv:
Pantoffel für Vorsichtige
25 % Aktienfonds
75 % Zinsanlagen

Ausgewogen:
Der Fifty-fifty-Pantoffel
50 % Aktienfonds
50 % Zinsanlagen

Offensiv:
Pantoffel für Risikobereite
75 % Aktienfonds
25 % Zinsanlagen

Quelle: Finanztest

Alle Pantoffel-Varianten deutlich im Plus

Im Jahr 1992 eingerichtete Pantoffel-Portfolios wären nach 30 Jahren klar im Plus, obwohl die New-Economy-Blase, die Finanzmarktkrise und die Corona-Pandemie Börsen-Crashs auslösten.

Entwicklung von 100 000 Euro Pantoffel-Einmalanlage (30 Jahre Laufzeit)

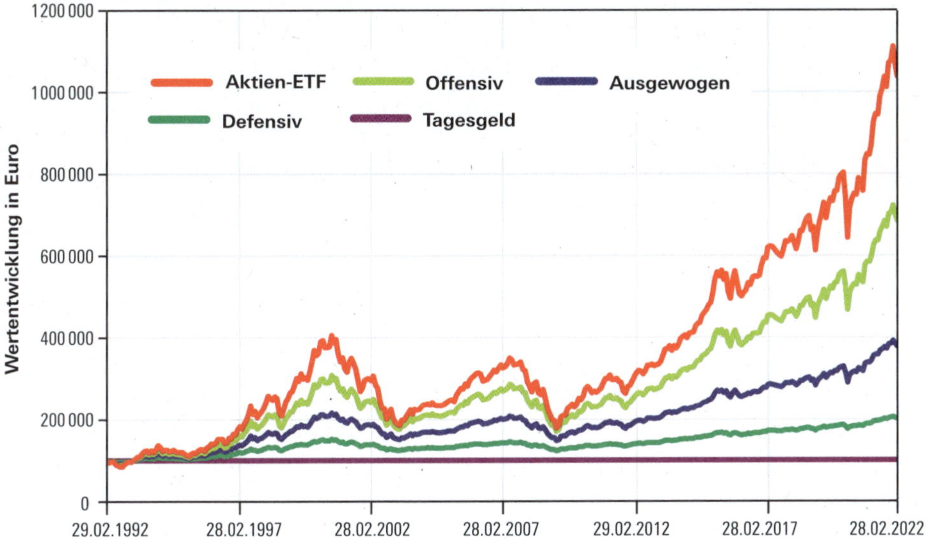

Quellen: Refinitiv, eigene Simulationen Stand: 28.2.2022

sehr breite Risikostreuung. Noch breiter aufgestellt als mit dem MSCI World sind Sie mit dem Index MSCI All Country World, der auch Schwellenländer wie China und Indien einschließt (siehe S. 49). Das birgt Vor- wie Nachteile: In der Vergangenheit brachte der Verzicht auf die Emerging Markets, wie die Schwellenländer auch genannt werden, etwas mehr Stabilität ins Depot. Denn die etablierten Börsen kommen in Krisenzeiten in der Regel glimpflicher davon. Auf der anderen Seite verzichten Sie aber auf Renditechancen. Wer sich der Chancen und Risiken bewusst ist, kann einem ETF auf den MSCI All Country World als Renditebaustein im Pantoffel-Portfolio den Vorzug geben.

Eine akzeptable Alternative für alle, die nicht so stark in fremden Währungen investiert sein wollen, dafür aber eine Einschränkung bei der Risikostreuung in Kauf nehmen, ist ein Investment in einen ETF auf den Index MSCI Europe oder den Stoxx Europe 600.

Auch wenn Sie ethisch-ökologisch orientiert sind, werden Sie bei ETF fündig und können sich beispielsweise einen Öko-Pantoffel zusammenstellen. Mehr dazu erfahren Sie im Abschnitt „Nachhaltig und ethisch korrekt investieren" ab S. 86.

▶ **Details zu den Basisindizes** finden Sie im Kapitel „Aktien-ETF", S. 44. Nachhaltige ETF, die sich für die Pantoffel-Strategie eignen, finden Sie auf S. 89.

Für alle Anlegertypen geeignet

Je nach Risikoeinstellung und -tragfähigkeit lassen sich der Rendite- und der Stabilitäts-Baustein mischen. Beim offensiven Pantoffel-Paar beträgt der Aktienanteil 75 Prozent, der Sicherheitsbaustein nur 25 Prozent. Beim ausgewogenen Paar macht der Aktienanteil die Hälfte aus und beim defensiven Pantoffel nur 25 Prozent (siehe Grafik „Für vorsichtige und risikobereite Anleger gleichermaßen geeignet", S. 69). Das klingt einfach, und genau das ist es auch.

Dazu kommt: Nach Berechnungen von Finanztest haben die Pantoffel-Mischungen in der Vergangenheit zumeist wesentlich besser abgeschnitten als Mischfonds oder Vermögensverwaltungen von Banken mit vergleichbarem Risiko. Ein ausgewogener Pantoffel, der zur Hälfte aus Aktien, zur Hälfte aus Zinsanlagen besteht, hätte sich nach Berechnungen der Finanztest-Redaktion innerhalb von 30 Jahren seit Ende Februar 1992 von einer Anlage von 100 000 Euro zu einem Wert von gut 377 137 Euro entwickelt. Das entspricht einer Rendite von 4,5 Prozent pro Jahr. Der offensive Pantoffel hätte eine Rendite von 6,6 Prozent erzielt, der defensive immerhin 2,3 Prozent (Stand: 28. Februar 2022).

Das Gute am Pantoffel-Portfolio: Wenn Sie sich dafür entscheiden, das Finanztest-Anlagekonzept umzusetzen, müssen Sie weder ein Experte für Geldanlage im Allgemeinen noch für ETF im Besonderen sein, noch sich lange vorbereiten.

Checkliste

In fünf Schritten zum Pantoffel-Portfolio

- ☐ **Schritt 1.** Überlegen Sie, welches Risiko Sie eingehen können und wollen. Wer offensiv ist, setzt auf 75 Prozent Aktienanteil, wer wenig Risiko tragen kann, auf 25 Prozent. Die ausgewogene Mischung mit 50 Prozent Aktienanteil ist für die meisten Anleger eine gute Wahl.
- ☐ **Schritt 2.** Wählen Sie eine Basisanlage für den Aktienanteil aus. Besonders empfehlenswert ist ein ETF auf den MSCI World Index; wer etwas mehr Schwankungen aushält und Schwellenländer dabeihaben möchte, wählt den MSCI All Country World oder den FTSE All World. Wer lieber auf Europa setzen möchte, dafür aber eine geringere Streuung in Kauf nimmt, setzt auf den MSCI Europe oder Stoxx Europe 600. Passende ETF finden Sie in der Tabelle „ETF auf diese Aktienindizes eignen sich als Basisanlage“, S. 52.
- ☐ **Schritt 3.** Wählen Sie eine Basisanlage für den Sicherheitsbaustein aus. Hierfür kommt in der aktuellen Nullzinslage am besten Tagesgeld infrage. Wegen des Zinsänderungsrisikos sind Euro-Renten-ETF derzeit mit Zurückhaltung zu betrachten. Mit Tagesgeld ist man besonders flexibel und vermeidet – anders als bei Renten-ETF – Kursverluste bei wieder steigenden Zinsen. Wenn die Zinsen dann wieder ein höheres Niveau erreicht haben sollten, sind Renten-ETF eine gute Wahl.
- ☐ **Schritt 4.** Suchen Sie die passende Bank aus und eröffnen Sie ein Wertpapierdepot. Der Einmalkauf von ETF ist bei jeder Bank möglich, ETF-Sparpläne gibt es dagegen längst nicht überall, sondern vor allem bei Online-Anbietern (siehe „Das passende Depot“, S. 98).
- ☐ **Schritt 5.** Achten Sie regelmäßig darauf, ob das tatsächliche Mischungsverhältnis im Pantoffel-Portfolio noch der Wunschaufteilung entspricht, und passen Sie es gegebenenfalls an (siehe „Das Depot richtig anpassen“, S. 116). Es genügt, wenn Sie sich dazu das Depot einmal im Jahr anschauen – oder dann, wenn es an den Börsen gerade hoch hergeht.

Zweierlei brauchen Sie zum Start: Erstens sollten Sie ein Wertpapierdepot haben oder neu eröffnen. Zweitens sollten Sie sich überlegen, wie viel Geld Sie auf längere Sicht von mindestens zehn Jahren wirklich entbehren können. Denn eines muss Ihnen klar sein, wenn Sie Ihr Geld an die Börse bringen: Dass es immer mal wieder zum Teil heftige Kursausschläge geben wird, ist so sicher wie das Amen in der Kirche. Unsicher ist jedoch, wann diese eintreten werden.

Je nach Bank können Sie mit dem ETF-Sparen bereits ab Raten von 1 Euro beginnen, woanders ab 25 oder 50 Euro. Das macht ETF-Sparpläne zum idealen Anlagevehikel für junge Leute, die wenig Geld, aber viel Zeit für den Vermögensaufbau haben (siehe „Pantoffel-Sparplan", S. 74).

Wer dagegen im Alter seine Rente aufbessern möchte, kann aus seinem Pantoffel-Portfolio auch einen Entnahmeplan machen. Das ist ein umgekehrter Sparplan – man verkauft also regelmäßig einen kleinen Anteil seiner ETF-Anteile oder löst einen kleinen Teil seines Tagesgelds auf (siehe „Im Alter noch sinnvoll anlegen", S. 82).

Haben Sie Ihr Pantoffel-Portfolio aufgebaut, ist es sehr pflegeleicht. Sie müssen sich nur gelegentlich darum kümmern, wenn das gewünschte Mischungsverhältnis zwischen Rendite-Baustein und Stabilitäts-Baustein nachhaltig aus dem Gleichgewicht geraten ist – nämlich dann, wenn die tatsächliche Aufteilung der beiden Bausteine um mehr als 10 Prozentpunkte von der gewünschten Gewichtung abweicht. Nur dann sollten Sie das Portfolio anpassen. Wie das genau geht, finden Sie im Abschnitt „Das Depot richtig anpassen" auf S. 116.

Und was ist bei einem Crash?

Vielleicht machen Sie sich wie viele Anleger Sorgen darum, wie sich ein Markteinbruch aufs Pantoffel-Portfolio auswirken könnte. Um das herauszufinden, hat Finanztest 2020 verschiedene Szenarien durchgespielt. Das Ergebnis ist beruhigend: Wenn Anleger das Geld in ihrem Pantoffel-Portfolio 20 Jahre liegen lassen und nur wie empfohlen die Gewichtung anpassen, wenn sie sich stark verschiebt, können sie von Phasen, in denen es schlecht läuft, sogar profitieren. Sie verhalten sich dann antizyklisch: Sind die Kurse abgestürzt, verkaufen sie Zinsanlagen und kaufen Aktien-ETF zum günstigen Kurs nach. Umgekehrt verkaufen sie Aktien-ETF, wenn sie gut gelaufen sind.

Die Tabelle „Was aus 100 000 Euro nach 20 Jahren geworden wäre" zeigt, wie das Pantoffel-Portfolio abgeschnitten hätte – je nachdem, wann es zu Crashs kam. Am Ende waren alle Pantoffel bei unseren simulierten Verläufen deutlich im Plus – ebenso wie beim historischen Verlauf. Und das, obwohl Einstieg (auf dem Hoch der Dotcom-Blase) und Ausstieg (mitten im Tief der Corona-Krise) äußerst ungünstig waren. Dazwischen lagen noch der Zusammenbruch der New Economy am Anfang dieses Jahrtausends und die Finanzmarktkrise 2008.

Was aus 100 000 Euro nach 20 Jahren Anlagedauer geworden wäre

Die Tabelle zeigt, wie sich die Pantoffel-Portfolios in unterschiedlichen Marktverläufen entwickeln. Was aus 100 000 Euro nach 20 Jahren geworden ist, steht in der Spalte „Endvermögen". Wie wir die Daten berechnet haben, können Sie unter test.de/etf-methodik nachlesen.

Simulierte Kapitalmarktverläufe

Crash am Anfang

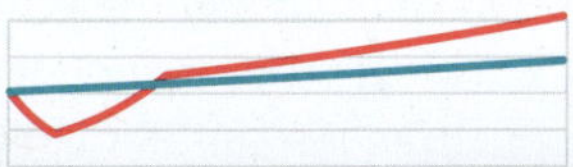

Crash am Ende

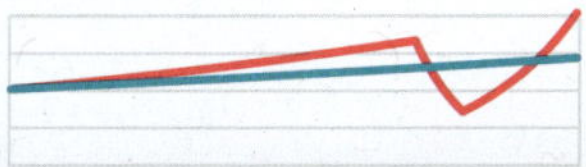

Historischer Verlauf 31.3.2000 bis 31.3.2020

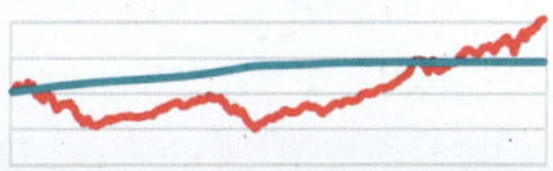

Portfolio	Crash am Anfang: Schlechteste Jahresrendite (Prozent)	Crash am Anfang: Endvermögen (Euro)	Crash am Ende: Schlechteste Jahresrendite (Prozent)	Crash am Ende: Endvermögen (Euro)	Historischer Verlauf: Schlechteste Jahresrendite (Prozent)	Historischer Verlauf: Endvermögen (Euro)
Tagesgeld	0	140 483	0	140 483	0	140 483
Defensives Pantoffel-Portfolio	−6,5	152 127	−9,7	152 146	−7,3	152 115
Ausgewogenes Pantoffel-Portfolio	−19,1	157 649	−20,8	158 372	−19,6	165 221
Offensives Pantoffel-Portfolio	−29,7	155 085	−30,6	154 076	−28,9	168 317
Aktienportfolio	−40,6	148 824	−40,5	148 824	−39,7	148 824

— Aktienmarkt — Tagesgeld

Quellen: Refinitiv, eigene Simulationen Stand: 31.3.2020
Bei den Simulationen wurden Handelskosten berücksichtigt.

Mit dem Pantoffel-Sparplan gut für das Alter vorsorgen

Viele haben Angst, dass im Alter das Geld knapp wird. Eine gute ETF-Strategie kann helfen, damit die Finanzen im Lebensabend ausreichen.

„Die Rente ist sicher." Dieser berühmte Ausspruch des ehemaligen Bundesarbeitsministers Norbert Blüm wird heute gerne um den Nachsatz „aber zu niedrig" ergänzt. Denn die gesetzliche Rente ist zwar sicher, sie wird für einen auskömmlichen Lebensstandard alleine aber in der Regel nicht genug sein. Kein Wunder also, dass das Thema Altersvorsorge bei vielen vor allem eines hervorruft: Bauchschmerzen.

Zu Recht: Derzeit liegt das Rentenniveau, also das Verhältnis zwischen Rentenhöhe und Durchschnittsverdienst, bei gut 49 Prozent. Aber nur dann, wenn Rentner 45 Jahre durchweg gearbeitet und Einzahlungen in die Rentenkasse getätigt haben. Für Menschen mit Phasen von Teilzeit, Arbeitslosigkeit oder Familienzeiten fällt die Zahlung noch geringer aus. Mehr noch: In den kommenden Jahren soll das Rentenniveau zunächst ansteigen, dann aber weiter sinken. 2035 dürfte es bei 45,8 Prozent liegen.

Mit der gesetzlichen Rente allein sind Geldprobleme im Alter somit programmiert. Zwar sinken die Ausgaben im Ruhestand, weil zum Beispiel die Fahrtkosten zum Arbeitsplatz wegfallen. Fachleute gehen aber davon aus, dass Rentner rund 80 Prozent ihres letzten Nettogehaltes benötigen, um ihren Lebensstandard zu halten – also fast das Doppelte von dem, was die Deutsche Rentenversicherung vermutlich einmal überweisen wird.

Je früher Sie mit dem Sparen für die Altersvorsorge beginnen, desto mehr hilft Ihnen der Zinseszinseffekt.

Um diese Lücke zu schließen, gibt es verschiedene Möglichkeiten. Der Staat fördert privates Sparen zum Beispiel im Rahmen der Riester-Rente, die vor allem für Familien mit Kindern interessant ist. Und mit einer Betriebsrente können Angestellte mithilfe ihres Arbeitgebers für später vorsorgen. Doch die bittere Nachricht lautet: Selbst gesetzliche Rente plus Riester und Betriebsrente zusammen können immer noch zu knapp ausfallen.

Sollten Sie noch eine Rentenlücke haben, bleibt nur die Möglichkeit, sie mit privatem Vermögen zu schließen. Dabei haben Sie einen guten Verbündeten, den Zinseszinseffekt, und einen erbitterten Gegenspieler, die Teuerung. Mit Ihrem ETF-Plan nutzen Sie Ihren Verbündeten und halten den Gegenspieler in Schach – und das auf einfache, kostengünstige und renditestarke Weise.

Ganz wichtig: Je früher Sie mit dem Sparen für die Altersvorsorge beginnen, desto mehr hilft Ihnen der Zinseszinseffekt. Je später Sie anfangen, umso mühsamer ist es, einen stattlichen Betrag anzusparen. Angenommen, Sie möchten 100 000 Euro ansparen und erhalten gleichbleibend 3 Prozent Rendite, reicht es dank des Zinseszinses, wenn Sie 173 Euro monatlich zurücklegen, sofern Sie 30 Jahre Zeit haben. Starten Sie spät und es bleiben nur zehn Jahre, müssten Sie 715 Euro monatlich stemmen.

In der Vergangenheit waren bei Aktien-ETF mehr als 3 Prozent Rendite drin. Aber was passiert, wenn die Kurse zwischendurch einbrechen? Manchmal können Kursrücksetzer jedoch sogar als Renditeturbo wirken, wie die Berechnungen von Finanztest zeigen (siehe S. 72).

Der Pantoffel-Sparplan im Test

Die einfachste Möglichkeit, mit ETF zu sparen, ist der Finanztest-Pantoffel-Sparplan. Er funktioniert wie das Pantoffel-Portfolio (siehe S. 68) – nur zahlen Sie nicht einmalig eine größere Summe ein, sondern regelmäßige Raten. Dafür teilen Sie Ihre Rate je nach gewählter Risiko-Variante unterschiedlich auf zwei Sparpläne auf.

Bei 200 Euro für den ausgewogenen Sparplan fließen zum Beispiel monatlich 100 Euro in einen ETF-Sparplan auf den MSCI World Index oder einen anderen Basisindex (siehe Tabelle „Diese Aktienindizes eignen sich als Basisanlage“, S. 52). Für die anderen 100 Euro richten Sie am besten einen Dauerauftrag auf Ihr Tagesgeldkonto ein; Anleihen-ETF sind in der Nullzinsphase nicht ratsam. In unserer Untersuchung haben wir mit Tagesgeld gerechnet. Hätten Sparer diese ausgewogene Variante vor 30 Jahren gewählt, vom 29. Februar 1992 bis 28. Februar 2022 insgesamt 72 000 Euro eingezahlt und die Gewichtung von Aktien-ETF und Zinsanlagen regelmäßig angepasst, besäßen sie heute rund 167 020 Euro. Das entspräche 4,5 Prozent Rendite pro Jahr. Auch für Sparpläne gibt es noch eine Variante für Vorsichtige und eine für Risikobereite. Auf dem defensiven Depot mit 25 Prozent Aktien haben sich im selben Zeitraum 115 748 Euro angesammelt. Damit brachte es 2,3 Prozent pro Jahr. Das offensive Portfolio lag bei 221 713 Euro oder 6,6 Prozent pro Jahr.

Und was ist bei einem Crash?

Im Test haben wir Sparpläne ähnlich wie die Einmalanlagen durch zwei weitere Marktszenarien laufen lassen: ein Crash am Anfang und einer am Ende. Besser fiel das Ergebnis bei einem Kurssturz am Anfang aus.

Beim Sparplan wirkt ein Crash am Anfang nämlich wie ein Turbo: Für Ihre monatliche Sparsumme bekommen Sie nach einem Crash mehr Anteile, es gibt sie sozusagen im Sonderangebot. Steigen die Kurse über die Zeit Ihrer Spardauer wieder an, profitieren Sie umso mehr von dieser Entwicklung. Angenommen, der MSCI World Index würde sich in den kommenden zehn Jahren verdoppeln. Dann stünden Ratensparer mit Crash am Anfang sogar besser da, als wenn die Kurse gleichmäßig gestiegen wären.

Checkliste

Schritt für Schritt zum Pantoffel-Sparplan

Schritt 1. Entscheiden Sie sich für eine Gewichtung, die zu Ihnen passt. Für die meisten ist der ausgewogene Pantoffel-Sparplan eine gute Wahl.

Schritt 2. Teilen Sie Ihre Rate auf. Ein Teil fließt in einen ETF-Sparplan, etwa auf den MSCI World (siehe „Diese ETF sind empfehlenswert", S. 166). Für den anderen empfehlen wir derzeit Tagesgeld. Sind die Zinsen wieder gestiegen, kommen Euro-Renten-ETF infrage .

Schritt 3. Wählen Sie die passende Bank. Bei einem Sparplan kaufen Sie die ETF-Anteile nicht über die Börse. Das wäre in der Regel zu teuer. Stattdessen schließen Sie bei Ihrer Bank einen Sparplan ab. Auch dazu benötigen Sie ein Wertpapierdepot. Welche Banken günstig sind, finden Sie unter „Das passende Depot", S. 98. Um einen Sparplan auf ein Tagesgeldkonto anzulegen, richten Sie einfach einen Dauerauftrag von Ihrem Girokonto ein.

Schritt 4. Bestimmen Sie die Ratenhöhe. Sparpläne können Sie schon mit kleinen Beträgen beginnen. Üblich sind 25 Euro oder 50 Euro pro Monat als Mindestrate. Wenn Ihnen das zu viel ist, zahlen Sie beispielsweise nur alle drei Monate ein. Sie können anfangs auch nur einen ETF besparen, etwa auf den MSCI World Index. ETF-Sparpläne sind sehr flexibel. Sie können die Rate jederzeit ändern oder aussetzen, und Sie können Teilbeträge entnehmen, ohne dass der Sparplan erlischt.

Schritt 5. Checken Sie etwa einmal im Jahr, ob die Aufteilung im Depot noch stimmt. Mehr dazu siehe „Das Depot richtig anpassen", S. 116.

Brachen die Notierungen ausgerechnet am Schluss der Sparphase ein, war das ungünstiger. Anleger können sich wappnen, indem sie beim Ausstieg flexibel bleiben und auf eine Erholung bauen. Gut, wenn man den Verkauf ein Jahr aufschieben kann oder sein Depot nur Schritt für Schritt auflöst und den Aktien-ETF Zeit zur Erholung gibt. ETF-Sparer können sich aber auch ein oder zwei Jahre vor dem geplanten Sparende auf die Lauer legen und versuchen, einen günstigen Ausstiegszeitpunkt abzupassen – vor allem wenn die Kurse vorher stark gestiegen sind. Ob das glückt oder man Rendite verschenkt, weiß man aber erst hinterher.

Auf die Risiken achten

Nun kann sich niemand ein Szenario aussuchen. Wie die Märkte laufen werden, weiß keiner. Möglicherweise stürzen die Kurse sogar zwei Mal oder mehr in zwei Jahrzehnten ab. Daher ist es umso wichtiger, dass der Pantoffel-Sparplan von vorneherein zu Ihrer Risikobereitschaft passt. Sie sollten sich dabei nicht an den Endergebnissen orientieren, sondern überlegen, wie hoch zwischenzeitliche Verluste zu Buche stehen dürfen, um für Sie noch erträglich zu sein.

Das Risiko hängt mehr von der gewählten Sparplan-Variante als von den Marktverläufen ab: Beim offensiven Sparplan mit einem Aktienanteil von 75 Prozent fällt ein zwischenzeitliches Minus naturgemäß kräftiger aus als bei den anderen beiden Pantoffel-Varianten.

Flexibilität ist von Vorteil

Hat sich gegen Ende der Laufzeit ein kleines Vermögen angesammelt, stellt sich die Frage, ob das Portfolio weiterlaufen soll oder ob es besser ist, das Geld in Sicherheit zu bringen. Wer plant, einen Entnahmeplan anzuschließen, kann ruhig weitermachen (siehe „Im Alter noch sinnvoll anlegen“, S. 82). Wer das Geld benötigt, überlegt eventuell, auf eine andere Variante umzusteigen, etwa von der offensiven auf die defensive.

Besser gleich die passende Sparplan-Variante wählen.

Aus unserer Sicht wählt man besser von Anfang an die passende Mischung, denn selbst Profis gelingt es selten, den besten Ein- und Ausstiegszeitpunkt abzupassen. Privatanleger dürften sich noch schwerer tun.

Vergessen Sie die Steuern nicht

Wenn Sie abschätzen möchten, wie viel Vermögen mit ETF Sie ansammeln wollen, müssen Sie unbedingt zwei unangenehme Faktoren mit einrechnen: Inflation und Steuern. Denn die Rendite Ihres Investments kommt nicht vollständig bei Ihnen an, weil der Fiskus seinen Teil abzieht (zu den Details siehe „ETF richtig versteuern“ ab S. 119). Behandeln Sie Ihre Einkünfte aus den ETF also wie ein Bruttogehalt. Davon gehen ja auch noch Steuern und Abgaben ab.

Geschenktes Geld vom Chef in ETF investieren

Viele Angestellte haben Anspruch auf Vermögenswirksame Leistungen (VL) ihres Arbeitgebers. Auch Aktien-ETF kommen für die VL-Anlage infrage. So geht es ganz einfach.

Bei Angestellten hilft der Chef oder die Chefin häufig Monat für Monat mit beim Sparen – mithilfe von Vermögenswirksamen Leistungen (VL). Sofern das Unternehmen die VL bezuschusst oder sogar komplett übernimmt, erhält man ein Bonbon zusätzlich zum eigentlichen Gehalt. Daher ist klar: Wer VL ungenutzt links liegen lässt, dem entgeht über die Jahre einiges an Geld. Manche verzichten überdies auch auf staatliche Förderung (siehe Übersicht „Wie der Staat den Vermögensaufbau fördert").

Auch Aktien-ETF lassen sich – ebenso wie herkömmliche Aktienfonds – fürs VL-Sparen nutzen.

Was sich noch nicht überall herumgesprochen hat: Nicht nur herkömmliche Aktienfonds, sondern auch Aktien-ETF lassen sich fürs VL-Sparen nutzen. Hier erfahren Sie, wie das funktioniert. Wichtig: Das Vermögensbildungsgesetz schreibt zwingend ein Investment in Fonds oder ETF mit einem Aktienanteil von mindestens 60 Prozent vor; mit reinen Anleihen-ETF geht es nicht.

Ein großes Vermögen lässt sich zwar mit VL nicht aufbauen, dafür sind die monatlichen Sparbeträge dann doch zu gering. Trotzdem sollte man als Angestellter, Beamter oder Auszubildender keinesfalls darauf verzichten. Sie lohnen sich für jeden in jeder Lebenslage. Sehr viele Unternehmen zahlen ihren Angestellten VL als zusätzliche Sozialleistung unabhängig vom eigentlichen Gehalt. Aber auch Beamte haben darauf Anspruch. Wie viel VL man bekommt, richtet sich nach der Branchenzugehörigkeit und ist zumeist im Tarifvertrag, in einer Betriebsvereinbarung oder im Arbeitsvertrag geregelt. Häufig gibt es diese Leistung aber erst nach Ablauf der Probezeit. In der Spitze zahlen Betriebe eine VL-Rate von 40 Euro pro Monat, also 480 Euro pro Jahr. Auf der anderen Seite des Spektrums, etwa im öffentlichen Dienst, gibt es derzeit nur 6,65 Euro an VL pro Monat.

Innerhalb bestimmter Einkommensgrenzen kann man zusätzlich beim Staat die

Arbeitnehmer-Sparzulage beantragen. Bei Aktien-ETF und Aktienfonds können VL-Sparer auf die maximal förderfähige eingezahlte Summe von 400 Euro pro Jahr noch eine Zulage von 20 Prozent (maximal 80 Euro pro Jahr) erhalten. Voraussetzung: Das zu versteuernde Einkommen darf nicht mehr als 20000 Euro (Alleinstehende / Verheiratete: das Doppelte) pro Jahr betragen.

Neben Aktienfonds und -ETF gibt es weitere VL-Varianten mit der Chance auf staatliche Förderung – Bausparen und Tilgung eines Immobilienkredits. In der Tabelle „Wie der Staat den Vermögensaufbau fördert" finden Sie auch für diese Varianten die Eckdaten. Im Detail stellen wir sie in diesem Buch nicht vor. Prinzipiell funktionieren sie aber ähnlich wie das Sparen mit Fonds.

VL-Sparen bedeutet, regelmäßig Geld anzulegen und das Ersparte in der Zwischenzeit ruhen zu lassen. Da es sich um eine mittel- bis langfristige Sparform handelt, bieten sich Sparpläne auf kostengünstige und breit streuende Aktien-ETF auf den MSCI World besonders an. Der Einzahlungszeitraum dieser VL-Sparverträge beträgt sechs Jahre. Haben Sie die Arbeitnehmer-Sparzulage beantragt, liegen die Ersparnisse noch ein weiteres Jahr fest. Nach dem siebten Jahr, der Sperrfrist, können Sie dann über die gesamte Summe aus Einzahlungen, Erträgen und der Arbeitnehmer-Sparzulage verfügen.

Wie der Staat den Vermögensaufbau fördert

Wer wenig verdient, profitiert von Arbeitnehmer-Sparzulage und Wohnungsbauprämie.

Anlageform	Einkommensgrenzen 1), 2) (Euro/Jahr)	Geförderter Sparbetrag 1) (Euro/Jahr)	Förderhöhe in %	Höhe Sparzulage 1) (Euro/Jahr)
Arbeitnehmer-Sparzulage				
Bausparen	17900	470	9	43
Tilgung Baukredit	17900	470	9	43
Aktienfonds oder -ETF	20000	400	20	80
Wohnungsbauprämie				
Bausparen	35000	700	10	70

1) Werte gelten für Alleinstehende – doppelter Betrag für Ehepaare; 2) Zu versteuerndes Einkommen;
Quellen: Fünftes Vermögensbildungsgesetz / eigene Recherchen

Checkliste

In vier Schritten zum passenden VL-Vertrag

Der Abschluss eines VL-Vertrags mit Aktien-ETF ist einfacher, als viele denken, und in vier Schritten erledigt:

☐ **Schritt 1.** Klären Sie die Höhe des Anspruchs auf VL. Dazu sollten Sie sich bei Ihrer Personalabteilung erkundigen, was bei Ihnen im Betrieb gezahlt wird. Falls die Firma nur wenig beisteuert, könnten Sie erwägen, die Rate aus eigenen Mitteln aufzustocken.

☐ **Schritt 2.** Gehen Sie auf die Homepage Ihres Vermittlers und eröffnen Sie falls nötig ein VL-Depot. Wählen Sie einen Aktien-ETF auf den MSCI World, MSCI ACWI, nachhaltig orientierte Weltindizes oder einen europaweit streuenden Index aus.
Zum Beispiel auf den MSCI World:
iShares (Isin IE 00B 4L5 Y98 3),
Xtrackers (Isin IE 00B J0K DQ9 2);
auf den MSCI ACWI:
Xtrackers (Isin IE 00B 6R5 225 9),
Lyxor (Isin LU 182 922 021 6);
nachhaltig: UBS (Isin IE 00B DR5 547 1); europaweit streuend:
Lyxor (Isin LU 090 850 075 3) oder
Xtrackers (Isin LU 027 420 923 7).

☐ **Schritt 3.** Wenn Sie den Vertrag abgeschlossen haben, geben Sie der Personalabteilung Bescheid. Denn Ihr Arbeitgeber muss die Vermögenswirksamen Leistungen überweisen, so schreibt es das Fünfte Vermögensbildungsgesetz zwingend vor.

☐ **Schritt 4.** Prüfen Sie, ob Ihr Einkommen noch innerhalb der Grenzen für die staatliche Arbeitnehmer-Sparzulage liegt. Bei Aktien-ETF darf das zu versteuernde Einkommen bei Alleinstehenden nicht mehr als 20 000 Euro im Jahr betragen, bei Verheirateten nicht mehr als 40 000 Euro. Die Förderung erhöht die Rendite des Vertrags. Die Arbeitnehmer-Sparzulage müssen Sie während der Sparzeit einmal jährlich im Rahmen der Steuererklärung beantragen. Das Institut, welches das VL-Geld verwaltet, stellt Ihnen das dafür nötige Formular aus. Gut zu wissen: Das Finanzamt zahlt die komplette Förderung erst auf einen Schlag am Ende der Laufzeit des VL-Vertrags aus.

Während dieser Wartefrist kann man bereits den nächsten Vertrag abschließen und nahtlos weitersparen. Das ist sinnvoll, denn Aktieninvestments sind schließlich besonders empfehlenswert für den langfristig orientierten Vermögensaufbau. Insofern lässt sich die zwischenzeitliche Sperre von VL-Verträgen sogar als Vorteil begreifen: Sollten infolge von Börsenturbulenzen die Notierungen nämlich im Minus stehen, kommt man gar nicht in die Verlegenheit, sich zu fragen, ob man besser aussteigen sollte. Und die Chance, Verluste auf lange Sicht wieder mehr als wettzumachen, ist sehr hoch.

Sparzulage als Renditeturbo

Über alle Sparzeiträume von 1962 bis 2021 konnten Anleger mit VL-Sparplänen (Aktienfonds Deutschland) nach Zahlen des Fondsverbands BVI eine durchschnittliche Rendite von 7,41 Prozent pro Jahr nach Kosten erzielen. Für ETF-Sparpläne auf den MSCI World gibt es keine Musterrechnung, daher geben wir die Werte des BVI für einen aktiv gemanagten Deutschlandfonds zur Orientierung an. Wer überdies noch die Arbeitnehmer-Sparzulage kassieren konnte, durfte sich bei diesen Fonds sogar über eine durchschnittliche Rendite von 10,37 Prozent freuen. Hätte jemand seit Ende 2001 seine VL in deutsche Aktienfonds gesteckt und 20 Jahre durchgehalten, hätte er aus einer Einzahlung von 9 600 Euro (20 Jahre lang 40 Euro pro Monat) 20 307 Euro gemacht. Trotz heftiger Börsenkapriolen zwischendurch war das mehr als eine Verdopplung, und das noch ohne Einrechnung des Renditeturbos Arbeitnehmer-Sparzulage.

Es gibt zwar vereinzelte Sieben-Jahres-Zeiträume, in denen die VL-Sparer im Minus landeten – etwa in den Sparperioden 1967 bis 1973 und 1968 bis 1974 mit der ersten Nachkriegsrezession und der ersten Ölkrise. Ein weiteres Beispiel ist der Zeitraum von 1996 bis 2002 zu Zeiten des Dotcom-Crashs. Auch wer von 2002 bis 2008 – 2008 kulminierte die Finanzkrise – sparte, landete im Minus, wenn auch nur geringfügig. Wer allerdings Geduld mitbrachte und seine Anteile mindestens 15 Jahre hielt, schloss stets im Plus ab. Zwar lassen sich die künftigen Renditen bei Aktienanlagen nicht vorhersagen. Klar ist aber, dass die in der Anschaffung und im Unterhalt günstigen Aktien-ETF gut fürs VL-Sparen geeignet sind.

Allerdings ist diese VL-Variante noch nicht sehr gängig. ETF für VL gibt es vor allem bei Online-Anbietern. Oft müssen Anleger für einen VL-Vertrag extra Depotgebühren zahlen, mitunter sogar dann, wenn sie bei der Bank bereits ein Depot haben. Günstige ETF-Sparpläne gibt es zum Beispiel bei Comdirect und Finvesto. Sie vermitteln ein Depot bei der Fondsbank Ebase – ebenso wie etliche Internet-Fondsvermittler. Von den Filialbanken bietet die Commerzbank VL-Sparpläne mit ETF an. Das Direktdepot ist kostenlos, aber die Kaufkosten für die VL-ETF sind dort relativ hoch.

Im Alter noch sinnvoll anlegen

Wer das Rentenalter erreicht und Geld zum Anlegen hat, steht oft vor der Frage: Wohin am besten mit dem Vermögen?

Geschafft! Endlich in Rente. Jetzt ist es wichtig, erspartes Vermögen weiter gut anzulegen. Vielleicht haben Sie die Auszahlung aus einer Lebensversicherung erhalten, die Sie jetzt gut unterbringen wollen, um bis zum Lebensende davon zu zehren.

Dann sind auch Sie auf eine dauerhaft auskömmliche Rendite angewiesen. Denn im Schnitt dauert der Ruhestand gut und gerne 20 Jahre – ein langer Zeitraum, in dem die Erträge der Geldanlage einen entscheidenden Unterschied machen. Bei der aktuellen Zins- und Inflationsentwicklung wird Ihr Geld auf einem Bankkonto immer weniger wert. Um dem gegenzusteuern, sollten Sie auch im Alter noch auf renditestarke Investments setzen und breit gestreute Aktien-ETF weiterhin in Betracht ziehen.

Teilen Sie Ihr Geld weiter nach dem Terrassenmodell (siehe „Mein großer Plan", S. 28) auf. Alles, was als Reserve für außergewöhnliche Ausgaben gedacht ist, muss verfügbar angelegt werden. Verfolgen Sie dafür die Konditionen der Banken für Tages- und Festgeld. Und es gilt: Wenn Sie Ihr Geld etwas länger binden, bekommen Sie in der Regel etwas höhere Zinsen. Sie sollten allerdings gut kalkulieren, wie viel Sie wann zur Verfügung haben wollen.

Ein Teil Ihres freien Vermögens gehört aber nach wie vor in renditestarke Anlagen – und damit vor allem in Aktien-ETF. Früher hieß es oft, der Anteil der Aktien am Vermögen solle sich in etwa an der Faustformel „100 minus Lebensalter" orientieren. Das hieße, mit 65 Jahren wäre ein 35-Prozent-Anteil von Aktien-ETF am Geldvermögen vernünftig, mit 80 Jahren nur noch 20 Prozent. Das sture Befolgen dieser Faustformel könnte Sie aber viel Geld kosten. Denn gerade zu Beginn der Rente kann der Zinseszinseffekt am stärkten wirken, weil Sie eine große Summe für längere Zeit anlegen, die Sie erst nach und nach aufbrauchen.

Wie wichtig es ist, auch im Alter noch auf die Rendite zu schauen, zeigt folgendes Beispiel: Angenommen, Sie haben 100 000 Euro angespart und wollen davon jeden Monat 500 Euro entnehmen. Wenn Sie Ihr Vermögen zinslos anlegen, wäre es nach gut 16 Jahren aufgebraucht. Bei einem gleichbleibenden Zins von 2 Prozent kommen Sie fast 20 Jahre über die Runden, bei 5 Prozent sind es sogar mehr als 32 Jahre.

Das Gesetz des Zinseszinses gilt eben auch im Alter: Je ertragreicher sich Geld auf längere Zeit mehren kann, desto größer ist am Ende die Summe. Das Pantoffel-Portfo-

Checkliste

Auszahlplan mit ETF – So geht's

- [ ] **Passende Bank suchen.** Für die regelmäßige Entnahme aus Aktien-ETF sind Auszahlpläne interessant. Sie sind bei Banken aber noch rar gesät und nicht immer günstig. Eine einfache Alternative besteht darin, die Auszahlungsrate für ein Jahr auf einen Schlag zu Geld zu machen. Das hält die Transaktionskosten gering. Günstige Depotbanken finden Sie auf S. 163.

- [ ] **Pantoffel aufbauen.** Stellen Sie sich ein Pantoffel-Portfolio (siehe S. 68) zusammen. Der Renditebaustein besteht aus Aktien-ETF, beispielsweise auf den MSCI World, der Sicherheitsbaustein aus Tagesgeld. Die Verteilung der beiden Bausteine bestimmt sich nach Ihrer Risikoeinstellung und Ihrer Risikotragfähigkeit (siehe S. 66). Wer eine geringe Rente oder wenig Fondserfahrung hat, wählt die defensive Mischung. Für die meisten dürfte die ausgewogene Variante die beste sein. Wir empfehlen, die anfangs gewählte Variante über die gesamte Laufzeit beizubehalten.

- [ ] **Einlagensicherung beachten.** Für den Sicherheitsbaustein brauchen Sie ein gutes Tagesgeldkonto. Bankeinlagen wie Tagesgeld sind in der EU per Gesetz in Höhe von 100 000 Euro pro Einleger und Bank abgesichert. Vorsichtige verteilen ihr Geld auf mehrere Banken, wenn sie mehr als 100 000 Euro anlegen.

- [ ] **Entnahmestrategie.** Legen Sie fest, wie lange Sie Geld entnehmen möchten. Starten Sie die Entnahme aus dem Tagesgeld. Zur Bestimmung Ihrer Entnahmerate nutzen Sie den kostenlosen Rechner unter test.de/pufferpantoffel. Damit können Sie die Rentenhöhe für beliebige Restlaufzeiten berechnen.

- [ ] **Regelmäßiger Check.** Weicht Ihr tatsächliches Portfolio 10 Prozentpunkte oder mehr von der planmäßigen Aufteilung ab (je nach Pantoffelart 25, 50 oder 75 Prozent Aktien), sollten Sie das Portfolio anpassen. Etwa fünf Jahre vor Ende der geplanten Laufzeit ist es sinnvoll, das Restvermögen komplett in Tagesgeld umzuschichten.

Der Auszahlplan mit dem Pantoffel-Portfolio im Überblick

Die Grafiken zeigen, was bei 100 000 Euro Startkapital im ausgewogenen Portfolio von 29. Februar 1992 bis 28. Februar 2022 bei flexibler Entnahme passiert ist: ❶ So haben sich die Bausteine ohne Auszahlungen entwickelt. ❷ So viele Euro konnte man entnehmen. ❸ So war die Aufteilung der Bausteine in Prozent. ❹ So viele Euro waren nach Entnahme im Portfolio.

So viel Rente gab es je nach Portfoliotyp

Das konnte man bei 100 000 Euro Startkapital über 30 Jahre flexibel entnehmen

Portfolio	Mindestens (Euro im Monat)	Mittel (Euro im Monat)	Maximal (Euro im Monat)	Stärkste Rentensenkung (%)	Rendite (% p.a.)
Tagesgeld	278	278	278	0	0
Defensiver Pantoffel	267	396	494	–18,3	2,3
Ausgewogener Pantoffel	257	564	839	–30,3	4,6
Offensiver Pantoffel	246	737	1 242	–46,5	6,3
Aktiendepot	235	930	1 718	–56,1	7,7

Quellen: Refinitiv, eigene Simulationen Stand: 28.2.2022

lio lässt sich daher auch als Geldquelle im Alter nutzen. Dafür kommen mehrere Entnahmevarianten infrage.

Am einfachsten zu rechnen wäre es, den Anfangsbetrag – zum Beispiel besagte 100 000 Euro – durch die geplante Laufzeit in Monaten zu teilen. Das ergäbe einen fixen monatlichen Auszahlbetrag. Doch besser fährt man nach Berechnungen von Finanztest mit dem Konzept der flexiblen Auszahlung. Die durchschnittlichen Auszahlungen über verschiedene Laufzeiten fallen damit höher aus, außerdem ist die Sicherheit gegeben, Geld bis zu Schluss zu haben. Denn die Entnahmerate wird regelmäßig an das aktuelle Vermögen angepasst. So wird das für die Zusatzrente verwendete Vermögen besser genutzt und über die Jahre verbraucht. Dazu teilt man in regelmäßigen Abständen, zum Beispiel einmal pro Jahr, das verbleibende Restvermögen auf die noch übrige Auszahlzeit auf. Jährlich sollte man ohnehin prüfen, ob der Mix des Gesamtvermögens noch passt.

Das Konzept der flexiblen Auszahlung hat zwar den Nachteil, dass der Auszahlbe-

❶ **Wertentwicklung in Prozent**

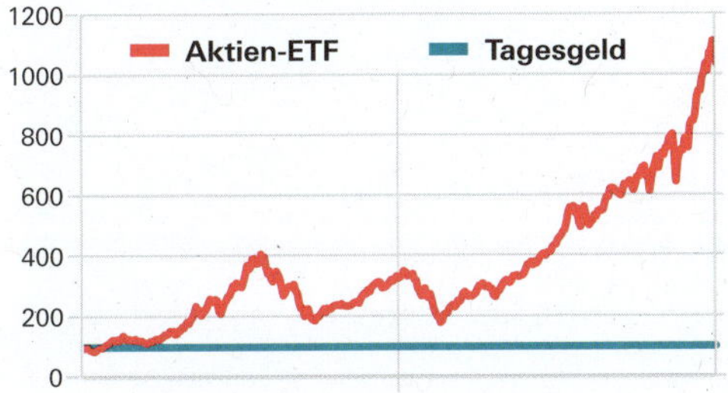

❷ **So viel ließ sich monatlich entnehmen**

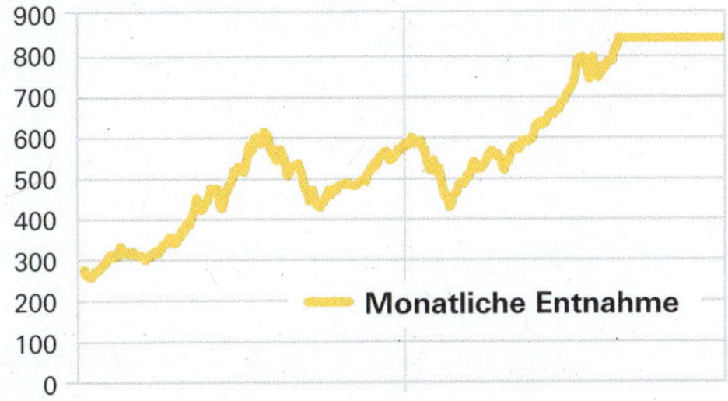

❸ **Portfolioaufteilung im Zeitverlauf**

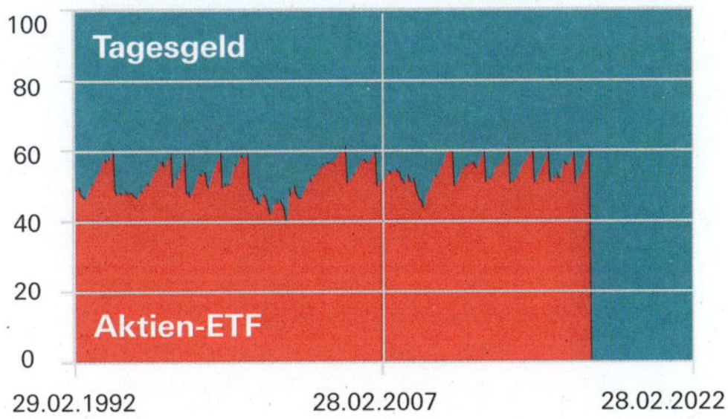

❹ **So entwickelte sich das Vermögen**

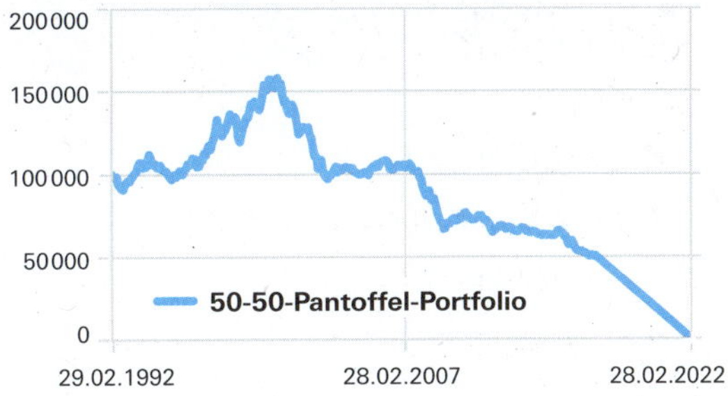

trag über die Jahre schwankt. Allerdings reagiert man damit automatisch auf gute und schlechte Börsenphasen. Lief der Kapitalmarkt im vergangenen Jahr gut, lässt sich im Folgejahr mehr entnehmen, lief er schlecht, genehmigt man sich weniger. Bei einem ausgewogenen Pantoffel-Portfolio, in dem zu Rentenstart 100 000 Euro lagen, ließen sich im Schnitt Monat für Monat 564 Euro entnehmen, mindestens waren es 257 Euro (siehe Tabelle links oben).

Viele Menschen tun sich allerdings mit schwankenden Entnahmeraten schwer. Sie möchten lieber mit einer langfristig möglichst stabilen Rate kalkulieren? Dann ist für Sie die dritte Variante, die flexible Entnahme mit Sicherheitspuffer, geeignet. Diese sorgt dafür, dass die Auszahlungen sogar bei schweren Einbrüchen an den Börsen nicht oder nur wenig sinken. Je besser die aktuelle Lage an den Börsen, desto größer fällt der im Berechnungsmodell eingebaute Sicherheitspuffer aus. Für die Berechnung der Pantoffelrente mit Puffer können Sie den kostenlosen Entnahmerechner unter test.de/pufferpantoffel nutzen.

Nachhaltig und ethisch korrekt investieren mit ETF

Rendite mit gutem Gewissen: Nachhaltige Geldanlagen ergänzen die klassischen Anlagekriterien Rentabilität, Liquidität und Sicherheit um ökologische, soziale und ethische Kriterien.

Wer Atomenergie, Waffen, Kinderarbeit ablehnt oder sich um den Klimawandel sorgt, will das auch gern bei seiner Geldanlage berücksichtigen. Kein Wunder, dass immer mehr Menschen ihr Geld nachhaltig investieren. Gut die Hälfte des Kapitals, das 2021 in Deutschland neu in Publikumsfonds floss, wanderte in Fonds und ETF, die nachhaltige Kriterien berücksichtigen. „Inzwischen ist fast jeder sechste Euro, den deutsche Kunden in Fonds investiert haben, in Produkten mit Nachhaltigkeitsmerkmalen angelegt", berichtete der Fondsverband BVI 2022. Europaweit sind es mit gut 25 Prozent sogar noch mehr.

Von der Nische zum Megatrend

Die Zeiten, in denen nachhaltige Investments ein Nischendasein führten, sind passé – und dürften es auch bleiben. Gründe für den Boom gibt es viele, wie das wachsende Umweltbewusstsein, die Diskussionen über den Klimawandel oder das steigende Interesse der jüngeren Generation an nachhaltiger Geldanlage. Ein wesentlicher Treiber ist aber auch die Politik.

Zudem können sich die Ergebnisse nachhaltiger Investments sehen lassen (siehe Grafik „Nachhaltig lief besser", S. 89): Im 10-Jahres-Vergleich kletterte die nachhaltige Variante des MSCI World Index, der MSCI SRI Index, pro Jahr um 13,00 Prozent, während der MSCI World „nur" 12,15 Prozent zulegen konnte (Stand: 31. Januar 2022). Im 3-Jahres-Vergleich ist der jährliche Unterschied noch gravierender: Mit 20,19 Prozent liegt der nachhaltige Index knapp drei Prozentpunkte vor dem MSCI World Index.

EU treibt die Entwicklung

Europa geht mit großen Schritten voran. 2018 veröffentlichte die EU-Kommission ihren Aktionsplan für ein nachhaltiges Finanzsystem, der Kapitalflüsse in nachhaltige Investitionen lenken soll. Damit setzt Brüssel die 2015 von den internationalen Staats- und Regierungschefs beschlossene Agenda 2030 der Vereinten Nationen um. Diese hat zum Ziel, weltweiten wirtschaftlichen Fortschritt im Einklang mit sozialer Gerechtigkeit und den ökologischen Grenzen der Erde zu gestalten.

Gut zu wissen

„Nachhaltige Geldanlagen" ist die Bezeichnung für nachhaltiges, ethisches, soziales, ökologisches Investment. Bei der Auswahl von Geldanlagen wird nicht nur auf ökonomische Daten geachtet, sondern auch darauf, inwieweit die Unternehmen verantwortlich wirtschaften. Die Finanzanalyse wird also um den Einfluss von Nachhaltigkeitskriterien ergänzt. Das können Ausschlusskriterien sein oder auch Positivkriterien. Manche Anbieter screenen das Anlageuniversum nach „ESG-Kriterien" und nennen ihre Fonds dann auch so. ESG steht für Environment (Umwelt), Social (Soziales) und Governance (Unternehmensführung). Teilweise wird nachhaltige Geldanlage „Sustainable Investment" oder „Socially Responsible Investing" (SRI) genannt. Die englischen Bezeichnungen und Abkürzungen erschweren den Überblick, doch der Grundgedanke dahinter ist vergleichbar.

Ein zentraler Bestandteil der Agenda 2030 sind die 17 Sustainable Development Goals (SDGs) der Vereinten Nationen. Die 17 Ziele für nachhaltige Entwicklung reichen von der Bekämpfung von Armut und Hunger über hochwertige Bildung und Klimaschutz bis hin zu Frieden und Gerechtigkeit.

Ende 2019 präsentierte die EU-Kommission mit dem „Green Deal" die bis dato international umfassendste und wichtigste Initiative im Nachhaltigkeitsbereich. Der Green Deal soll Europa zu einer ressourceneffizienten und wettbewerbsfähigen Wirtschaft machen, in der spätestens ab 2050 keine Netto-Treibhausgasemissionen mehr freigesetzt werden.

Der Wandel kann nur mithilfe aller – auch der Investoren – funktionieren. Richten nämlich die Investoren ihre Geldanlage stärker auf nachhaltige Technologien und Unternehmen aus, so die Intention der Europäischen Union, fließt mehr Geld in nachhaltige wirtschaftliche Tätigkeiten und Projekte. Das wiederum kurbelt private wie öffentliche Investitionen an und soll den Übergang zu einer klimaneutralen Wirtschaft ermöglichen.

An den Regelwerken zur Umsetzung der Pläne wird zwar noch immer gefeilt, eine Reihe von Verordnungen sind aber bereits in Kraft. Die Politik nimmt vor allem Banken und börsennotierte Unternehmen stärker in die Pflicht. Ein wesentlicher Teil des EU-Aktionsplans ist die EU-Taxonomie, die definiert, was als nachhaltig gilt und was nicht. Anfang 2022 erhielten Gas und Atomkraft einen grünen Stempel, wofür die EU-Kommission viel Kritik erntete, weil die Taxonomie dadurch an Glaubwürdigkeit verliert.

„Wer sich kümmert, gewinnt"

Den Stein ins Rollen brachte vor rund 20 Jahren der damalige UN-Generalsekretär Kofi Annan. Anfang 2004 hatte er mehr als 50 Vorstände wichtiger Finanzinstitutionen schriftlich eingeladen, einer Initiative beizutreten, Nachhaltigkeitskriterien an den Kapitalmärkten zu verankern. 20 Institute aus neun Ländern erarbeiteten gemeinsam Vorschläge und präsentierten 2005 den Bericht „Who Cares Wins", zu Deutsch „Wer sich kümmert, gewinnt". Weitere Studien, Arbeitsgemeinschaften auf höchster Ebene und die Agenda 2030 folgten. In dieser Phase wurde auch der Begriff ESG (Environment, Social und Governance, siehe Kasten S. 87) geprägt, der sich im Lauf der Jahre in der Finanzwelt als Oberbegriff für nachhaltige Anlagen etabliert hat. Es gibt aber keine einheitlichen Vorschriften, die ein ESG-Investment genau definieren oder internationale Mindeststandards vorschreiben.

Greenwashing ist ein Problem

Viele Produktanbieter wollen vom Trend zu nachhaltigen Anlagen profitieren und geben sich gerne einen grünen Anstrich. Schöne Bilder aus der Natur oder Diagramme über allgemeine Schadstoffreduktion im Werbeprospekt sollen Nachhaltigkeit suggerieren, bei näherem Hinsehen entpuppt sich das aber oft nur als gutes Marketing. „Greenwashing" nennt man diese unsaubere Praxis, die Anleger in die Irre führt und der Politik ein Dorn im Auge ist.

Die EU will Greenwashing verhindern, aber ganz so einfach ist das nicht. In einer Studie zu nachhaltigen Fonds bemängelte Finanzwende Recherche im Dezember 2021, dass Aktien der Öl-Multis Shell, Exxon Mobile, BP, Chevron und Total sowie Amazon-Aktien in den Portfolios der als nachhaltig beworbenen Fonds liegen.

→ EU-Vorgaben für Klima-Indizes

2020 hat die EU Mindestkriterien vorgelegt, die Klima-Indizes erfüllen müssen. Dazu hat Brüssel zwei Vorschläge gemacht: Paris Aligned Benchmark (PAB) und Climate Transition Benchmark (CTB). Für beide Varianten gilt: Jährlich muss der CO_2-Ausstoß um 7 Prozent sinken.

Bei der Paris Aligned Benchmark (PAB) muss zudem der CO_2-Ausstoß um 50 Prozent geringer sein als beim Mutterindex, aus dem die Papiere ausgewählt werden. So ist zum Beispiel beim MSCI World SRI S-Series PAB Index der MSCI World der Mutterindex. Weniger streng sind die Vorgaben für die Climate Transition Benchmark (CTB): Der CO_2-Ausstoß muss um 30 Prozent geringer sein.

Kritiker des Konzepts der Klimaindizes bemängeln, dass sich der Ausstoß schädlicher Treibhausgase durch eine geringere Gewichtung in einem Index nicht reduzieren

Nachhaltig lief besser

Der nachhaltige MSCI SRI-World-Index schnitt besser ab als der breit gestreute MSCI World.

Quelle: Refinitiv Stand: 31.1.2022

lässt. Befürworter hingegen betonen, dass Firmen zum Umdenken bewegt werden können, wenn mehr Kapital in klimafreundliche Aktien fließt. Die Indexanbieter haben nach den EU-Vorgaben eine Reihe verschiedener Indizes entwickelt und um einige Ausschlusskriterien ergänzt. Fakt ist jedoch, dass Indizes nach PAB und CTB Klimasünder nicht komplett ausschließen, sondern Firmen mit geringem Schadstoffausstoß höher gewichten, während die Klimasünder mit einem kleineren Anteil vertreten sind. Dieser Ansatz allein genügt den strengen Anforderungen von Finanztest in der Nachhaltigkeitsbewertung nicht.

Die Nachhaltigkeitsbewertung

Finanztest analysiert regelmäßig alle nachhaltigen Fonds und ETF. Dazu kommen diese sowohl in Bezug auf den Anlageerfolg wie auf ihre Nachhaltigkeit auf den Prüfstand. Unter den Weltaktien-ETF überzeugen sechs ETF in beiden Kategorien. In der Tabelle auf S. 92/93 können Sie schnell die Unterschiede der ETF erkennen und den für Sie passenden wählen. Informationen zum Anlageerfolg und der Ausstattung der ETF gibt es im Hilfe-Teil ab S. 166.

Die ETF erhielten das Finanztest-Siegel 1. Wahl, da sie den breiten Markt gut nachbilden. Zudem erreichten sie drei Punkte in der Nachhaltigkeitsbewertung. Insgesamt sind hier fünf Punkte möglich, drei Punkte ist jedoch das höchste, was ein ETF bisher erreicht hat. Nur aktiv gemanagte Nachhaltigkeitsfonds schnitten im Vergleich besser ab, weil sie oft strikteren Kriterien bei der Auswahl folgen. Unter test.de/nachhaltigefonds können Sie nachsehen, wie die Nachhaltigkeitsbewertung von Finanztest im Detail funktioniert. Das Wichtigste haben wir hier kurz zusammengefasst.

Gewichtige Ausschlusskriterien

Eine wesentliche Rolle spielen die Ausschlusskriterien, sie bestimmen die Hälfte der Gesamtnote. Die untersuchten Ausschlüsse umfassen 29 Bereiche, zum Beispiel konventionelle, thermische Kohleförderung zur Energieerzeugung, Massentierhaltung oder „Sündenaktien", sprich die Aktien der Branchen, die für religiöse Investoren tabu sind: Alkohol, Tabak, Pornografie und Glücksspiel. Auch die von der EU genehmigten Branchen Gas und Atomkraft bleiben außen vor. Doch keine Regel ohne Ausnahme: Sie sind teilweise möglich, wenn der Anteil am Gesamtumsatz des Unternehmens von maximal 5 (teilweise 10) Prozent nicht übersteigt.

Die andere Hälfte der Nachhaltigkeitsbewertung bestimmen weitere Kriterien wie Strenge der Aktienauswahl, Auswahlstrategien, Nachhaltigkeitsbeirat, Engagement und Transparenz. So wird zum Beispiel positiv bewertet, wenn im Auswahlprozess viele Firmen aussortiert werden oder die ETF-Anbieter auf den Hauptversammlungen von ihrem Stimmrecht Gebrauch machen.

Verschiedene Auswahlstrategien

Hinter den Auswahlstrategien stecken teils sehr unterschiedliche Ansätze. Das Best-in-Class-Konzept folgt dem Motto Musterschüler. Nur die besten einer Branche, gemessen an ethischen und ökologischen Kriterien, stehen zur Wahl und können in den Index aufgenommen werden. So landen aber auch Ölfirmen im Portfolio. Um das zu verhindern, wird das Best-in-Class-Prinzip häufig mit Ausschlusskriterien kombiniert. Das ist auch bei den nachhaltigen ETF in unserer großen Übersichtstabelle (siehe S. 92/93) der Fall.

Eine weitere Auswahlstrategie ist die absolute Selektion. Dabei stehen nur Firmen zur Auswahl, die einen bestimmten Nachhaltigkeits-Mindeststandard erfüllen. Dazu werden alle Titel in einem Index zuerst bewertet und müssen ein bestimmtes Niveau erreichen. Im nächsten Schritt werden aus diesen die einzelnen Titel nach festen Regeln bestimmt.

Ähnlich wie Best-in-Class funktioniert der Ansatz Best-of-all-Classes: Hier werden aber branchenübergreifend die besten Aktien aus dem gesamten Anlageuniversum herausgefiltert. Dadurch sind am Ende weniger Branchen vertreten, weshalb die Risiken nicht so breit gestreut werden. Eine weitere Auswahlstrategie basiert auf Themen. Selbsterklärend sind das nur Firmen, die zum Schwerpunktthema des Fonds, zum Beispiel Klimaschutz oder Wasser, passen.

Schwerpunkt Klimawandel

Unter den am besten bewerteten Nachhaltigkeits-ETF auf den MSCI World fällt eines auf: Klimawandel und Schadstoffreduktion sind das Hauptthema, wie die Zusätze „Reduced Fossil Fuels", „Filtered ex Fossil Fuels" oder „Low Carbon Select" im Namen andeuten. Lediglich beim „Select ESG Rating and Trend Leaders" taucht das nicht im Namen auf. Die Unterschiede zwischen den einzelnen ETF in Bezug auf ihre Nachhaltigkeit liegen vor allem in den Ausschlusskriterien, der Gewichtung sowie der Zusammensetzung. Zum Teil wird das Gewicht einzelner Aktien auf 5 Prozent begrenzt, um die Risiken breiter zu streuen. Aus der Tabelle auf den nachfolgenden Seiten wird deutlich, dass häufig die identischen Aktien im Portfolio liegen – mit einer etwas unterschiedlichen Gewichtung.

Schwellenländer bedenken

Wer Schwellenländer einschließen möchte, kann den nachhaltigen ETF von UBS auf den MSCI ACWI Socially Responsible Index wählen. Der Schwellenländeranteil liegt hier bei etwas mehr als 10 Prozent. Wer eine größere Beimischung von Schwellenländeraktien haben möchte, kann zu seinem Welt-ETF auch Schwellenländer-ETF mischen. Unter den Schwellenländer-ETF haben drei 1. Wahl ETF in der Nachhaltigkeitsbewertung ebenfalls drei Punkte erreicht: Amundi MSCI EM SRI Filtered ex Fossil Fuels (LU 1861138961), UBS MSCI EM SRI Low Carbon Select 5 % Issuer Capped (LU 1048313891) sowie der iShares MSCI EM Select Reduced Fossil Fuels (IE 00BYVJRP78). Insgesamt sollten Emerging Markets nicht mehr als 30 Prozent des Aktien-ETF-Portfolios ausmachen.

→ Nachhaltiger Pantoffel

Die Finanztest-Strategie, das Pantoffel-Portfolio (siehe „Bequem anlegen", S. 68), kann auch ganz einfach als nachhaltige Variante umgesetzt werden. Genau wie das gewöhnliche Pantoffel-Portfolio besteht es lediglich aus zwei Komponenten: Zinsanlagen und Aktien-ETF. Die Gewichtung nehmen Sie nach Ihrer persönlichen Risikobereitschaft vor. Für den Aktienbaustein ersetzen Sie dann den ETF auf den MSCI World Index am besten durch einen der genannten globalen Nachhaltigkeits-ETF, denn nicht alle nachhaltigen ETF eignen sich für den nachhaltigen Pantoffel.

Es werden auch Sparpläne auf einige nachhaltige ETF angeboten, aber nicht auf alle. Auch die Entnahme-Strategie (siehe S. 83) funktioniert wie bei herkömmlichen ETF.

Für den sicheren Teil des nachhaltigen Pantoffels sind Tages- oder Festgeld bei einer nachhaltigen Bank die einfachste Lösung. Bekannte nachhaltige Geldinstitute sind zum Beispiel die GLS Bank, die Umweltbank, die niederländische Triodos Bank oder Kirchenbanken. Hier sollten Sie darauf achten, dass keine Negativzinsen oder sonstigen Kosten anfallen, die Ihr Vermögen schmälern.

Diese nachhaltigen Welt-ETF schnitten am besten ab

Anbieter	**Amundi**	**BNP Easy**	**UBS**
nachgebildeter Index (Fondsname)	MSCI World Filtered ex Fossil Fuels	MSCI World SRI S-Series PAB 5 % Capped	MSCI ACWI SRI Low Carbon Select 5 % Issuer Capped [1]
Isin	LU 186 113 438 2 [2]	LU 129 110 864 2	IE 00B DR5 547 1
Nachhaltigkeit Punkte / Prozent	●●●○○ /69	●●●○○ /69	●●●○○ /66
Ausschluss von …			
– Fossile Energie	■	■	■
– Atomkraft	■	■	◨
– Umweltzerstörung	■	■	■
– Kontroverse Waffen	■	■	■
– Konventionelle Waffen	◨	◨	◨
– Korruption	■	■	■
– Verletzung Arbeits-/ Menschenrechte	■	■	■
– Tierversuche	□	□	□
– Glücksspiel	◨	◨	◨
– Pornografie	□	□	□
– Alkohol	◨	◨	◨
– Tabak	■	■	■
Strenge der Auswahl	hoch	hoch	hoch
Transparenz [3] / **Engagement** [3]	mittel / mittel	mittel / mittel	mittel / mittel
Gemeinsame Merkmale	Auswahlstrategien: Best-in-Class und absolute Selektion, kein Nachhaltigkeitsbeirat		
Aktien im Index	376	353	555
Größte Firmen (Anteil im Index in Prozent)	Microsoft (4,9), Tesla (4,6), Nvidia (4,2), Home Depot (2,9), ASML (2,1), Roche Holding Gen. (2,0), Walt Disney (2,0), Coca-Cola (1,9), Pepsico (1,8), Cisco (1,8)	Microsoft (4,9), Cisco (1,9), Texas Instruments (1,6), Nvidia (1,6), Tesla (1,5), ASML (1,5), Pepsico (1,2), Home Depot (1,1), Coca-Cola (1,1), SAP (1,1)	Microsoft (5,0), Tesla (4,4), Nvidia (3,8), Taiwan Semiconductor (3,5), Home Depot (2,4), ASML (1,7), Roche Holding Gen. (1,7), Walt Disney (1,6), Adobe (1,6), Coca-Cola (1,6)

Weitere Details zu den ETF und Performancedaten siehe Hilfe-Teil ab S. 166. Nachhaltigkeitskriterien oder der zugrunde liegende Index können sich ändern. M World-Indizes umfassen Aktien aus 23 entwickelten Ländern. 1) Der nachgebildete Index enthält auch Aktien aus Schwellenländern. 2) Der ETF bildet seit Mä den ähnlichen MSCI World SRI Filtered PAB ab. 3) Transparenz und Engagement gehen nicht in die Finanztest-Nachhaltigkeitsbewertung ein.

UBS	Lyxor	iShares
MSCI World SRI Low Carbon Select 5 % Issuer Capped	MSCI World Select ESG Rating and Trend Leaders	MSCI World SRI Select Reduced Fossil Fuels
IE 00B K72 HH4 4	LU 179 211 777 9	IE 00B YX2 JD6 9
●●●○○ /66	●●●○○ /63	●●●○○ /62
■	■	◨
◨	■	◨
■	◨	■
■	■	■
◨	■	◨
■	◨	■
■	◨	■
□	□	□
◨	◨	◨
□	□	□
◨	◨	◨
■	■	■
hoch	mittel	hoch
mittel / mittel	hoch / mittel	hoch / mittel

Auswahlstrategien: Best-in-Class und absolute Selektion, kein Nachhaltigkeitsbeirat

377	766	375
Microsoft (5,0), Tesla (4,4), Nvidia (4,2), Home Depot (2,8), ASML (2,0), Roche Holding Gen. (2,0), Walt Disney (1,9), Adobe (1,8), Coca-Cola (1,8), Pepsico (1,7)	Microsoft (7,8), Alphabet A (2,9), Tesla (2,8), Alphabet C (2,7), Nvidia (2,1), Procter & Gamble (1,4), Home Depot (1,4), Visa (1,3), ASML (1,0), Adobe (0,9)	Microsoft (4,4), Tesla (4,2), Nvidia (3,8), Home Depot (3,0), ASML (2,1), Roche Holding Gen. (2,1), Walt Disney (2,0), Coca-Cola (1,9), Pepsico (1,9), Cisco (1,8)

■ = Ja. ◨ = Eingeschränkt. □ = Nein.

Quellen: MSCI, Finanztest Spezial Nov. 2021
Stand 31.1.2022

Investieren in Krisenzeiten

Was mache ich, wenn es an den Börsen kracht – und ich Geld in ETF investiert habe? Anleger mit Langfristperspektive und breit gestreutem Portfolio sollten durchatmen und durchhalten.

Jahrelang, bis Mitte Februar 2020, kannten die Aktienkurse vor allem eine Richtung – die nach oben. Doch dann machte die Corona-Pandemie einen dicken Strich durch die Rechnung – und sorgte für die heftigste Börsenkrise seit gut einem Jahrzehnt. Weltweit stürzten die Aktienmärkte kurzzeitig kräftig ab. Der Dax beispielsweise verlor innerhalb gut eines Monats rund 39 Prozent an Wert. Anschließend setzte jedoch eine kraftvolle Erholung ein, da Notenbanken und Regierungen vieler Industrienationen Corona-Notprogramme in vorher nie erlebten Größenordnungen auflegten und so die wirtschaftlichen Folgen der Pandemie abmilderten. Viele Indizes, so auch MSCI World und Dax, erklommen seither zwischenzeitlich neue Höchststände.

Solche Kursstürze wie 2020 oder zuletzt wegen des russischen Angriffs auf die Ukraine sorgen für große Verunsicherung. Vor allem, wenn Anlegende erst seit einigen Monaten oder wenigen Jahren investiert sind, stehen ihre Aktien-ETF im Depot womöglich im tiefroten Bereich. Doch wer in einer Panik schnell alles verkauft, begeht meistens einen Fehler – und macht aus sogenannten Buchverlusten, die vorerst nur auf dem Depotauszug existieren, echte Verluste in Euro und Cent. Langfristig orientierte Anleger mit einem Horizont von zehn, besser 15 Jahren mit international breit gestreuten Aktien-ETF auf Welt- oder Europa-Indizes – und vor allem ihnen empfehlen wir in diesem Buch die Anlage in ETF – sollten durchatmen und stoisch durchhalten.

Denn die Geschichte zeigt, dass die Verluste von fast allen Börsencrashs nach einigen Jahren wieder aufgeholt werden konnten – und sich die Kurse nach einer Panik deutlich erholten. „Wer auf das Geld nicht angewiesen ist, sollte sich an diese Börsenweisheit erinnern: Die Börse ist wie ein Paternoster. Es ist ungefährlich, durch den Keller zu fahren. Man muss nur die Nerven behalten", sagt Christine Bortenlänger, Geschäftsführende Vorständin des Deutschen Aktieninstituts.

So manch einer könnte auf die Idee kommen, in der Krise Anteile zu verkaufen, in der Hoffnung, später günstiger wieder einsteigen zu können. Doch wann der ideale Einstiegszeitpunkt ist, weiß niemand. Wer aussteigt, läuft vielmehr Gefahr, nicht wieder rechtzeitig einzusteigen, wenn es aufwärts geht. Denn nach einem Crashtief geht

So haben sich langfristige Welt-Pantoffel-Sparpläne entwickelt

Ein Crash am Ende der Sparperiode ist zwar ärgerlich, aber wer in der Vergangenheit zehn Jahre und länger am Ball blieb, konnte mit 200 Euro monatlich ein ansehnliches Vermögen aufbauen.

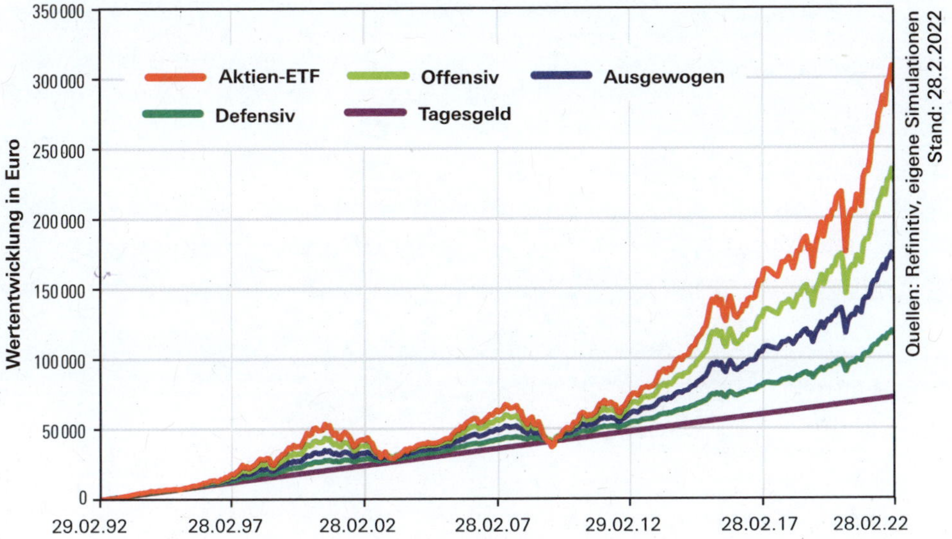

es oft steil bergauf. Auch 2020 verlief es so, und der Dax holte in den drei Monaten den Großteil seiner Einbußen auf. Viele Anleger, auch Profis, die in der Panik verkauft hatten, waren beim Wiedereinstieg zu spät. Wer jedoch die Erholung versäumt, schränkt seine Renditechancen stark ein.

Und was sollen Sparplan-Anleger tun? Kurz gesagt: einfach weitermachen. Gerade wenn Sie erst seit Kurzem dabei sind und noch viele Jahre des Sparens vor sich haben, kann ein Crash auf Sparplananlagen wie ein Rendite-Turbo wirken. Denn in Krisenzeiten bekommen Sie für Ihre Sparrate mehr ETF-Anteile als sonst. Geht es langfristig wieder nach oben, profitieren Sie mit mehr Anteilen davon. Das zeigen die Resultate für die Finanztest-Pantoffel-Portfolios (siehe S. 72 und Chart zu Sparplänen oben). Auf Sicht von 30 Jahren hätten Sparer mit einem ausgewogenen Pantoffel-Portfolio eine Rendite von 5,1 Prozent pro Jahr erzielt, allen zwischenzeitlichen Kurseinbrüchen zum Trotz. Davon gab es einige: Asienkrise Ende der 1990er-Jahre, Platzen der Dotcom-Blase Anfang 2000, Finanzkrise ab 2008, Corona-Crash 2020 und Ukraine-Schock 2022.

Sie haben noch keine ETF, aber wittern einen guten Einstiegszeitpunkt? Einen Sparplan kann man getrost jederzeit starten. Sie möchten eine größere Summe Geldes anlegen – oder nachinvestieren? Mit einem langen Anlagehorizont können Sie das Wagnis ruhig eingehen, international breit gestreut zu investieren. Zur Beruhigung Ihrer Nerven können Sie Ihre Anlage sicherheitshalber auf mehrere Tranchen aufteilen und zum Beispiel über mehrere Monate verteilt investieren. Dabei sollten Sie aber etwaige Orderkosten im Blick behalten.

Meinen ETF-Plan umsetzen

Sie haben sich entschlossen, in ETF zu investieren, und möchten sich nun gerne ein Depot aufbauen? In diesem Kapitel erfahren Sie, wie Sie dabei vorgehen und worauf Sie sonst noch achten sollten.

Wie bei großen Anschaffungen gibt es für die Umsetzung Ihres ETF-Plans einige praktische Fragen zu bedenken. In diesem Kapitel finden Sie alle wichtigen Informationen dazu.

Wer ETF kaufen möchte, braucht dafür zunächst ein Wertpapierdepot. Wo Sie das für Sie passende Angebot finden, erfahren Sie im Abschnitt „Gut und günstig – das passende Depot“ auf der folgenden Seite. Sie haben schon eine Verwahrstelle für Ihre Wertpapiere? Fein, dann kann es gleich an die Auswahl und den Kauf gehen. Aber auch dabei gibt es einiges zu beachten. Zum Beispiel gibt es Unterschiede in der Konstruktion der ETF, die Sie kennen sollten. Sie erfahren auch, wie Sie mithilfe des Finanztest-Ratings den passenden ETF schnell finden.

Nicht zu vergessen ist das gelegentliche Umschichten des Depots. Nach welchen Regeln Sie vorgehen können, finden Sie hier erläutert. Und wenn Sie mit Ihren ETF-Anlagen Gewinne einfahren, möchte der Fiskus seinen Anteil an Ihrem Erfolg haben. Ab S. 119 gibt es die wichtigsten Steuerregeln für ETF im Überblick.

Gut und günstig – das passende Depot

Egal, ob Sie auf einmal eine größere Summe anlegen oder häufiger mit einem Sparplan in ETF investieren möchten, Sie brauchen dafür ein Wertpapierdepot. So finden Sie das passende.

Was das Girokonto für Ihren alltäglichen Zahlungsverkehr ist, das ist das Depot für Ihre Wertpapiergeschäfte. Es dient als Dreh- und Angelpunkt für all Ihre Transaktionen mit ETF und sonstigen Wertpapieren. Es ist daher wichtig, eine gute „Heimstätte" für Ihre Wertpapiere zu finden. Sowohl Filialinstitute als auch Direktbanken und spezialisierte Fondsdepotbanken kommen dafür grundsätzlich infrage.

Filial- oder Online-Bank – wo ETF-Käufer besser aufgehoben sind

Wollen Sie auf einen persönlichen Ansprechpartner bei Gelddingen nicht verzichten, wie Sie ihn von Ihrer Hausbank kennen? Dann erkundigen Sie sich zunächst dort nach dem Depotangebot. Kostenlose Depots bei Filialbanken sind aber rar gesät, und die Gebühren für Kauf- und Verkaufsaufträge von Wertpapieren sind oft happig.

Wenn Sie als Filialbankkunde aber mit Ihrem Institut eigentlich zufrieden sind und nicht wechseln möchten, haben Sie dennoch die Möglichkeit, Geld zu sparen: Sie könnten Wertpapieraufträge künftig online selbst ausführen. Das ist zumeist deutlich günstiger, als einen Auftrag telefonisch oder direkt in der Filiale abzuwickeln.

Wollen Sie Ihrer Hausbank jedoch den Rücken kehren und wissen sowieso schon, was Sie kaufen wollen – zum Beispiel ETF für das Finanztest-Pantoffel-Portfolio –, dann sind Sie vermutlich bei einer Direktbank oder einem aufs Wertpapiergeschäft spezialisierten Onlinebroker an der passenden Adresse. Denn zum einen dürfen Sie bei einer Filalbank in aller Regel nicht damit rechnen, zu ETF beraten zu werden (siehe „Gut zu wissen"). Zum anderen steht es um die Anlageberatung bei Filialbanken ohnehin nicht sonderlich gut, wie verschiedene Untersuchungen von Finanztest, Verbraucherschützern und der Finanzaufsicht Bafin über die Jahre immer wieder gezeigt haben. Der Verzicht auf Beratung muss also für gut informierte Anleger kein Nachteil sein.

Zentraler Vorteil der Onlineinstitute: Sie sind auch in den Abendstunden bequem via Internet erreichbar. Depots sind öfters kostenlos oder extrem günstig zu haben.

Gut zu wissen

Wer zur Bank geht und sich zu ETF beraten lassen will, wird häufig enttäuscht. Außer von unabhängigen Honorarberatern werden kostengünstige ETF in der Beratung meist gar nicht angeboten. Der Grund: An ETF verdienen die Banken kaum Geld. Bei herkömmlichen Aktienfonds profitieren sie dagegen von satten Provisionen: 5 Prozent Ausgabeaufschlag und 0,5 Prozent jährliche Bestandsprovision. Außerdem sind 1,5 bis 2 Prozent jährliche Verwaltungskosten des Fonds übliche Größenordnungen – allein an laufenden Gebühren werden Anlegern pro 1 000 Euro Anlagesumme Jahr für Jahr also 15 bis 20 Euro vom Fondsvermögen abgezogen. Bei Aktien-ETF sind es etwa 1 bis 5 Euro. Die Differenz hört sich nach wenig an, summiert sich allerdings im Lauf der Jahre zu hohen Beträgen.

Wer sein Girokonto ebenfalls bei seiner depotführenden Direktbank hat, muss für sein Depot in aller Regel keine Gebühren entrichten. Auch die Ordergebühren für den Kauf und Verkauf von Wertpapieren sind bei den Internetbanken meist erheblich günstiger.

Diese zwei Kostenfaktoren – Depotgebühr und Orderspesen – sind es, die Sie im Blick behalten sollten. Je weniger hier anfällt, desto besser. Mit einem simplen Depotwechsel lassen sich mitunter mehrere Hundert Euro pro Jahr sparen – Geld, das man in ETF investieren kann. Möglichst geringe Kosten für Wertpapierverwahrung und -kauf wirken sich somit positiv auf Ihre langfristige Vermögensbildung aus.

Vielleicht haben Sie aber schon ein bestehendes Depot mit aktiv gemanagten Fonds über einen Internet-Fondsvermittler aufgebaut? Dann kann es für Sie interessant sein, dort auch Ihre ETF-Anteile zu lagern. Finanztest empfiehlt Fondsvermittler vor allem als günstige Einkaufsquelle für aktiv gemanagte Fonds. Adressen finden Sie unter test.de/fondsvermittler im Internet. Verwahrt werden die über Vermittler erworbenen Anteile bei spezialisierten Fondsbanken wie Ebase, das zum britischen Finanztechnologiekonzern FNZ Group gehört. Wer bereits ein Depot bei einer Fondsbank hat, zahlt die Depotkosten ohnehin und kann das Depot für ETF mitnutzen, egal ob beim Einmalkauf oder für Sparpläne.

ETF-Einmalkauf – auf günstige Kosten achten

Sie möchten Ihr Depot mit international breit gestreuten ETF bestücken und die Papiere langfristig halten? Dann sind Sie gut beraten, vor allem auf günstige Depotgebühren zu achten.

→ Kostenlose Depots

Die Untersuchung von Finanztest hat ergeben: Kostenlose Depots ohne Nebenbedingungen bieten (Stand: Oktober 2021) folgende Filial- und Online-Institute an: BB Bank, Consorsbank, Deutsche Bank maxblue, DKB, Gratisbroker, ING, Justtrade, NIBC Direct, Onvista Bank, Postbank, Santander Consumer Bank, Scalable Capital, Smartbroker, Targobank und Trade Republic. Andere Häuser knüpfen ein kostenloses Depot an bestimmte Voraussetzungen, die aber in der Regel leicht erfüllbar sind. Das kann die Einrichtung eines Sparplans oder eines zusätzlichen Girokontos sein. Wenn man ohnehin seine Finanzgeschäfte bei einer Bank bündeln möchte, ist das keine Hürde.

Besser noch, wenn nicht nur das Depot, sondern auch die Kaufkosten für ETF besonders günstig sind. In aller Regel fallen für ETF dieselben Ordergebühren wie beim Aktienkauf an. Bei Filialbanken sind das häufig immerhin 1 Prozent der Anlagesumme: Wer zum Beispiel 20 000 Euro in ETF investieren möchte, zahlt dann mal eben 200 Euro für solch einen Auftrag. Bei Onlinebrokern ist derselbe Auftrag üblicherweise für einen Bruchteil davon zu bekommen – unter Umständen sogar umsonst.

Die Onlinebroker unterscheiden sich deutlich mit Blick auf ihre Preismodelle: Zum einen gibt es Anbieter, die mit einer Flat Fee arbeiten: Die Gebühr, die die Bank einstreicht, ist unabhängig von der Ordergröße, egal ob ETF für 2 000 oder für 20 000 Euro gekauft werden; die fremden Spesen für die Börsenabwicklung können variieren. Zum anderen berechnen viele Direktbanken eine fixe Mindestgebühr pro Auftrag plus eine niedrige prozentuale Gebühr, die vom Ordervolumen abhängt. Meistens gibt es dort auch eine Maximalgebühr bei sehr großvolumigen Aufträgen.

Neobroker – das Smartphone als Schaltzentrale

Seit 2019 sind neue Brokerage-Anbieter wie Finanzen.net Zero, Justtrade, Trade Republic, oder das Brokerage-Angebot von Scalable Capital am Markt, die den Wertpapier- und auch den ETF-Handel zum Teil kostenlos oder fast kostenlos offerieren. Sie arbeiten dafür mit nur einer oder wenigen festen börslichen Handelsplätzen wie Gettex, LS Exchange, Quotrix oder Tradegate Exchange zusammen. Bei der Depotführung setzen sie aufs Smartphone, auch wenn inzwischen bei allen genannten Anbietern die browserbasierte Depotführung möglich ist. Auch die Anzahl handelbarer ETF ist bei den meisten inzwischen breit ausgebaut. Bestehende Depots dorthin zu übertragen ist indes nicht überall möglich.

Und so funktioniert das Geschäftsmodell der Neobroker: Die Kundenaufträge werden an feste Handelspartner weitergeleitet. Bei

Wertpapieraufträgen gibt es eine Handelsspanne, genannt Spread, zwischen dem Angebots- und Nachfragekurs. Er stellt die Einnahmequelle für den Handelspartner dar. Die Neobroker erhalten in der Regel für jeden Kundenauftrag eine Rückvergütung vom Handelsplatz. Auf diese Weise finanzieren sie sich und können auf Kundengebühren für Wertpapieraufträge verzichten. Gut zu wissen: Die Höhe der einkassierten Rückvergütungen muss Ihnen Ihr Broker offenlegen. Ob dieses Geschäftsmodell dauerhaft Bestand haben darf, wird allerdings derzeit auf EU-Ebene kritisch beäugt.

Wenn Sie zu den regulären Öffnungszeiten der Haupthandelsplätze (in Deutschland montags bis freitags von 9 bis 17.30 Uhr) ETF oder auch andere Wertpapiere kaufen möchten, ist die schmale Handelsplatzauswahl der Neobroker kein Nachteil, wie Untersuchungen von Finanztest zeigen. Die Kursspannen orientieren sich eng am Niveau von Deutschlands größtem Handelsplatz Xetra.

Wer indes Wert auf ein breiteres Angebot an Handelsplätzen legt, der kann ETF & Co. günstig über den Onlinebroker Smartbroker erwerben. Er hat alle deutschen Börsenplätze im Angebot. Für jeden Kauf und Verkauf über die Börse verlangt er pauschal nur 4 Euro; ab 500 Euro Auftragsvolumen geht es je nach Handelsplatz auch schon für 1 Euro oder ebenfalls provisionsfrei. Hinzu kommen allerdings variable Börsenspesen und gegebenenfalls andere Fremdspesen.

ETF-Sparpläne – Schritt für Schritt zum Vermögen

Für Anleger, die keine größere Summe auf einmal aufbringen können oder wollen, sondern über die Zeit Vermögensaufbau mit einem Sparplan betreiben möchten, geht es darum, den passenden ETF-Sparplan möglichst günstig abzuschließen.

Bei Filialbanken sind ETF-Sparpläne eher selten im Angebot. Das liegt daran, dass die Banken bei diesen Produkten nur an den schmalen Orderprovisionen bei Kauf oder Verkauf verdienen. Mit aktiv gemanagten Fonds, die prozentuale Ausgabeaufschläge und Bestandsprovisionen abwerfen, lässt sich schlichtweg mehr verdienen. Daher preisen die Bankberater ETF in den seltensten Fällen von sich aus an.

Genau darin liegt aus Kundensicht jedoch der Reiz – ETF-Anteile im Sparplan sind speziell bei Direktbanken und Onlinebrokern günstig zu bekommen. Immer mehr Onlinebroker bieten eine stetig wachsende ETF-Palette im Sparplan sogar komplett kostenlos an. Das liegt daran, dass ETF-Anbieter mit den Direktbanken spezielle Marketingvereinbarungen geschlossen haben, um ETF auch bei Privatanlegern populärer zu machen.

Doch aufgepasst: Bei manchen Banken sind die Aktionsangebote teilweise befristet, oder die begünstigten ETF wechseln. Sie sollten daher regelmäßig überprüfen, ob die Konditionen noch aktuell sind. Manchmal findet man auch bei derselben Depotbank

Checkliste

In drei Schritten zum ETF-Depot

- ☐ **Depot eröffnen.** Leistungsstarke Anbieter finden Sie in der Tabelle „Depotanbieter", S. 163, und unter test.de/depot (kostenpflichtig, aber stets aktuell). Zunächst durchlaufen Neukunden die Kontoeröffnungsstrecke auf der Website von Bank oder Broker und geben die erforderlichen Daten ein. Dann muss man sich legitimieren: Beim „Postident-Verfahren" geht man mit dem Ausweis zu einer Postfiliale. Dort bestätigt ein Mitarbeiter Ihre Identität gegenüber der Bank. Bei immer mehr Anbietern geht es auch ganz digital: Beim „Videoident-Verfahren" kann man das Konto in wenigen Minuten per Video-Gespräch eröffnen. Seinen Ausweis muss man auch hier vorzeigen und in die Kamera halten.
- ☐ **Anmelden und einloggen.** Kurz darauf erhält der Neukunde per Post oder Mail die Depotunterlagen mitsamt Kontonummern für Depot und Verrechnungskonto. Sobald er sich mit Kontonummer und per Post mitgeteiltem Passwort einloggt, aktiviert er das Depot. Sein Passwort muss man in der Regel nach dem ersten Log-in abändern. Hat man dann Geld aufs Verrechnungskonto überwiesen, ist das Depot startklar.
- ☐ **Risiken einschätzen.** Die Banken sind verpflichtet, eine sogenannte Angemessenheitsprüfung durchzuführen, bevor sie eine Wertpapierorder ausführen. Wer noch keine Erfahrungen mit risikobehafteten Anlagen hat – dazu zählen auch Aktien-ETF –, soll von seinem Bankberater darauf hingewiesen werden. Kunden von Direktbanken erhalten einen Warnhinweis, wenn sie mit der Risikoklasse des Wunsch-ETF laut ihren Angaben bei Depoteröffnung noch keine Erfahrung gesammelt haben. Filialbank-Berater nehmen das dann vorgeschriebene Beratungsgespräch gern zum Anlass, vermeintlich bessere Anlagen vorzuschlagen – etwa aktiv gemanagte Fonds. Davon sollten Sie sich nicht verunsichern lassen, nach Lektüre dieses Buchs kennen Sie die Vorteile von ETF.

einen gleichwertigen Ersatz-ETF eines anderen Anbieters und bespart dann diesen weiter. Generell lohnt es sich, auf eine Depotbank zu setzen, die viele ETF-Sparpläne zu günstigen oder ganz ohne Orderspesen anbietet. Noch ein Plus: Wer bei einer Direktbank regelmäßig einen ETF-Sparplan füttert, zahlt dort in aller Regel keine Depotgebühren.

Unser Tipp: Wenn Sie noch kein Depot bei einem Onlinebroker haben, schauen Sie nach, welcher Anbieter dauerhaft günstig ist und wo es „1. Wahl-ETF" im Sparplan gibt. Näheres zu den Fonds, die Finanztest als 1. Wahl bewertet, erfahren Sie im Abschnitt „Wie finde ich gute ETF?", S. 104. In den Tabellen „Die günstigsten Depotanbieter", S. 163, sowie „Die Kosten für ETF-Sparpläne", S. 164, finden Sie die nötigen Informationen zur Auswahl des passenden Depots. Je nach Höhe der Sparrate können unterschiedliche Anbieter besonders günstig sein.

Die Mindestsparrate beträgt je nach Anbieter 1 bis 50 Euro, vielerorts gängig sind Mindestraten von 10 bis 25 Euro. Dabei sollten Sie Folgendes beachten: Je geringer die gewünschte Sparplanrate, desto stärker machen sich Mindestordergebühren bemerkbar. Bei Monatsraten von 50 Euro sind zumeist niedrige prozentuale Ordergebühren die bessere Wahl als Angebote mit einer festen Ordergebühr. Noch besser natürlich sind generell kostenfreie Sparpläne. Dann fließt die gesamte Sparrate ohne Abschlag in ETF und somit in den Vermögensaufbau.

→ So wechseln Sie Ihr Depot

Sie haben schon ein Depot, doch es gibt leistungsstärkere Angebote? Dann kann sich ein Wechsel lohnen.

Um den Einzug des alten Depots kümmert sich Ihre neue Bank, sofern sie Depotüberträge ermöglicht. Dafür müssen Sie bei ihr einen Antrag auf Depotübertrag ausfüllen. Sie zieht dann die Wertpapiere und auch ein Guthaben auf dem Depotverrechnungskonto vom alten Depotanbieter ein. In der Wechselphase, die üblicherweise mehrere Tage dauert, kommen Sie an die zu übertragenden Wertpapiere nicht heran. Übrigens lassen sich nur ganze Fondsanteile und keine Bruchteile übertragen, die müssen separat veräußert werden.

Auch die für die Versteuerung Ihrer Erträge relevanten Daten werden in aller Regel auf die neue Bank mit übertragen. Manchmal bieten Depotbanken spezielle Wechselprämien an, wenn Kunden mit ihrem Depot zu ihnen umziehen. Die Prämie kann aus einer Bargutschrift bestehen, oft auch aus einem Kontingent kostenloser Trades. Wichtig: Wählen Sie den Anbieter nicht nach der Attraktivität der Prämie aus, sondern nur danach, ob er auch ohne Prämie gute Konditionen offeriert.

Wie finde ich gute ETF?

Ein besonders wichtiger Schritt für Anleger ist die Auswahl des passenden ETF. Unser kleiner Leitfaden macht es Ihnen leicht.

Den besten ETF auszuwählen empfinden viele Anlegerinnen und Anleger als Herkulesaufgabe. Keine Sorge, wir zeigen Ihnen, wie Sie schnell zu dem ETF kommen, der zu Ihnen passt. Generell sollten Sie keinen ETF kaufen, weil ein Nachbar oder eine Freundin diesen auch im Depot hat. Das kann gut gehen, aber oft unterscheiden sich unsere Lebenssituationen und die Anforderungen an die Geldanlage. Vielleicht präferieren Sie nachhaltige ETF oder wollen sich von regelmäßigen Dividendenauszahlungen etwas Schönes gönnen, während andere weniger Wert auf Nachhaltigkeit legen oder lieber die Dividenden reinvestieren, weil sie langfristig Vermögen aufbauen möchten. Das Angebot an ETF ist groß, da werden Sie rasch fündig.

Wenn Sie bei der Suche nach einem ETF wissen, was Sie brauchen und wollen, kommen Sie schnell zum Ziel.

Folgen Sie bei der Auswahl einer einfachen Strategie: das Spektrum nach den eigenen Vorstellungen sukzessive eingrenzen. Dazu haben wir fünf Fragen zusammengestellt, anhand derer Sie sich Schritt für Schritt Ihrem Wunsch-ETF annähern. Eine Auswahl von ETF mit guter Bewertung finden Sie übrigens im Serviceteil ab S. 166. Das komplette Angebot aller in Deutschland gehandelten ETF können Sie im Produktfinder der Stiftung Warentest unter test.de/fonds (kostenpflichtig) nach diversen Kriterien filtern.

Ist Ihnen Nachhaltigkeit bei der Geldanlage wichtig?

Wenn Ihnen das Thema nicht so sehr am Herzen liegt, gehen Sie an dieser Stelle weiter zur nächsten Frage. Wollen Sie Ihr Geld hingegen bevorzugt in einen ETF investieren, der ökologischen, ethischen und sozialen Kriterien folgt, lässt sich das einfach umsetzen. Stiftung Warentest analysiert und bewertet regelmäßig alle nachhaltigen ETF, die in Deutschland gehandelt werden.

Ende 2021 erfüllten lediglich sechs ETF auf den MSCI World und MSCI All Country World die hohen Anforderungen der Redaktion in puncto Nachhaltigkeit. Detaillierte Informationen zu den ETF, die in der Nachhaltigkeitsbewertung drei von fünf Punkten erreichten und von der Stiftung mit dem

Siegel 1. Wahl ausgezeichnet sind, finden Sie ab S. 92 und im Serviceteil. Für ETF auf andere Märkte oder Regionen müssen wir aus Platzgründen auf den Produktfinder unter test.de/fonds verweisen.

Wollen Sie einmalig eine Summe anlegen oder regelmäßig sparen?

Haben Sie eine größere Summe anzulegen, oder wollen Sie regelmäßig in einen Sparplan einzahlen, um Ihr Vermögen sukzessive zu mehren? Beim Einmalkauf steht Ihnen das komplette Angebot der ETF zur Verfügung. In diesem Fall können Sie zur nächsten Frage weitergehen.

Wollen Sie hingegen kontinuierlich in einen Sparplan einzahlen, prüfen Sie im ersten Schritt, auf welche ETF Ihr Broker Sparpläne anbietet. Denn es gibt nicht auf alle ETF Sparpläne, und die Angebote der Broker sind unterschiedlich (mehr dazu siehe S. 98). Achten Sie dabei auch auf die Sparplan-Konditionen des Onlinebrokers!

In welchen Index wollen Sie investieren?

Jetzt geht es darum, den Anlageschwerpunkt festzulegen. Soll das Geld zum Beispiel weltweit in Aktien investiert werden, eignen sich ETF auf MSCI World, MSCI All Country World oder FTSE All World. Mit einem ETF auf diese Indizes erreichen Sie nicht nur eine breite Risikostreuung, sondern behalten auch leicht den Überblick über Ihre Geldanlage.

Verfolgen Sie hingegen eigene Ideen und besitzen bereits andere Wertpapiere, kommen zur Depotbeimischung auch ETF auf aussichtsreiche Einzelmärkte oder Schwellenländer infrage. Hier können Sie ganz nach Belieben die Regionen eingrenzen und beispielsweise nur einen China- oder Indien-ETF erwerben. Ratsam ist es allerdings häufig, in einen breit angelegten Schwellenländer-ETF zu investieren, um die Risiken auf mehrere Märkte zu verteilen.

Dabei gilt: Je spezieller die Themen, desto kleiner ist meist die Auswahl. Empfehlenswert ist es auch, nicht zu viele Papiere ins Portfolio zu legen, da sonst leicht der Überblick verloren geht.

Dividenden und Zinsen wiederanlegen oder auszahlen lassen?

Einen erheblichen Teil der Erträge von Aktien steuern Dividenden bei. Nach verschiedenen Untersuchungen machen sie je nach Land und Zeitraum langfristig zwischen einem Drittel und gut der Hälfte der Gesamterträge aus. Auf die Zins- und Dividendenausschüttungen haben ETF-Besitzer den vollen Anspruch. Denn ETF sind ja, wie wir gesehen haben, Sondervermögen, die hundertprozentig den Käufern gehören.

Wie aber gehen die ETF mit den Dividenden um? Es gibt, wie bei aktiven Fonds, zwei Möglichkeiten: Sie zahlen sie regelmäßig – von jährlich bis zu viermal pro Jahr – an die Anleger aus, oder sie legen sie automatisch wieder an und erhöhen somit den Wert des

MIT 5 FRAGEN ZU IHREM ETF

1 Klassisch oder nachhaltig? Hilfe bei dieser Grundsatzentscheidung finden Sie ab S. 65.

2 Verfügbar als Sparplan? Nicht jeder Depot-Anbieter bietet jeden ETF im Sparplan an. Gibt es auf einen Index mehrere ETF-Sparpläne, entscheiden Sie nach den niedrigsten Gebühren.

3 Welcher Index passt? Wer mit dem Vermögensaufbau beginnt, wählt ein breit gestreutes Basisinvestment, wie einen ETF auf den MSCI World. Besitzen Sie bereits Wertpapiere, können Sie auch andere ETF beimischen. Ideen dazu finden Sie ab S. 127.

4 Thesaurierend oder ausschüttend? Für den Vermögensaufbau sind thesaurierende Fonds ratsam, wer laufende Erträge benötigt, wählt ausschüttende.

5 Voll nachbildend oder swapbasiert? ETF sind unterschiedlich konstruiert, jede Methode hat Vor- und Nachteile, beide kann man ruhigen Gewissens kaufen. Mehr dazu ab S. 108.

ETF. Der erste Weg wird als ausschüttend bezeichnet, der zweite als thesaurierend.

Wer auf regelmäßige Zahlungen Wert legt, kann ausschüttende Indexfonds wählen. Wollen Sie dagegen langfristig Vermögen aufbauen, ist die thesaurierende Variante besser geeignet. Denn die Erträge werden ohne Transaktionskosten umgehend wieder angelegt und profitieren vom sogenannten Zinseszinseffekt. Dieser sorgt dafür, dass sich das Wachstum des Kapitals über die Jahre durch die Thesaurierung beschleunigt – je länger die Erträge wieder angelegt werden, desto stärker.

Ist Ihnen wichtig, dass ein ETF die Originalaktien kauft?

ETF können auf unterschiedliche Weise konstruiert werden. Der ETF-Anbieter kann die einzelnen Aktien beziehungsweise Anleihen im Index erwerben (physisch) oder die Indexperformance über ein Tauschgeschäft nachbilden (swapbasiert). Finanztest hat hier keine Präferenz und empfiehlt beide Varianten. Wie die Nachbildung genau funktioniert, erfahren Sie im nächsten Abschnitt „Die Feinheiten beleuchtet“.

Die Finanztest-Bewertung 1. Wahl

Sie werden feststellen, dass jetzt nur noch eine überschaubare Anzahl ETF infrage kommt, die Ihren Anforderungen entsprechen. Wurden diese von Finanztest mit dem Siegel 1. Wahl ausgezeichnet, können Sie einen beliebigen ETF davon kaufen oder, falls

Sie besondere Tipps berücksichtigen möchten, die Feinheiten ab S. 108 beachten. Dort erläutern wir auch, was Sie zum Thema Gebühren wissen sollten. Erfüllen mehrere 1.-Wahl-ETF Ihre Anforderungen, können Sie zudem prüfen, ob Ihr Broker einen davon kostenfrei zum Kauf anbietet.

Wichtig zu wissen: 1. Wahl bedeutet, dass der ETF typisch ist für den Markt, den er nachbildet. Die Bewertung „1. Wahl" bezieht sich immer auf eine Fondsgruppe. Innerhalb einer Fondsgruppe kann es mehrere ETF mit der Bewertung „1. Wahl" geben. Diese sind im Grunde gleichwertig.

So funktioniert die Bewertung

Wie aber kommen die Fonds zu ihren Punkten? Die Berechnungen und Bewertungen basieren auf den monatlichen Wertentwicklungen. Interne Kosten des ETF werden ebenso wie Ausschüttungen berücksichtigt. Dagegen fließen Steuern und Kaufkosten der Anleger nicht in die Berechnung ein, weil diese – je nach Kaufquelle und Anlagebetrag – unterschiedlich hoch sein können.

Im ersten Schritt werden alle Fonds – auch aktiv gemanagte und spezielle ETF – in Fondsgruppen unterteilt. Dann wird geprüft, ob die Fonds bestimmte Mindestkriterien erfüllen, erst dann folgt die weitere Bewertung. Zunächst werden die markttypischen ETF ermittelt, sprich die Fonds ausgewählt, die den jeweiligen Markt in seiner ganzen Breite abbilden. Markttypische ETF erhalten in ihrer Fondsgruppe die Finanztest-Bewertung „1. Wahl". Die anderen erhalten eine Punktebewertung, die sich aus dem Verhältnis von Chance und Risiko ergibt.

1. Wahl	= Markttypischer ETF
●●●●●	= Besser als der Markt
●●●●○	= Ähnlich wie der Markt
●●●○○	= Etwas schlechter als der Markt
●●○○○	= Merklich schlechter
●○○○○	= Erheblich schlechter

Ob ein Fonds gut oder schlecht abschneidet, hängt davon ab, wie er sich im Vergleich mit den Referenzindizes der Fondsgruppe entwickelt hat. Ist er ähnlich gut wie der Index, erhält er 4 Punkte. Ist er deutlich besser, gibt es 5 Punkte, während Fonds mit schlechterem Ergebnis drei oder zwei Punkte bekommen und jene mit lausiger Performance einen Punkt (siehe Grafik oben).

Die Finanztest-Bewertung 1. Wahl ist unabhängig vom Chance-Risiko-Verhältnis eines ETF. Im Klartext heißt das, dass ein ETF auf den indischen Aktienmarkt genauso 1. Wahl sein kann wie ein ETF auf den MCSI World – Hauptsache ist, dass der ETF den jeweiligen Markt gut nachbildet. In der Regel liegen 1.-Wahl-ETF ähnlich wie der Index im Bewertungsbereich von 4 Punkten, sie können aber auch weniger Punkte haben. Die Bewertung kann sich im Laufe der Zeit ändern, sollte sich ein ETF nicht mehr wie der breite Markt bewegen.

Die Feinheiten beleuchtet

Warum gibt es eigentlich physisch nachbildende und swapbasierte ETF, was unterscheidet sie im Detail? Und wie wichtig sind die Gebühren? Hier gibt es Hintergrundwissen.

Leicht irritierend ist es, wenn man die Notierungen von ETF auf einen Index wie den Dax vergleicht. Denn die an der Börse festgestellten Kurse von ETF verschiedener Anbieter sind unterschiedlich hoch. Aber wie kann das sein, wenn alle ETF den Dax nachbilden? In erster Linie ist das ein Thema von Kosten und Gebühren.

Denn der Preis eines ETF-Anteils spiegelt das Fondsvermögen wider. Und alle Kosten sowie Gebühren, die zu Lasten des Fonds gehen, wie zum Beispiel die Managementgebühr, schmälern das Fondsvermögen. Je höher diese sind, desto stärker kann der Preis von dem anderer Fonds und dem Index abweichen (siehe auch Tracking-Differenz S. 109). Über die Jahre hinweg kann es zu größeren Abweichungen kommen.

Um diese möglichst gering zu halten, verleihen manche ETF-Anbieter Wertpapiere und erzielen so Zusatzerträge (mehr zu Wertpapierleihe, die auch bei klassischen Fonds üblich ist, finden Sie auf S. 149). Wie hoch die Erträge aus diesen Geschäften sind, ist aber nicht vorab berechenbar, also für Anleger nicht offensichtlich.

Die Gebühren hingegen schon. Diese werden von den Anbietern ausgewiesen. Lange Zeit hieß die bekannte Größe dafür Total Expense Ratio (TER) oder zu Deutsch Gesamtkostenquote; viele Fondsgesellschaften weisen noch immer die TER aus. Inzwischen wurde die Kennzahl genauer definiert, was die Vergleichbarkeit erhöht, und durch die Ongoing Charges (OGC), zu Deutsch Laufende Kosten, ersetzt. In diese

Physisch nachbildende ETF mit einem großen Anteil US-Aktien irischer Herkunft (Isin beginnt mit IE) können Vorteile gegenüber ETF aus anderen Ländern haben. Die Anbieter können auf Dividendenerträge einen höheren Anteil der Quellensteuer zurückfordern. Wer beim MSCI World die Wahl hat, sollte bei physisch nachbildenden ETF zu einem aus Irland greifen, es sei denn ein Alternativ-ETF ist ca. 0,25 % günstiger.

Kennzahl fließen Aufwendungen für das Management, für Wirtschaftsprüfer, Geschäftsführung und Depotbank ein. Auch wenn Anbieter Wertpapiere verleihen und einen Teil der Gebühren einbehalten, wird dies berücksichtigt.

Nicht alle Kosten ersichtlich

Nicht enthalten darin sind jedoch die Transaktionskosten innerhalb des ETF, also Kauf- und Verkaufsspesen für die Wertpapiere. Somit bleibt eine sehr wichtige Kostenquelle außen vor. Da zudem steuerliche Aspekte eine Rolle spielen können, ist die Kennzahl ein Anhaltspunkt und Vergleichsmaßstab für die Kosten, aber nicht mehr.

Übrigens: Die laufenden Kosten sind in den Renditeberechnungen von Finanztest bereits berücksichtigt, sie fließen also in die Fondsbewertung ein.

Bei ETF auf US-Aktien oder Indizes mit einem hohen US-Aktienanteil wie dem MSCI World können auch steuerliche Effekte das Ergebnis beeinflussen. Wurde nämlich der ETF in Irland aufgelegt und bildet den Index physisch nach, kann der ETF-Anbieter bei US-Dividenden einen kleinen Steuervorteil nutzen. Der Grund: Die Vereinigten Staaten ziehen 30 Prozent Quellensteuern auf Dividendenausschüttungen ab, die ins Ausland gezahlt werden. Das US-irische Doppelbesteuerungsabkommen ermöglicht es, die Hälfte der Quellensteuern zurückzuerhalten. Ein Vorteil, den zum Beispiel ETF aus Luxemburg nicht haben. In welchem Land ein ETF sein Domizil hat, lässt sich in der Regel an der Isin erkennen. Beginnt diese mit IE, wurde der Fonds in Irland aufgelegt, DE steht für Deutschland, LU für Luxemburg.

Gut zu wissen

Die Tracking-Differenz gibt an, wie stark die Rendite eines ETF vom zugrunde liegenden Index abweicht. Sie lässt sich nur im Nachhinein feststellen und ist meist negativ, da bei der Index-Nachbildung Kosten anfallen. Beispiel: Schafft der Dax eine Jahresrendite von 10,5 Prozent, ein Dax-ETF aber nur 10,2 Prozent, beträgt die Tracking-Differenz minus 0,3 Prozent. Je geringer dieser Wert, desto besser und kostengünstiger ist es dem ETF-Anbieter gelungen, den Index nachzubilden. In Sonderfällen kann die Differenz sogar positiv sein, wenn etwa die Einnahmen aus dem Verleih von Wertpapieren die ETF-Kosten übersteigen. Oft wird die Tracking-Differenz mit dem Tracking Error verwechselt: Er misst die durchschnittliche Schwankungsbreite der Index-Abweichungen in einer bestimmten Zeitspanne.

So geht's:
Physische Nachbildung

Ein ETF auf den Dax kauft alle 40 Aktien im Dax anteilig nach ihrem jeweiligen Gewicht im Index.

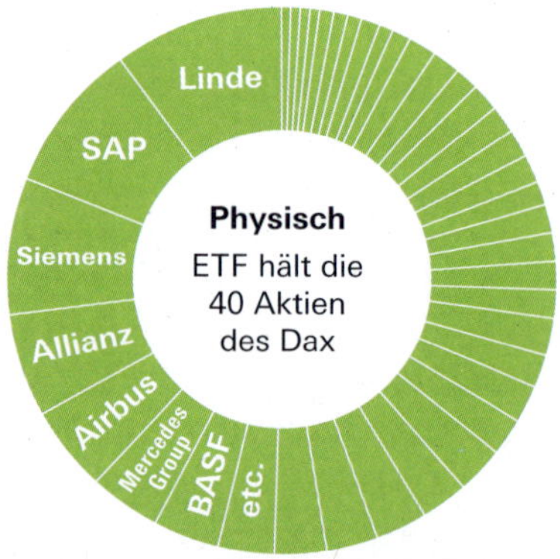

Die Konstruktionsmethode kennen

Die Zusammensetzung mancher ETF kann Überraschungen bergen, die nichts mit dem Index selbst zu tun haben, sondern mit der Konstruktion des ETF. Zwar enthalten die meisten ETF tatsächlich einen großen Teil oder gar alle der Aktien aus dem Index, aber es gibt auch ETF, die anders funktionieren. Ihre Zusammensetzung hat kaum etwas mit dem nachzubildenden Index zu tun.

Diese Swap-ETF gehen Tauschgeschäfte (englisch: swaps) ein, um die Indexentwicklung sicherzustellen. Auch sie enthalten Aktien, nur eben andere als der Index, den sie eigentlich abbilden. In einem Dax-ETF können so zum Beispiel statt Adidas und Henkel vorwiegend europäische Unternehmen stecken. Zusätzlich sind die Verträge für die Tauschgeschäfte Teil des Fondsvermögens. Swap-ETF werden ebenso streng kontrolliert wie ETF, die sich aus den Originalaktien zusammensetzen. Und auch diese kaufen nicht immer alle Aktien, wie Sie gleich lesen werden.

1. Physische Nachbildung

Es ist die Methode, die bereits Indexfondspionier John Bogle anwandte. Sie wird als physisch replizierend oder auch als voll nachbildend bezeichnet. Die Aktien eines Aktien- oder die Anleihen eines Rentenindex werden gemäß ihrem Anteil am jeweiligen Index gekauft, und diese Aufteilung wird im Prinzip immer beibehalten. Warum nur im Prinzip?

Weil sich die Gewichte einzelner Wertpapiere in einem Index ändern, denn sie werden nach dem Börsenwert (Marktkapitalisierung) gewichtet – der wiederum ergibt sich aus dem Börsenkurs multipliziert mit der Anzahl der Papiere, die frei an der Börse handelbar sind. Da die Kurse schwanken und sich die Zahl der emittierten Wertpapiere durch Kapitalerhöhungen, Aktienrückkäufe etc. ändern kann, verändert sich die Gewichtung ständig. Diese volle Nachbildung ist problemlos zu bewerkstelligen bei Indizes, die aus Wertpapieren bestehen, die rege gehandelt werden und bei denen die Transaktionskosten gering sind. Das trifft für Indizes mit einer überschaubaren Anzahl an Wertpapieren, die leicht handelbar sind – wie Dax oder Euro Stoxx 50 –, zu.

Optimiert: Nicht alle Titel kaufen

Gar nicht so einfach ist die volle Nachbildung aber bei Indizes wie dem MSCI World, der aus mehr als 1500 Aktien aus 23 Ländern besteht. Der Kauf so vieler Aktien wäre

So geht's: ETF mit Swap

Der ETF enthält Aktien, aber nicht die des Dax. Die Ersatzaktien sollen breit gestreut sein. Zusätzlich hat er einen Swap, einen Tauschvertrag mit einer Bank, die die Wertpapiere aus dem Index hält. Entwickelt sich der Index besser als die Titel im ETF, gleicht die Bank die Differenz aus. Im umgekehrten Fall zahlt der ETF an sie. So entwickelt sich der ETF wie der Index. Der Swap darf 10 Prozent des ETF-Vermögens nicht übersteigen.

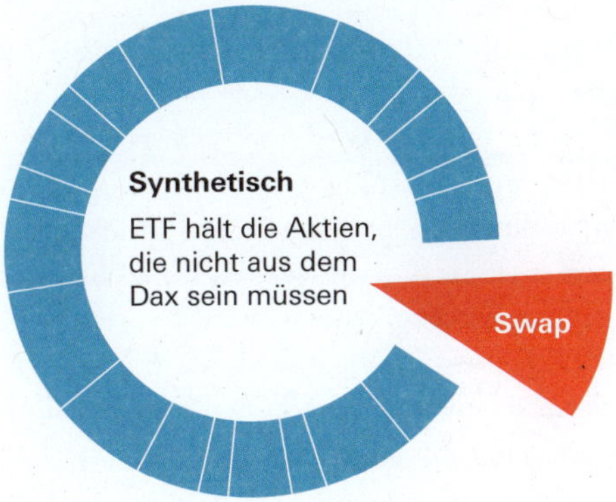

zeitaufwendig und teuer. Daher erwirbt der ETF-Anbieter nur einen Teil der Aktien, was „optimiert" oder „sampling" genannt wird.

Sampling heißt übersetzt Stichprobe oder Auswahl. Ein Computerprogramm „optimiert" die Auswahl, indem es den Aktienkorb bestimmt, der dem Kursverlauf des Index nahezu entspricht. Und dieser Korb wird physisch nachgebildet. In der Regel sind die Aktien mit dem größten Indexgewicht enthalten, während jene mit einem geringen Gewicht im Index unberücksichtigt bleiben.

Häufiger als bei Aktienindizes wird die Sampling-Methode bei Anleiheindizes verwendet. Grund: Die Handelsumsätze an den Börsen sind bei Unternehmensanleihen, Pfandbriefen und Bankschuldverschreibungen oft so gering, dass ein Rentenindex nicht zeitnah und nur mit hohen Kosten exakt nachgebildet werden könnte. Deshalb werden liquide Anleihen als „Stichproben" gekauft. Meistens genügt das, um den Index fast spiegelbildlich zu kopieren. Von allen Mitte Februar 2022 am Haupthandelsplatz Xetra notierten 465 Anleihen-ETF waren 70 Prozent nach der Sampling-Methode konstruiert, bei Aktien-ETF waren es 12 Prozent.

2. Synthetische Replikation (Swap)

„Synthetische Replikation", das klingt erst einmal kompliziert. Frei übersetzt bedeutet es so viel wie künstliche Nachbildung. Um die Begriffsverwirrung komplett zu machen: Swap-ETF ist ein anderer gängiger Begriff. Ein synthetisch replizierter Aktien-ETF, zum Beispiel auf den exotischen Index MSCI Pakistan, muss keine einzige Aktie aus diesem Index enthalten. Was draufsteht, muss also nicht drin sein.

Das Geld der Anlegerinnen und Anleger wird stattdessen in einen Aktienkorb investiert, der einen ganz anderen, viel liquideren und preiswerter zu handelnden Inhalt aufweist, beispielsweise Dax- und Euro-Stoxx-Aktien. Das klingt verwirrend. Wie sollen Aktien aus dem Dax und dem Euro Stoxx exakt die gleiche Wertentwicklung erzielen wie der MSCI Pakistan?

Ganz einfach – indem der ETF-Anbieter mit einem anderen Finanzinstitut ein Tauschgeschäft vereinbart. Im Finanzjargon heißt so etwas Swap. Der Tauschpartner – meistens eine Investmentbank, zum Beispiel die Muttergesellschaft des ETF-Anbieters – garantiert, dass der Indexfonds die gleiche Wertentwicklung erreicht wie der Index, auf den er lautet, in dem Fall also der MSCI Pakistan.

Bewerkstelligt wird das, indem der Wert des Swap-Kontrakts täglich so angepasst wird, dass das Vermögen des Indexfonds die Entwicklung „seines" Index genau widerspiegelt. Angewendet wird diese Methode nicht nur auf exotische Märkte wie Pakistan, in denen eine physische Nachbildung schwer möglich ist. Synthetische ETF werden von manchen Fondsgesellschaften auch für liquide Märkte eingesetzt, um mit dieser Konstruktion Kosten zu sparen und die Abweichung des ETF vom Indexverlauf, die Tracking-Differenz (siehe „Gut zu wissen", S. 109), zu minimieren.

Immer angewendet wird die Swap-Methode bei bestimmten ETF-Sonderformen wie gehebelten Indizes (so gibt es den LevDax, der die Dax-Entwicklung in doppeltem Ausmaß nachvollzieht), Geldmarkt-ETF oder Short-Indizes (die bei fallenden Kursen im Wert zulegen, wie zum Beispiel der ShortDax). Auch bei Anleihe-ETF kommen häufig Swaps zum Einsatz.

Ob Sie sich für einen swapbasierten oder für einen voll replizierenden ETF entscheiden, ist reine Geschmackssache, jede Methode hat ihre Vor- und Nachteile (siehe auch „Kritik an der Konstruktion von ETF", S. 148). Finanztest erachtet beide Varianten für gleichwertig.

→ Warum klingen ETF-Namen so kompliziert?

ETF-Namen sind oft lang und kryptisch. Dabei sind sie klar strukturiert. An erster Stelle steht der Anbietername, dahinter folgt der Index. Hier wird häufig abgekürzt. Zahlen bei Anleihen-ETF, zum Beispiel 1–3, erklären die Laufzeit der Bonds. Staatsanleihen sind „Government Bonds", kurz „Gov." oder „Sovereigns". Unternehmensanleihen heißen „Corporate Bonds" (Corp.). Bei Aktien-ETF werden große Firmen „Blue Chip" oder „Large Cap" genannt und Nebenwerte „Mid Cap" oder „Small Cap".

Der Zusatz UCITS ETF ist ein regulatorischer Hinweis, denn ETF unterliegen wie alle Fonds strengen gesetzlichen Anforderungen. Anbieter sind zum Beispiel verpflichtet, halbjährlich Berichte zum ETF zu veröffentlichen. Das Geld der Kunden ist im Falle der Pleite eines ETF-Anbieters als Sondervermögen geschützt.

Am Ende stehen Details zur Anteilsscheinklasse. „D" oder „Dis" steht für distribution, zu Deutsch Ausschüttung. „Acc" oder „C" heißt accumulating, Dividenden werden gesammelt und thesauriert. Teils ist die Währung (USD oder EUR) angegeben (zum Währungsrisiko siehe S. 54).

ETF kaufen und verkaufen

Sie haben sich für einen oder mehrere ETF entschieden, nun geht es an die praktische Umsetzung.

Ein ETF ist schnell gekauft, wenige Mausklicks, und schon landet er im Depot, der Verwahrstelle für Wertpapiere. Genauso funktioniert es beim Verkauf. Doch bevor Sie einen Börsenauftrag erteilen, gilt es ein paar Entscheidungen zu fällen. Da wären die Berechnung der Stückzahl beim Kauf, die Wahl des Börsenplatzes, die Handelszeit und – ganz wichtig – die geeigneten Orderzusätze, sprich Bedingungen, an die eine Orderausführung geknüpft ist.

Starten wir mit der Berechnung der Stückzahl: Wenn Sie den Auftrag über Ihre Hausbank abwickeln, können Sie bequem dem Bankberater eine Summe vorgeben, und dieser führt den Auftrag aus. Auch beim Kauf von Sparplänen funktioniert das so. Wenn Sie eine Rate vorgeben, die Sie regelmäßig investieren wollen, wird automatisch die Zahl der Anteile ermittelt und erworben; selbst der Erwerb von Bruchstücken ist bei vielen Banken möglich.

Wer dagegen online eine Einmal-Order selbst platziert oder Anteile verkauft, muss kurz rechnen. Angenommen, Sie wollen bei einem ETF-Kurs von zirka 49,20 Euro ETF-Anteile im Wert von rund 5000 Euro erwerben, kaufen Sie 100 Anteile (Anzahl der ETF = Anlagesumme : Kurs). Dies entspricht einer Summe von rund 4920 Euro zuzüglich Gebühren. Kein Problem ist es, wenn Sie 101 Stück ordern, doch Sie sollten wissen, dass die Profis gerne runde Stückzahlen handeln, sprich 10, 25, 50, 100 Stück. Das hat auch den Vorteil, dass man selbst beim Blick auf den Indexstand beim Kauf von 100 Stück den Wert des eigenen Bestands schneller überschlagen kann.

→ Nie ohne Limit!

Mit dem Limit bestimmen Sie, welchen Kurs Sie bereit sind, maximal zu bezahlen, beziehungsweise, wie viel Sie beim Verkauf mindestens erlösen wollen. Erfahrenere Anleger setzen das Limit beim Kauf gerne etwas tiefer – beim Verkauf analog etwas höher – und warten geduldig. Da die Kurse schwanken, kommt man im Tagesverlauf häufig irgendwann zum Zug, geht aber das Risiko ein, dass der Auftrag nicht ausgeführt wird.

Welcher Börsenplatz?

Hat man die Stückzahl errechnet, stellt sich die Frage: welcher Börsenplatz? Die Onlinebanken haben zum Teil in ihrer Ordermas-

Gut zu wissen

Indexfonds oder ETF? Die Begriffe werden häufig synonym verwendet, aber genau genommen sind nicht alle Indexfonds auch ETF. ETF werden an der Börse gehandelt. Es gibt aber auch Indexfonds, die Fondsgesellschaften direkt vertreiben, weshalb zumeist ein Ausgabeaufschlag anfällt. Bei ETF stellen sogenannte Market Maker einen liquiden Handel sicher. Werden viele ETF-Anteile nachgefragt, erwerben die Market Maker die Aktien am Markt und kreieren so neue ETF-Anteile. Damit wird erreicht, dass bei hoher Nachfrage oder großem Verkaufsdruck der ETF-Preis nicht vom Wert des Indexportfolios abweicht. Sollten Sie mal Eindruck schinden wollen: Die Profis nennen es „Creation" für die Schaffung neuer Anteile und „Redemption", wenn sie eingedampft werden – und sprechen vom „Creation Redemption Process".

ke einen Handelsplatz voreingestellt, der geändert werden kann. Der vorgegebene Handelsplatz ist nicht zwingend der beste, vor allem am frühen Morgen oder am Abend. In diesen Phasen sind nur wenige Marktteilnehmer aktiv und die Spannen zwischen An- und Verkaufskursen (der Spread) größer als während der Haupthandelszeit. Das birgt das Risiko, ein vergleichsweise schlechtes Geschäft zu machen. Das Gros der Akteure handelt nämlich von 9 bis 17.30 Uhr, der offiziellen Xetra-Handelszeit.

Xetra, die vollelektronische Handelsplattform der Deutschen Börse, ist der Hauptumschlagplatz für ETF. Erteilen Sie einen Kaufauftrag am späten Abend, kann dieser an den Regionalbörsen am nächsten Morgen ab 8 Uhr abgerechnet werden, wenn kaum Umsätze getätigt werden. Daher gilt: strikt limitieren! Wählen Sie Xetra, ein Limit und den Zusatz „nur Auktion", landet die Order in der Eröffnungsauktion, für die viele Aufträge gebündelt werden.

Haupthandelsplatz für ETF

An sich ist es ratsam, immer dort zu handeln, wo die höchsten Umsätze getätigt werden. Bei ETF ist das Xetra. Doch im Xetra-Handel, zum Teil auch an den Präsenzbörsen, tummeln sich Schnäppchenjäger. Mit dem Ziel, ein paar schnelle Euros zu verdienen, platzieren sie viele Aufträge mit Limit, die von den aktuellen Marktpreisen etwas abweichen. Treffen sie auf eine unlimitierte Order, geht ihre Rechnung auf. Das ist kein Grund, die Börse zu meiden, aber ein Grund, strikte Limits zu setzen.

Am einfachsten orientieren Sie sich nah an den aktuellen Kursen, die teils bei den Anbietern oder unter anderem auch auf boerse-frankfurt.de zu finden sind. Dabei sehen Sie gewöhnlich zwei Preise, zum Beispiel 24,15 – 24,20 Euro. Dies bedeutet, Sie können zu 24,20 Euro kaufen. Wenn Sie verkaufen, erhalten Sie 24,15 Euro. Die 5-Cent-Spanne zwischen dem An- und Verkaufskurs ist der Spread. Je geringer dieser ist, desto besser. Die Spreads sind bei rege gehandelten ETF – wie auf den Dax oder den Euro Stoxx 50 – minimal. Bei ETF auf exotische Märkte erreichen sie aber spürbare Größenordnungen. Sparen Sie langfristig, spielt die Höhe des Spreads kaum eine Rolle, beim häufigen Handeln kann er jedoch zu einer beachtlichen Kostengröße werden.

Zum fairen Wert handeln

Folgt man den Regeln des Aktienmarkts, müsste theoretisch der Preis steigen, wenn viele Anleger einen bestimmten ETF kaufen wollen – und vice versa. Doch der Wert des ETF bewegt sich wie sein Indexportfolio. Für diesen „fairen Wert" sorgen die Market Maker. Ihre Aufgabe ist es, darauf zu achten, dass der Kurs nicht vom fairen Wert, im Fachjargon Nettoinventarwert (NAV, die Abkürzung für den englischsprachigen Begriff Net Asset Value), abweicht.

Der NAV wird zwar nur einmal pro Werktag offiziell berechnet, aber während des gesamten Börsenhandels laufend aktualisiert, auf Xetra mindestens einmal pro Minute. Da es sich dabei nicht um den offiziellen NAV handelt, wird er iNAV genannt, die Abkürzung für indikativer NAV. Die laufende Berechnung stellt sicher, dass der Kurs des ETF stets nahezu dem Preis entspricht, der sich aus den aktuellen Kursen der Index-Mitglieder errechnet.

So weit die Theorie. Die Praxis lehrt, dass der Handel nicht immer perfekt funktioniert: Im „Mini Flash Crash" in den USA im August 2015 (siehe S. 151) stürzten die Kurse von ETF überproportional ab, nachdem viele Wertpapiere vom Handel ausgesetzt wurden und kein iNAV berechnet werden konnte. Von solchen Ausreißern merken Sie in der Regel nichts. Und wenn Sie langfristig anlegen und ein Limit beim Kauf oder Verkauf setzen, sind Sie auf der sicheren Seite.

Gut zu wissen

Indexzertifikat oder ETF, worin besteht der Unterschied? Beide bilden einen Index eins zu eins nach. Die Sicherheit ist aber keineswegs identisch. Zertifikate sind Schuldverschreibungen der Emittenten und somit eine Art Kredit des Kunden an die Bank, die das Zertifikat herausgegeben hat. Geht der Emittent in Konkurs, wie das während der Finanzkrise 2008 bei der US-Investmentbank Lehman Brothers der Fall war, ist das Geld der Anleger gefährdet, bis hin zum Totalverlust. ETF indes sind Sondervermögen – somit im Konkursfall besonders geschützt.

Das Depot richtig anpassen

Ein Finanztest-Pantoffel-Portfolio ist sehr pflegeleicht – Sie können es nicht nur leicht aufbauen, sondern auch einfach anpassen. Dafür müssen Sie nur einige wenige Aspekte beachten.

Hat man einmal ein Pantoffel-Portfolio aufgebaut oder einen Pantoffel-Sparplan abgeschlossen, braucht man nicht dauernd die Börsenkurse zu verfolgen. Doch sowohl bei der Einmalanlage als auch beim Sparplan sollten Sie darauf achten, dass die Gewichtung Ihres Portfolios während der Laufzeit nicht aus dem Gleichgewicht gerät. Es empfiehlt sich, dabei nach einer bestimmten Systematik vorzugehen: Einmal pro Jahr sollte man als Erstes überprüfen, ob die ursprünglich gewählte Depotaufteilung noch zur eigenen Lebensplanung passt. Vielleicht hat sich etwas Gravierendes geändert? Zum Beispiel, weil man früher in Ruhestand gehen möchte oder weil man vorzeitig eine Erbschaft gemacht hat, die die Vermögenssituation verbessert, oder, oder. Dann sollte man die Ziel-Depotaufteilung gegebenenfalls abändern.

Als Zweites sollte man jährlich nachschauen, ob die festgelegte Ziel-Depotaufteilung noch in der Realität gegeben ist – oder ob es hier während der letzten Monate zu deutlichen Abweichungen gekommen ist. Nach Untersuchungen von Finanztest braucht man aber erst dann aktiv zu werden, wenn die Zusammensetzung des Depots um mehr als 10 Prozentpunkte von der gewünschten abweicht. Beim ausgewogenen Pantoffel-Portfolio, das je zur Hälfte aus Aktien-ETF und Zinsanlagen besteht, ist der Schwellenwert für die Anpassung dann erreicht, wenn eine der Depot-Komponenten ein Gewicht von 60 Prozent und mehr oder von nur noch 40 Prozent und darunter hat.

Dieser Richtwert von 10 Prozentpunkten hat sich als besonders vorteilhaft erwiesen – denn setzt man ihn zu niedrig an, kommt es zu häufigeren Umschichtungen. Das verursacht Kosten und drückt so auf die Rendite. Setzt man den Schwellenwert zu hoch an, verpasst man dagegen womöglich gute Kaufgelegenheiten.

Der Clou liegt darin, gegen den Trend zu handeln: Hat es an der Börse gekracht, sind also die Aktien-ETF stark im Wert gefallen und haben ein geringeres Gewicht im Depot, dann kauft man Aktien-ETF nach und verkauft einen Teil der Zinsanlagen. Läuft es an der Börse besonders gut, geht man umgekehrt vor und verkauft Aktien-ETF zugunsten der Zinsanlagen. Das mag psychologisch nicht ganz einfach sein, ist aber für das Finanztest-Pantoffel-Portfolio ein Erfolgsrezept.

Zur Anpassung kommt es nur selten

Das obere Bild zeigt die historische Vermögensentwicklung eines ausgewogenen Pantoffel-Portfolios, in das 1992 einmalig 100 000 Euro investiert worden wären. Wenn die Aktienmärkte stark steigen oder fallen, ist es Zeit umzuschichten. Das ist in 30 Jahren nur siebenmal vorgekommen, erkennbar an den senkrechten Linien. Das Bild unten zeigt, wie sich das Depot über die Jahre zusammensetzte. Stand: 28. Februar 2022

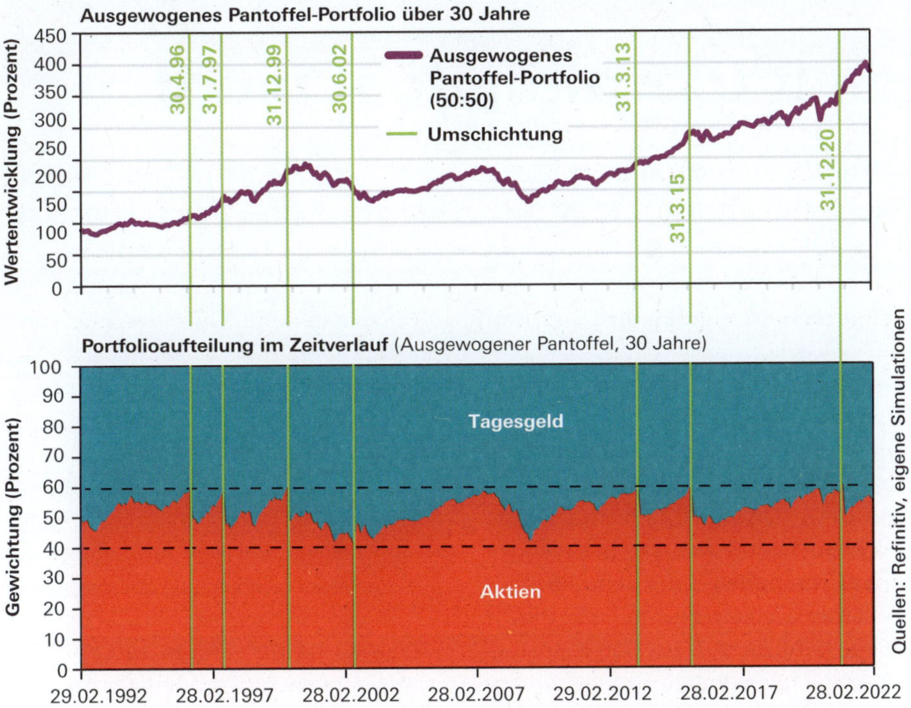

Doch wie bringen Sie das Depot wieder ins Gleichgewicht? Bei der Einmalanlage genügen zwei Aufträge: Man verkauft Teile der Depotkomponente mit Übergewicht und kauft die mit Untergewicht nach.

Bei laufenden Sparplänen kann man die regelmäßige Sparplanrate einfach umlenken, bis die gewünschte Depotaufteilung wieder erreicht ist. Ist zum Beispiel der Aktienanteil zu hoch, dann stoppen Sie für eine Weile die Sparplanrate für den Aktien-ETF und lenken zwischenzeitlich die gesamte Sparrate in den Zinsteil. Ist die gewünschte Aufteilung wieder erreicht, ändern Sie die Sparplanraten wieder ab. Das ist in aller Regel kostenlos möglich. Allerdings dauert es unter Umständen etliche Monate, bis die Gewichtung wieder stimmt.

Es wäre auch möglich, gar nichts zu machen. Buy-and-Hold ist das englische Fachwort für diese Strategie. Frei übersetzt bedeutet das: laufen lassen. Der Vorteil liegt auf der Hand: Das bereitet weder Mühe noch Kosten. Einen Nachteil hat diese Methode aber: Das Risiko im Depot kann irgendwann zu groß werden, wenn der Aktienanteil weiter steigt. Wir empfehlen das in diesem Zusammenhang daher nicht.

Wenn ETF aufgelöst werden

Es kommt zwar äußerst selten vor, doch ETF-Anbieter fusionieren, und manchmal werden ETF einfach aufgelöst. Das Risiko, dass das bei einem Ihrer ETF passiert, lässt sich aber senken.

Ärgerlich, wenn man plötzlich mitgeteilt bekommt, dass sich der ETF-Anbieter entschieden hat, den ETF aufzulösen, den man im Depot hat. Bei aktiv gemanagten Fonds war das bislang viel eher üblich, bei ETF eher weniger. Aber auch hier nehmen die Auflösungen zu. Sie sollten die Folgen kennen und richtig reagieren. Es handelt sich vor allem um ein praktisches Problem. Der nötige Anlagewechsel macht Mühe und verursacht Transaktionskosten. Ganz unabhängig von den Hintergründen gibt es für Anleger kein Entrinnen, wenn die Auflösung kommt. Denn die Fondsgesellschaft definiert bei Auflage des ETF auch die Kündigungsmöglichkeiten und -fristen.

Vorhersehbar sind diese Schritte nicht wirklich, insbesondere wenn Anbieter fusionieren oder sich die Steuergesetzgebung ändert. Dennoch gibt es Faktoren, die auf ein erhöhtes Auflösungsrisiko hindeuten. So ist ein ETF mit hohem Fondsvolumen eher vor Auflösung geschützt als einer mit geringem. Volumenstarke ETF werden nach einer Fusion oder Übernahme oft weitergeführt, da der Anbieter nicht riskieren will, die Anlagegelder an einen Konkurrenten zu verlieren. Um die Risiken einer Auflösung gering zu halten, hat Finanztest eine Hürde von 50 Millionen Euro als Mindestanlagevolumen in den Bewertungskriterien festgelegt. Das ist zwar keine Garantie, erhöht aber die Überlebenschancen eines ETF.

Gut zu wissen

Warum werden Fonds aufgelöst? Die Gründe dafür können ganz unterschiedlich sein und werden Anlegern normalerweise mitgeteilt. Steuerliche Gründe oder die Fusion von zwei ETF-Anbietern können ausschlaggebend sein. Sind es steuerliche Gründe, legt der Anbieter meist einen neuen vergleichbaren ETF auf und kann Bestandskunden ein Umtauschangebot machen. Es ist aber auch möglich, dass sich ein ETF für den Anbieter nicht mehr lohnt und dieser ihn einstellt, weil zu wenige Kunden investiert haben. Darauf deuten Floskeln wie „Optimierung des Produktangebots" hin.

Vor der Auflösung werden Anleger in der Regel schriftlich informiert und können über die Börse den ETF verkaufen und einen anderen erwerben. In diesem Fall kostet sie das jedoch die üblichen Handelsgebühren der Bank sowie Börsengebühren. Wartet man hingegen bis zum festgesetzten Kündigungstag, ist die Rückzahlung meist kostenfrei. Der ETF-Anbieter nimmt die Anteile zurück und überweist das Geld aufs Konto.

Ärgerlicher als der zeitliche Aufwand und die Ordergebühren können die Steuerfolgen sein. Denn mit der Kündigung eines ETF erhalten Anleger vorzeitig ihr Geld zurück, leider zu einem Zeitpunkt, den sie nicht bestimmen können, und der Fiskus fordert eventuell seinen Anteil (siehe dazu den folgenden Abschnitt). Werden mehrere ETF fusioniert, ist das steuerneutral, sofern die ETF im selben Land aufgelegt wurden.

ETF richtig versteuern

Gewinne versteuern, Verluste verrechnen – dieses Prinzip gilt selbstverständlich auch bei ETF und Fonds. Doch es greifen auch steuerliche Spezialregeln, die Sie kennen sollten.

Seit 2009 gelten in Deutschland bei der Versteuerung von Kapitalanlagen die Regeln der Abgeltungsteuer: Auf Zinsen, Dividenden und Kursgewinne mit Wertpapieren werden grundsätzlich pauschal 25 Prozent Abgeltungsteuer fällig – und nicht der persönliche Steuersatz in Höhe von bis zu 42 Prozent (beziehungsweise 45 Prozent – die sogenannte Reichensteuer). Die inländischen Banken zwacken die Abgeltungsteuer plus Solidaritätszuschlag und etwaige Kirchensteuer automatisch für ihre Kunden ab und leiten sie an das Finanzamt weiter. Die Steuerschuld auf Kapitalerträge ist damit grundsätzlich abgegolten, wie es der Name Abgeltungsteuer schon sagt. Eine Steuererklärung auf Kapitalerträge sollte seither eigentlich nicht mehr nötig sein.

Doch was simpel klingt, ist wie so oft in der Wirklichkeit komplizierter: ETF sind bekanntlich eine Spielart von Investmentfonds. Daher greifen für sie dieselben steuerlichen Vorschriften wie für alle Fonds. Zum Jahresbeginn 2018 wurden die Steuer-Spielregeln für Fonds grundsätzlich geändert, das Regime der Abgeltungsteuer gilt aber weiterhin. Im Folgenden erhalten ETF-Anleger das nötige steuerliche Rüstzeug (Stand: 2022). Wir gehen dabei davon aus, dass Sie Ihr Depot im Inland führen.

Die Grundregeln der Abgeltungsteuer für ETF-Anleger

Die Abgeltungsteuer ist eine Art Quellensteuer. Das bedeutet: Noch bevor Ihnen Erträge aus ETF zufließen, muss Ihre Depotbank mit Sitz in Deutschland daraus 25 Prozent für den Fiskus abzweigen. Lagern Ihre ETF-Anteile und sonstigen Wertpapiere dagegen bei einer Bank im Ausland, müssen Sie sich selbst um die korrekte Versteuerung Ihrer Kapitalerträge in Deutschland kümmern und sie in der Steuererklärung angeben. Hier erhalten Sie zunächst einmal einen kurzen Überblick über die wichtigsten Regeln für die Abgeltungsteuer allgemein, die auch für andere Wertpapieranlagen als ETF gelten. Diese sind:

- **Abgeltungssatz anstatt persönlicher Steuersatz.** Wie hoch Ihr individueller Steuersatz auf Ihr übriges Einkommen etwa als Selbstständiger oder Arbeitnehmer ausfällt, ist für die Besteuerung von Kapitalanlagen zunächst grundsätzlich nicht von Bedeutung. Es gilt der Abgeltungssatz von 25 Prozent.
- **Günstigerprüfung bei niedrigem Einkommen.** Als Weniger-Verdiener müssen Sie nicht befürchten, dass Sie auf Ihre Erträge aus Wertpapieren mehr Steuern zahlen als auf Ihr Arbeitseinkommen: Liegt Ihr persönlicher Steuersatz unter dem Abgeltungssatz von 25 Prozent, sollten Sie Ihre Kapitalerträge freiwillig über die jährliche Steuererklärung dem Finanzamt melden. Der Fiskus führt dann auf Antrag (Eintragung: „1“ in Zeile 4 der Anlage KAP für 2021) die Günstigerprüfung durch. Das bedeutet: Sie zahlen maximal den Abgeltungssatz auf Ihre Kapitalanlagen, eventuell auch weniger – eben nur denselben Satz, den Sie auch sonst zahlen.
- **Kirchensteuer und Soli-Zuschlag kommen obendrauf.** Mit den 25 Prozent Abgeltungsteuer ist es aber doch noch nicht ganz getan, denn der Solidaritätszuschlag in Höhe von 5,5 Prozent der Abgeltungsteuer und eventuell Kirchensteuer kommen hinzu. Die Banken führen auch die Kirchensteuerschuld automatisch ab. Sie können dem Datenaustausch widersprechen, haben aber steuerlichen Mehraufwand, da Sie sich dann selbst darum kümmern müssen.
- **Freistellungsauftrag erteilen.** Maximal über die Höhe des Sparerpauschbetrags von 801/1602 Euro (Ledige/Verheiratete – ab 2023 sind 1000 / 2000 geplant) dürfen Sie bei Ihrer Bank einen Freistellungsauftrag einreichen. Haben Sie mehrere Bankverbindungen, sollten Sie die Freistellungsaufträge sorgfältig aufteilen und unbedingt den Höchstbetrag einhalten. Der Fiskus wird sonst hellhörig. Liegt Ihrer Bank ein Freistellungsauftrag vor, zieht sie erst dann Abgeltungsteuer ab, wenn Sie mehr als den freigestellten Betrag an Erträgen aus ETF-Anteilen oder sonstigen Wertpapieren erzielt haben – vorher nicht.

- **Kein Einzelnachweis von Werbungskosten.** Werbungskosten wie etwa Depotführungsgebühren werden durch den Sparerpauschbetrag bereits abgedeckt und können nicht gesondert geltend gemacht werden. Der Abzug der tatsächlich entstandenen Werbungskosten ist ausgeschlossen. Nicht zu verwechseln damit sind die Aufwendungen für den Kauf oder Verkauf von Wertpapieren. Die Banken berücksichtigen diese Spesen bei der Ermittlung eines steuerpflichtigen Gewinns oder Verlusts. Sie mindern also einen steuerpflichtigen Gewinn.
- **Altfallregelung für Aktien, Fonds & Co.** Mit Start der Abgeltungsteuer wurde eine Altfallregelung für realisierte Kursgewinne aus Aktien, Anleihen, Fonds & Co. eingeführt, die schon 2008 oder noch früher angeschafft worden waren. Bis Ende 2017 waren sie komplett steuerfrei. Zinsen oder Dividenden, die Sie auf diese Papiere bekommen, unterliegen dagegen jährlich der Abgeltungsteuer. Doch aufgepasst: Bei Fonds und damit auch bei ETF ist die komplette Steuerfreiheit für Kursgewinne aus Altanlagen Anfang 2018 entfallen – wer nicht Fonds, sondern Einzelaktien oder Anleihen im Depot hat, ist davon nicht betroffen. Details siehe „Privileg für Altanleger weggefallen", S. 125.
- **Verrechnung von Verlusten.** Verluste aus Wertpapieren, die seit 2009 angeschafft wurden, verrechnet Ihre Depotbank mit Sitz im Inland laufend automatisch mit positiven Erträgen. Verluste aus dem Verkauf von ETF-Anteilen können grundsätzlich mit Kursgewinnen, aber auch Dividendenerlösen, Zinserträgen & Co. verrechnet werden.

Gut zu wissen

Nichtveranlagungsbescheinigung spart Geld. Sind Sie Geringverdiener, haben aber etwa wegen einer Erbschaft höhere Kapitaleinkünfte oberhalb des Sparerpauschbetrags? Dann können Sie beim Finanzamt eine Nichtveranlagungsbescheinigung (NV-Bescheinigung) beantragen. Sie müssen darlegen, dass Sie mit Ihren gesamten Einkünften im Jahr unter dem Grundfreibetrag von 9 984 Euro plus Sonderausgaben-Pauschbetrag (36 Euro) und Sparerpauschbetrag (801 Euro) liegen – in Summe 10 821 Euro für den Veranlagungszeitraum 2022 (Verheiratete das Doppelte). In der Praxis ist die Bescheinigung vor allem für Rentner, Studenten und Eltern relevant, die für ihre Kinder Geld zurückgelegt haben. Die NV-Bescheinigung wird für maximal drei Jahre erteilt und kann dann erneut beantragt werden.

Bei Miesen mit Aktien ist die Verrechnungsmöglichkeit eingeschränkt. Der Bundesfinanzhof hält das für verfassungswidrig (Az.: 8 R 11/18), das Bundesverfassungsgericht hat das letzte Wort.

Spezialregelungen für ETF

Für Besitzer von Fonds- und ETF-Anteilen gelten seit 2018 zusätzlich zur Abgeltungsteuer neue Steuerregeln, die Sie kennen sollten. Vor allem Anleger mit thesaurierenden Auslands-ETF im Depot haben es seither deutlich leichter, dennoch sollte man aufpassen. Das System der Fonds-Besteuerung wurde insgesamt erheblich geändert: Bisher waren in Deutschland Erträge auf der Fondsebene selbst komplett steuerfrei. Fonds- und ETF-Anleger wurden im Wesentlichen genauso wie Direktanleger behandelt. Es galt das Prinzip: Nur der Anleger wird besteuert, nicht aber der Fonds. Seit dem Steuerjahr 2018 ist das anders.

Für in Deutschland aufgelegte Fonds und ETF müssen die Fondsgesellschaften 15 Prozent Körperschaftsteuer abführen. Bei Erträgen aus deutschen Immobilien sind es 15,83 Prozent. Veräußerungsgewinne von Wertpapieren bleiben auf Fondsebene weiterhin steuerfrei und unterliegen erst beim Anleger grundsätzlich der Steuer. Wegen des Steuerabzugs auf Dividenden, Mieterträge und Co. geben die Fonds weniger Erträge an ihre Anleger weiter – bei ihnen kommt von den Erträgen eines ETF also weniger an als früher.

Teilfreistellungen je nach ETF-Typ

Aber dafür erhalten Anleger eine Kompensation. Zum Ausgleich für die steuerliche Vorbelastung auf der Fondsebene stellt der Fiskus Ausschüttungen aus den Fonds und Verkaufsgewinne bei Privatanlegern teilweise frei. Das heißt, Sie zahlen für die Ausschüttungen des Fonds und Gewinne aus dem Verkauf von Fondsanteilen teilweise keine Abgeltungsteuer. Übrigens: Erträge aus reinen Rentenfonds, die nur Zinserträge erzielen, sind wie bisher voll zu versteuern.

Ihre inländische Depotbank berücksichtigt die Teilfreistellungen, bevor sie Abgeltungsteuer für Sie abführt. Das System der Teilfreistellung ersetzt die in der Vergangenheit komplizierte Anrechnung ausländischer Quellensteuern – als Investmentsparer hat man damit nun nichts mehr zu tun.

Die Höhe des steuerfreien Anteils richtet sich nach der Art des ETF:

- **Bei Aktienfonds und -ETF** mit mindestens 51 Prozent Aktienanteil betragen die Teilfreistellungen für Privatanleger 30 Prozent.
- **Für Mischfonds und -ETF** mit einem Aktienanteil von mindestens 25 Prozent sind Teilfreistellungen von 15 Prozent vorgesehen,
- **für Mischfonds** mit geringerem Aktienanteil dagegen keine.
- **Bei Immobilienfonds und -ETF** sind 60 Prozent freigestellt,
- **bei Immobilienfonds** mit Auslandsschwerpunkt sogar 80 Prozent.

Neue Besteuerung von Fonds und ETF im Überblick

Fonds führen auf inländische Erträge 15 Prozent Körperschaftsteuer ab, bei Immo-Erträgen zuzüglich Solidaritätszuschlag. Anleger erhalten dafür zum Ausgleich teilweise Freistellungen von der Abgeltungsteuer eingeräumt. Deren Höhe richtet sich nach dem Fondstyp.

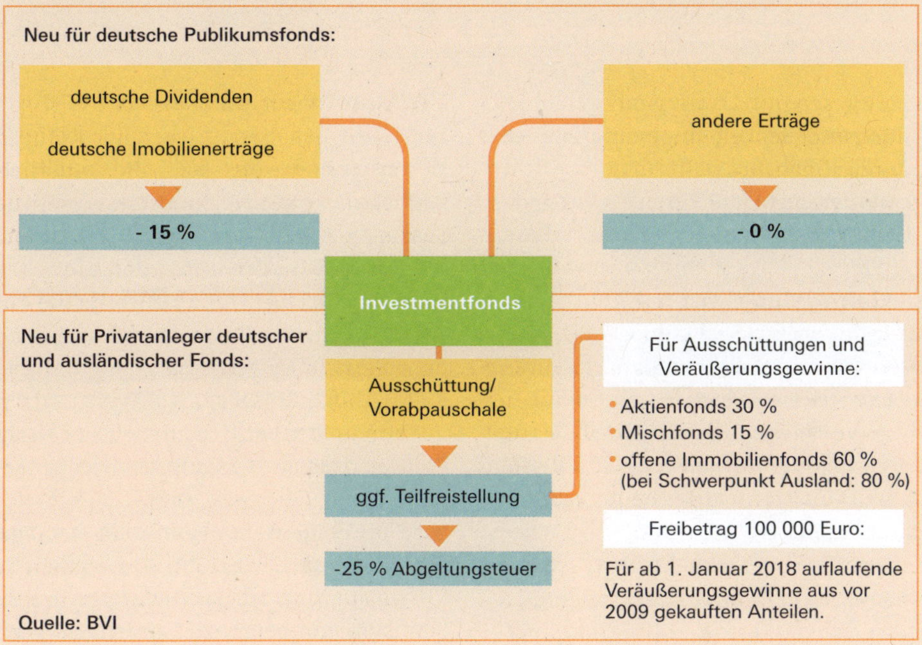

Vorabpauschale macht es leichter

Deutlich leichter haben es seit der Reform Anleger mit thesaurierenden Auslands-ETF im Depot – diese sind nun grundsätzlich steuerlich genauso zu handhaben wie inländische Fonds. Inländische Depotbanken kümmern sich in beiden Fällen komplett um die Versteuerung der laufenden Erträge. Verwahren Sie Ihre Fondsanteile bei einer Bank im Ausland? Dann müssen Sie wie bisher Ihre Erträge und Gewinne auf eigene Faust in der Steuererklärung angeben.

Bei sämtlichen Varianten von thesaurierenden ETF – egal, ob aus dem In- oder Ausland und unabhängig von der Replikationsmethode – wird ebenso wie bei teilausschüttenden Fonds anteilig jährlich eine Vorabpauschale als fiktiver Ertrag automatisch von den Banken errechnet. Auf diese Pauschale wird dann die 25-prozentige Abgeltungsteuer einbehalten. Hierbei wird noch die Teilfreistellung berücksichtigt, die je nach ETF-Typ anfällt. Die Vorabpauschale gilt als zentraler Teil der Reform.

Positiv für Sie als Privatanleger mit Inlandsdepot: Da Sie Abgeltungsteuer auf die Vorabpauschale abgezogen bekommen, müssen Sie seit dem Veranlagungszeitraum 2018 nicht mehr jährlich die Erträge von thesaurierenden ETF in der Steuererklärung aufführen. Auch bei einem späteren Anteilsverkauf übernimmt die Depotbank dann die nötige Gegenrechnung mit den bereits versteuerten Vorabpauschalen, um eine Doppelbesteuerung zu vermeiden. Für Anleger ist das eine klare Vereinfachung.

Haben Sie einen ausländischen thesaurierenden ETF aber schon länger im Depot und verkaufen ihn? Dann sollten Sie dem Finanzamt nachweisen können, dass Sie für die Zeit bis Ende 2017 brav jährlich Ihre Erträge angegeben haben. Es empfiehlt sich daher, die Belege dafür so lange aufzubewahren, bis der Verkauf der Anteile final mit dem Finanzamt abgerechnet wurde.

→ Vorsicht bei Bescheinigungen

Da die Vorabpauschale eines Jahres Anlegern immer erst zu Beginn des Folgejahres zugerechnet und besteuert wird, taucht sie immer erst in der Steuerbescheinigung des Folgejahres auf. Für 2021 und 2022 beträgt die Pauschale übrigens null Euro.

Die Vorabpauschale wurde eingeführt, damit der Fiskus auf jeden Fall auch bei thesaurierenden Auslands-ETF jährlich Steuern kassieren kann. Doch weder für 2021 noch für 2022 ging diese Rechnung für den Fiskus auf. Grund dafür ist das Nullzinsniveau. Die Berechnung der Pauschale ist im Detail kompliziert, ihre Höhe bestimmt sich jährlich neu. Da Sie als Anleger die Arbeit abgenommen bekommen, brauchen Sie sich damit nicht zu beschäftigen und können den folgenden Abschnitt auch überspringen.

Die Details für Interessierte

Die Höhe der Vorabpauschale bestimmt sich nach dem Wert des Fondsanteils am Jahresanfang multipliziert mit 70 Prozent des amtlich veröffentlichten Basiszinssatzes. Diesen Basiszins ermittelt die Deutsche Bundesbank jährlich neu (minus 0,05 Prozent beträgt er für das Jahr 2022 – wegen des negativen Zinses wird die Vorabpauschale für 2022 nicht erhoben).

Die Vorabpauschale gilt mit Ablauf des Kalenderjahres als zugeflossen. Im Jahr, in dem der Fondsanteil angeschafft wurde, wird die Pauschale zeitanteilig ermittelt. Der Höhe nach wird die steuerpflichtige Vorabpauschale auf die Wertsteigerung des Fonds im Jahr begrenzt. Tatsächlich geleistete Ausschüttungen des Fonds (das kann bei ETF vorkommen, die Teile ihrer Erträge ausschütten, andere Teile dagegen thesaurieren) mindern die Vorabpauschale gegebenenfalls bis auf null Euro.

Danach gilt folgende Formel für ihre Ermittlung: Rücknahmepreis des Fondsanteils zum Jahresanfang x 70 Prozent des Basiszinssatzes laut Bundesbank = Basisertrag, abzüglich etwaiger Ausschüttungen = Vorabpauschale.

Verlierer der Reform

Den Schwarzen Peter haben diejenigen, die mit ihren Kapitalerträgen unterhalb des Sparerpauschbetrags liegen und deshalb eigentlich gar keine Abgeltungsteuer zahlen müssen. Bei ihnen laufen die Freistellungen nämlich ins Leere – sie erhalten auf Fondsebene steuerlich vorbelastete Erträge ausgeschüttet, profitieren aber nicht von den Teilfreistellungen. Auch wer aufgrund einer Nichtveranlagungsbescheinigung gar keine Steuern abführen muss, steht jetzt schlechter da.

Privileg für Altanleger weggefallen

Wer seine ETF-Anteile noch vor 2009, also vor dem Start der Abgeltungsteuer erworben hatte, profitierte viele Jahre von dem Privileg, diese sogenannten Altanteile steuerfrei verkaufen zu dürfen, sofern sie mindestens ein Jahr im Depot lagen.

Dieses Privileg wurde zum 31. Dezember 2017 abgeschafft, gewinnbringende Verkäufe bleiben seither nicht mehr unbegrenzt steuerfrei. Zu diesem Stichtag mussten die Depotbanken ermitteln, wie hoch die aufgelaufenen Buchgewinne auf Fonds- und ETF-Anteile waren, und diese Werte speichern. Sie dienen als Basis, von der aus künftige steuerpflichtige Kursgewinne berechnet werden.

Ab Januar 2018 begann die Uhr neu zu laufen: Verkauft man diese Fonds- oder ETF-Altanteile, dann sind Wertsteigerungen auf den Zeitraum ab Anfang 2018 nicht mehr unbegrenzt, sondern pro Anleger nur noch bis zum einem Gesamtwert von 100 000 Euro steuerfrei. Über diesen Freibetrag hinausgehende Gewinne aus Altanteilen unterliegen künftig der Abgeltungsteuer. Die Regelung zu den Altanteilen betrifft übrigens auch alle, die alte Anteile geschenkt bekommen oder erben.

Wichtig: Die Depotbank behält beim Verkauf unter Umständen Abgeltungsteuer ein, denn sie darf diesen gesonderten Freibetrag nicht berücksichtigen. Das darf nur das Finanzamt. Es gewährt den Freibetrag, wenn der Verkauf in der Steuererklärung mitgeteilt wird, und erstattet den zu viel gezahlten Betrag. Auch Verluste, die mit Altanteilen ab 2018 entstanden sind und bei Verkauf realisiert werden, finden Berücksichtigung: Anleger können sie wie üblich mit anderen positiven Kapitalerträgen verrechnen lassen.

Fifo-Verfahren bei Sparplänen

Sie haben sich mit ETF-Anteilen über die Jahre eines nettes Sümmchen angespart und möchten jetzt schrittweise Kasse machen? Diejenigen, die schon sehr lange in Fonds oder ETF sparen, haben also womöglich sogar noch Anteile im Depot, die sie schon vor dem Start der Abgeltungsteuer Anfang 2009 erworben haben. Steuerlich wertet das Finanzamt jede einzelne Sparrate als eigenen Anschaffungsvorgang.

Beim Verkauf gilt das Fifo-Prinzip, also first in, first out: Die ETF-Anteile gelten als zuerst verkauft, die Sie als Erstes angeschafft haben. Lösen Sie einen Sparplan teilweise auf und verkaufen Anteile, dann gelten die als Erstes gekauften Anteile als zuerst verkauft. Sie haben hier keine Wahlmöglichkeit.

ETF für Fortgeschrittene

Sie besitzen schon Wertpapiere und suchen gezielt nach interessanten Ergänzungen? Hier sind Sie richtig. Ganz egal, ob einfach oder komplex – ETF gibt es für fast jede Anlageidee.

Wenn Sie nicht ganz tief ins Thema ETF einsteigen wollen und an dieser Stelle sagen, ein Pantoffel-Portfolio ist ideal für mich, können Sie dieses Kapitel getrost überblättern. Wenn Sie aber etwas anderes suchen, einfach mal stöbern oder mehr über die diversen Möglichkeiten mit ETF erfahren wollen, lesen Sie weiter und wägen ab. Einerseits ist das Pantoffel-Portfolio ein solides Modell – einfach, praktisch, preiswert und leistungsstark. Die Strategie ist simpel, das Investment folgt dem Index, und die Mischung ist vorgegeben. Andererseits wünscht sich manch erfahrener Anleger mehr Flexibilität. Wer schon ein gut bestücktes Depot hat und Bausteine ergänzen oder andere Strategien verfolgen will – sprich, wer bereit ist, etwas Zeit zu investieren –, ist hier richtig. Denn die ETF-Anbieter haben viel Neues entwickelt. Den Vorstellungen sind kaum Grenzen gesetzt.

Wichtig bleiben zwei Punkte: Kaufen Sie nur, was Sie verstehen, und streuen Sie das Risiko! Behalten Sie dabei stets Ihre gesamte Vermögensanlage im Auge. Denn mit Spezial-ETF können Anleger ähnliche Fehler machen wie Aktionäre und damit viel Rendite verschenken (siehe „Schluss mit falscher Geldanlage“, S. 33). Achten Sie auch immer auf die Balance des Depots. Enthält es vor allem breit streuende ETF, können Sie beim Rest etwas mehr riskieren.

Geografisch: Länder und Regionen

Hier ist Musik drin: Länder- und Regionen-ETF sind interessant, wenn die konjunkturellen Aussichten stimmen. Das Risiko: Sie unterliegen oft starken Schwankungen.

Kein Index ist so perfekt, dass er den Anforderungen aller Investoren gerecht wird. Selbst der renommierte MSCI World hat eine Schwäche, die manchem nicht gefällt: Den Ländermix bestimmt allein der Börsenwert. Daher sind die USA als Börsennation Nummer eins im Weltindex ein Schwergewicht. Amerika hat eine sehr lange Börsentradition und eine ausgeprägte Aktienkultur. Das ist in Deutschland anders. Hier gibt es immer noch jede Menge mittelständische Familienbetriebe, während die Zahl der Aktiengesellschaften überschaubar ist. Ihr gesammelter Börsenwert ist deshalb kein guter Indikator für die Wirtschaftskraft unseres Landes. In den Vereinigten Staaten hingegen sitzen nicht nur die meisten klassischen Aktiengesellschaften von Weltrang, sondern auch die schnell emporgekommenen Platzhirsche aus der Internetbranche: Konzerne wie Apple, Microsoft, Amazon und Alphabet (ehemals Google) haben ihren Börsenwert in den vergangenen Jahren vervielfacht und gehören nun zu den Top 10 im Weltindex. Denn für die Gewichtung zählt der Börsenwert.

Börsenwert versus BIP

Der übliche Maßstab für die Bedeutung einer Volkswirtschaft ist das Bruttoinlandsprodukt (BIP). Vereinfacht ausgedrückt ist es die Summe aller Güter und Dienstleistungen, die eine Volkswirtschaft innerhalb eines Jahres erzeugt.

Börsenwert und Wirtschaftskraft klaffen bei einigen Ländern sehr stark auseinander.

Doch Börsenwert und Wirtschaftskraft klaffen bei einigen Ländern sehr stark auseinander (siehe Grafik „Große Kluft“, rechts). Die Vereinigten Staaten sind zwar auch beim BIP Spitze, aber der Anteil ihres Bruttoinlandsprodukts an dem der gesamten Weltwirtschaft ist um einiges geringer als ihre Marktkapitalisierung in den globalen Aktienindizes. In Zahlen ausgedrückt heißt das: Dem US-amerikanischen BIP-Anteil von knapp 27 Prozent (2020) am Welt-

Gut zu wissen

Länder- und Regionen-ETF im Portfolio. Mehrere Länder- und Regionen-ETF können die Basis für ein Depot bilden, sie sollten dann aber gut gemischt werden. Der Depotanteil an Aktien-ETF hängt von der persönlichen Risikobereitschaft ab, risikofreudige Naturen mischen tendenziell mehr Wachstumsmärkte bei als vorsichtige Anleger.

Chance/Risiko. Ist die Mischung ausgewogen, sind es auch die Chancen und Risiken.

Aktivitätsfaktor. Mittel. Die Zusammensetzung des Basisportfolios sollte auf zehn Jahre ausgerichtet sein und jährlich überprüft werden. Die Länder- und Regionenaufteilung sollte langfristig konstant bleiben.

BIP steht eine gut 60-prozentige Partizipation am MSCI All Country World gegenüber.

Umgekehrt sieht es bei China aus. Sein Anteil am summierten BIP der Industrie- und Schwellenländer ist mit knapp 19 Prozent viel höher als die bescheidenen 3,7 Prozent, die ihm zurzeit im MSCI All Country World zustehen. Auch Deutschland, Italien und Indien hätten eine klar höhere Indexgewichtung, wenn statt des Börsenwertes das Bruttoinlandsprodukt der Maßstab wäre.

Große Kluft zwischen Börsengewicht und Wirtschaftsleistung

Das Börsengewicht der USA ist, gemessen an ihrer Ökonomie, viel zu groß. Bei China ist es umgekehrt.

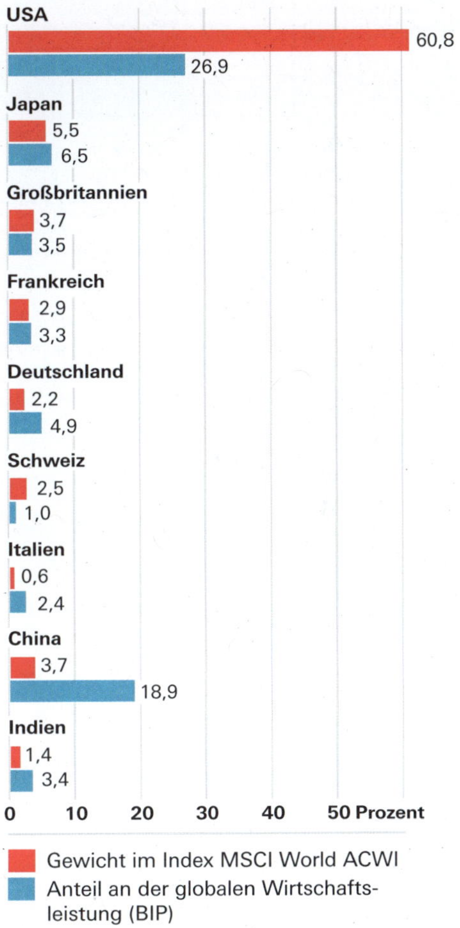

Quellen: Weltbank, Refinitiv
Stand: Gewichte im MSCI Index 31.1. 2022, BIP-Zahlen 2020

Das globale Wirtschaftskraftdepot mit Schwellenländern

Mit einem Mix aus vier ETF lässt sich das Missverhältnis zwischen Börsenwert und Wirtschaftskraft weitgehend beheben. Das Vierer-Depot kommt den Proportionen für die Wirtschaftskraft recht nahe. Frankreich ist etwas zu stark, Japan zu schwach gewichtet.

Indizes im Vierer-Portfolio
50 % MSCI All Country World (ACWI)
30 % MSCI Emerging Markets (EM)
14 % MSCI EMU
6 % MSCI China

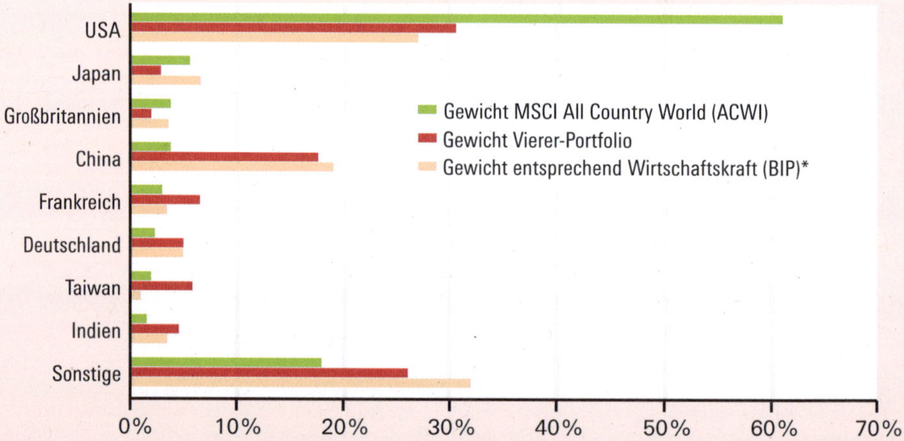

* Wirtschaftskraft anteilig bezogen auf alle Länder, die auch im MSCI All Country World (ACWI) enthalten sind.
Quellen: Weltbank, Statisitkbehörde Taiwan, Refinitiv Stand: Gewichte im MSCI Index 31.1.2022, BIP-Zahlen 2020

Für Anleger, die sich mit diesem Ungleichgewicht nicht abfinden wollen, hat Finanztest zwei einfach umsetzbare Depotvorschläge entwickelt (siehe Diagramme „Das globale Wirtschaftskraftdepot"). Sie können damit ihr ETF-Depot an der Wirtschaftskraft der Länder ausrichten. Der Charme der beiden Vorschläge liegt darin, dass sie ohne Radikalumbau auskommen. Sie können vielmehr vorhandene Fonds auf den MSCI World oder MSCI ACWI als Ausgangsbasis nehmen und ergänzen.

Portfolio nach Wirtschaftskraft

Die BIP-Depots sind bewusst möglichst simpel gehalten und nach der Methode Pi mal Daumen konstruiert. Die Länderproportionen in den Depots geben die Wirtschaftskraft sogar recht gut wieder. Mit kleineren Abweichungen, zum Beispiel einem Übergewicht von Frankreich oder einem Untergewicht von Japan (nur im Vierer-Portfolio), können die meisten Anlegerinnen und Anleger gut leben. Dagegen würde die exakte Nachbildung der Länderproportionen entsprechend dem BIP einen ungleich höheren Aufwand erfordern. Geeignete ETF auf die globalen Indizes MSCI World und MSCI All Country World – auch in nachhaltigen Varianten – finden Sie in der Tabelle „Diese ETF sind empfehlenswert" ab S. 166. Ebenso finden Sie dort ETF auf den MSCI Emerging Markets Index, den japanischen, den chinesischen Aktienmarkt sowie auf den MSCI EMU, der sich auf Aktien der Euroländer beschränkt. EMU steht für Economic and Mo-

Das globale Wirtschaftskraftdepot ohne Schwellenländer

Ein Depot mit drei ETF bildet die Wirtschaftskraft der Industrieländer deutlich besser ab als ein ETF auf den MSCI World allein. In dem Dreier-Portfolio sind die USA und Frankreich im Vergleich zur Wirtschaftsleistung etwas stärker gewichtet. Großbritannien ist dagegen mit einem geringeren Anteil vertreten.

Indizes im Dreier-Portfolio
70 % MSCI World
24 % MSCI EMU
6 % MSCI Japan

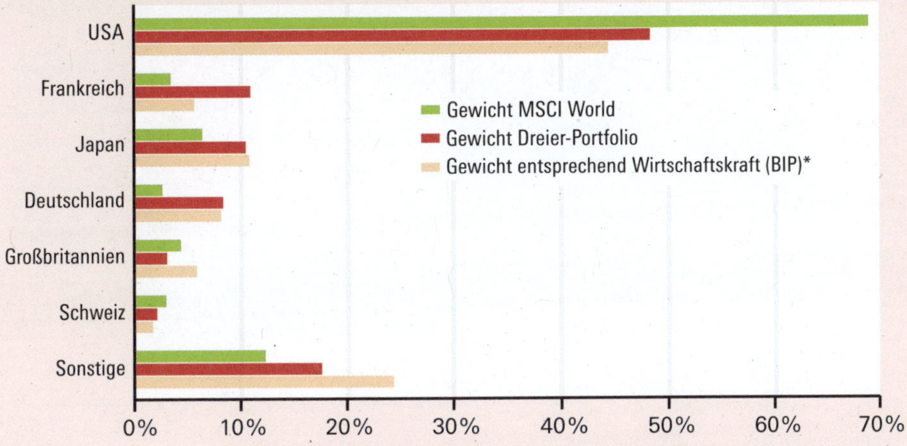

* Wirtschaftskraft anteilig bezogen auf alle Länder, die auch im MSCI All Country World (ACWI) enthalten sind.
Quellen: Weltbank, Statisitkbehörde Taiwan, Refinitiv Stand: Gewichte im MSCI Index 31.1.2022, BIP-Zahlen 2020

netary Union, sprich die europäische Währungsunion. Daher sind, anders als im MSCI Europe, Großbritannien und die Schweiz beispielsweise nicht enthalten.

Über eines sollten sich Anleger, die von den Weltaktienindizes abweichen, im Klaren sein: Es gibt keine Garantie dafür, dass ihr Depot besser abschneidet als der Index, von dem sie sich entfernen. Das gilt auch für die Idee der Ländergewichtung nach BIP. Niemand kann vorhersagen, ob sich etwa der Börsenwert Chinas langfristig dem der USA annähern wird. Ebenso wenig ist absehbar, welchen Einfluss politische Entscheidungen auf die Aktienmärkte haben. China regulierte zuletzt vor allem Technologiefirmen strikter als in der Vergangenheit. Das erhöht die Unsicherheit für Investoren.

Blick auf das Jahr 2060

Wenn Sie den Fokus weniger auf das aktuelle Wirtschaftswachstum und weiter in die Zukunft richten wollen, lohnt sich ein anderer Ansatz. Die Organisation für wirtschaftliche Zusammenarbeit und Entwicklung, kurz OECD, hat in einer Langfristprognose errechnet, dass Schwellenländer im Jahr 2060 ein deutlich höheres volkswirtschaftliches Gewicht haben werden als bislang (siehe Grafik „Die Welt im Jahr 2060“, S. 132).

Erwartete Veränderungen wie diese können Investoren frühzeitig berücksichtigen und ihrem Depot einen ETF auf die Schwellenländer beimischen. Von 2000 bis 2019 stieg der Anteil der Emerging Markets am globalen Welthandel von 32 auf 46 Prozent. Und die OECD prognostiziert, dass sich die

Die Welt im Jahr 2060 – eine Prognose

Die Organisation für wirtschaftliche Zusammenarbeit und Entwicklung (OECD) sieht die Schwellenländer stark nach vorn drängen. Sie dürften im Jahr 2060 unter den Top-Ten-Ländern mit der stärksten Wirtschaftsleistung das größte Gewicht haben (nach dem BIP, gewichtet nach Kaufkraftparität).

2018		2060
China	1	China
USA	2	Indien
Indien	3	USA
Japan	4	Indonesien
Deutschland	5	Brasilien
Russland	6	Russland
Brasilien	7	Mexiko
Indonesien	8	Japan
Großbritannien	9	Deutschland
Frankreich	10	Großbritannien

■ G7-Staaten ■ Schwellenländer

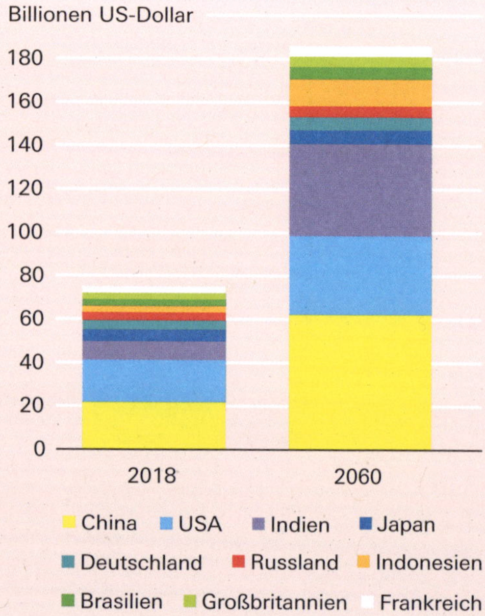

Quelle: OECD „Die Welt im Jahr 2060", OECD longterm baseline projections, 2018

Gewichte weiter in Richtung Emerging Markets verschieben. Im Jahr 2060 sollen laut deren Berechnungen China und Indien die USA auf Rang drei der Volkswirtschaften mit der höchsten Wirtschaftsleistung verweisen. Im MSCI All Country World Index sind die aufstrebenden Länder jedoch nur mit rund 12 Prozent vertreten.

Das im Vergleich zu den Industrieländern stürmische Wachstum macht Schwellenländer für Investoren interessant. Ein geeigneter Index ist der MSCI Emerging Markets, der die Risiken breit streut. Er enthält mehr als 1400 Aktien aus 25 Ländern. Fast alle namhaften Anbieter offerieren ETF auf den Index.

Asien dominiert heute den Index

Beim MSCI Emerging Markets liegt das Schwergewicht heute ganz eindeutig in Fernost: China liefert den mit Abstand größten Beitrag, es folgen Taiwan und Indien (siehe Grafik rechts „Die Ländergewichtung im Index MSCI Emerging Markets"). Chinas Anteil am MSCI Emerging Markets wächst zudem deutlich. Anfang 2016 betrug der Anteil chinesischer Aktien im Index noch knapp 25 Prozent, Anfang 2022 waren es 32 Prozent. Die lateinamerikanischen Schwellenländer spielen dagegen lediglich eine Nebenrolle, der afrikanische Kontinent ist kaum vertreten, und europäische Börsenplätze wie Warschau, Budapest

Die Ländergewichtung im Index MSCI Emerging Markets

Der asiatische Raum dominiert den MSCI Emerging Markets. Lateinamerika spielt nur eine Nebenrolle. Europäische Börsen wie Warschau, Budapest oder Prag finden sich unter „Sonstige" wieder.

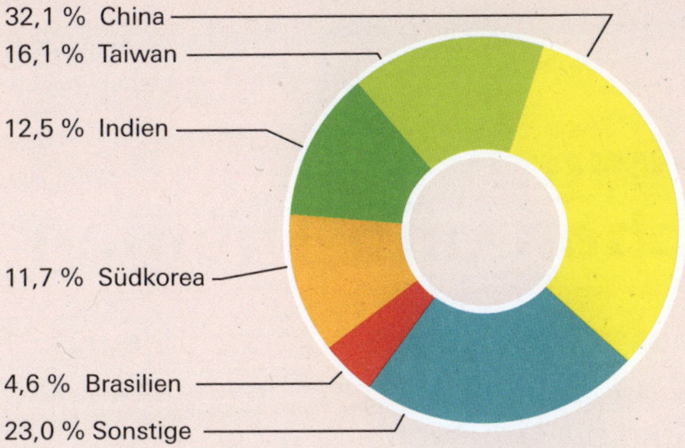

Quelle: MSCI Stand: 31.1.2022

oder Prag sind bloß eine Randnotiz. Russland wurde wegen des Ukrainekonflikts im März 2022 aus dem Index verbannt.

Wer es exotischer liebt, kann einen ETF auf den S&P Select Frontier Index (Isin LU 032 847 641 0) in Betracht ziehen. Damit setzen Wagemutige auf potenzielle Emporkömmlinge unterhalb der Emerging Markets. Der ETF besteht aus lediglich 40 Aktien aus 16 Ländern wie Pakistan, Vietnam und Kasachstan. Dabei ist zu bedenken, dass für ETF auf exotische Märkte höhere Gebühren anfallen als bei einem ETF auf einen marktbreiten Index. Zu den bereits hohen Pauschalgebühren von 0,95 Prozent kommen bei dem Papier nämlich auch noch Swapkosten hinzu. Zuletzt lagen die laufenden Gesamtkosten bei knapp 3,3 Prozent.

Angesichts der ökonomischen – häufig auch politischen – Unwägbarkeiten sind Anlagen in Frontier Markets besonders spekulativ. Wie exotisch die Anlage ist, zeigt die von Finanztest ermittelte Entfernung zum Referenzindex MSCI Emerging Markets: Die sogenannte Marktnähe betrug niedrige 53 Prozent. Da sich aber politische und wirtschaftliche Rahmenbedingungen schnell ändern können, sollten Sie Länder- und Regionenfonds – vor allem die exotischeren Varianten – stärker im Visier behalten.

Generell ist zu bedenken, dass eine stärkere Wirtschaftskraft keine Garantie für steigende Aktienkurse ist. Zudem gibt es derzeit viele Unwägbarkeiten, so sind die langfristigen wirtschaftlichen Folgen von Covid 19 oder dem Einmarsch Russlands in der Ukraine nicht absehbar. Grundsätzlich gilt: Der Anteil der Schwellenländer im Gesamtportfolio sollte 30 Prozent nicht übersteigen.

Werden Länder- oder Regionen-Aktien-ETF nur kurzfristig eingesetzt, kann eine Währungssicherung sinnvoll sein. Für Langfristanleger lohnt sie hingegen nicht (siehe auch „Was ist mit dem Währungsrisiko?", S. 54). Ein Währungsrisiko geht im Übrigen auch ein, wer den MSCI Europa – und das ist auch beim Konkurrenzindex Stoxx Europe 600 der Fall – wählt, da mit Großbritannien und der Schweiz auch Nicht-Euro-Länder vertreten sind.

Angesagt: Branchen und Themen

Neben Ländern oder Regionen können Sie mit ETF auch gezielt in Branchen oder Themen investieren. Die Angebote sind vielfältig, die Unterschiede groß.

Branchen- und Themen-ETF ähneln der Mode – der eine bevorzugt bei der Kleiderwahl zeitlose Klassiker, während der andere sich an aktuellen Trends orientiert oder der Dritte beide geschickt miteinander kombiniert. Auch mit ETF kann jeder seinen persönlichen Stil verwirklichen. Wichtig ist aber, dass Sie auf die äußeren Einflüsse achten und bei einem Wetterumschwung die kurzen Hosen gegen lange eintauschen. Anders ausgedrückt: Ändert sich das Umfeld, weil zum Beispiel eine neue Technologie die alte ablöst oder sich die konjunkturelle Entwicklung verschlechtert, muss die Depotzusammensetzung überprüft werden. Wer auf Themen- und Branchen-ETF setzt, sollte die aktuellen Entwicklungen intensiv verfolgen und muss bereit sein, schneller und häufiger zu reagieren als mit einem konservativen, global ausgerichteten Indexportfolio.

Megatrends fürs Portfolio

Themen- und Branchen-ETF sind eine mögliche Ergänzung zu einem bestehenden Portfolio, um individuelle Akzente zu setzen. Megatrends wie die Überalterung der Gesellschaft, Klimawandel, Blockchain, eSports, Künstliche Intelligenz, Digitalisierung oder Automatisierung sind spannende Themen. Mit ETF auf Gesundheitsaktien, Wasser- oder Internettechnologie, et cetera lassen sich die Bereiche gut ins Depot hieven – und das zu überschaubaren Kosten. Die sind zwar etwas höher als bei ETF auf die großen, etablierten Aktienindizes, aber immer noch weit unter denen von aktiv gemanagten Fonds. Wer den richtigen Riecher hat und frühzeitig in die großen Trendthemen einsteigt (aber auch rechtzeitig wieder aussteigt), hat Chancen auf überdurchschnittliche Gewinne. Trotz allem sollten aber die Gesamtkombination stimmig und das Depot breit aufgestellt sein. Im Klartext: keinesfalls nur auf eine Branche setzen!

Die Angebote am ETF-Markt sind äußerst unterschiedlich, doch der letzte Schrei ist nicht immer verfügbar. Denn die „Herstellung" eines ETF kostet Zeit und Geld, weshalb die Anbieter sie nur auf den Markt bringen, wenn sie die Chance sehen, dass sie sich langfristig halten und nicht nur eine Saison angesagt sind. Kann ein ETF nicht ge-

Gut zu wissen

Branchen- und Themen-ETF im Portfolio. Sie sind sehr praktisch, um eigene Ideen umzusetzen. Anstatt die Zahlen vieler Unternehmen zu analysieren und den attraktivsten Einzelwert auszuwählen, packt man die ganze Branche ins Depot und verteilt so das Risiko auf mehrere Titel.
Chance/Risiko. Im Gegensatz zum Erwerb einer Einzelaktie ist das Risiko verteilt und damit geringer. Dafür sind die Chancen nicht ganz so hoch. Gute Nerven sind gefragt, denn Branchenindizes schwanken stärker als marktbreite Börsenbarometer.
Aktivitätsfaktor. Mittel. Das Timing, der Zeitpunkt des Ein- und Ausstiegs, ist ein wichtiger Erfolgsfaktor. Daher gilt es, das Investment kontinuierlich zu beobachten und Anlageentscheidungen immer kritisch zu überprüfen – denn nur wenige Profis oder Privatanleger erzielen so einen Mehrwert.

nügend Geld einsammeln, wird er möglicherweise wieder vom Markt genommen, da sich das Angebot dann nicht rechnet (siehe „Wenn ETF aufgelöst werden“, S. 118).

ETF auf große und zukunftsträchtige Themen sind üblicherweise im Angebot, wenn Indizes dafür vorhanden sind, die mit liquide handelbaren Aktien bestückt sind. Aber selbst wenn das der Fall ist, sind Branchen- oder Themen-ETF etwas teurer in den Gebühren als ein ETF auf einen großen Standardindex wie den MSCI World. Aussichtsreiche Themen locken die Investoren an, die ETF sammeln dann oft Millionen- oder gar Milliardenbeträge ein.

Spannende Branchen locken

Mehr als 1,2 Milliarden Euro verwaltet zum Beispiel ein World Water ETF, der sich ausschließlich auf das Trendthema Wasser konzentriert und bereits 2007 von der Société-Générale-Tochter Lyxor aufgelegt wurde (Isin FR0010527275). Noch viel mehr – 3,5 Milliarden Dollar – wurde in den deutlich jüngeren iShares Automation and Robotics ETF (Isin IE 00B YZK 455 2) investiert, der seit 2016 am Markt ist und dem Stoxx Global Automation&Robotics Index folgt.

Fließend sind die Übergänge zwischen Branchen- und Themen-ETF. So kann ein Technologie- oder Wasser-ETF den Branchen zugeordnet werden, aber ebenso den Themen. Trendthemen sind häufig ein weltweites Phänomen, weshalb hier meist ETF auf globale Indizes angeboten werden.

Ein anderer Ansatz sind Branchen-ETF, die gezielt nach den Phasen der Konjunkturentwicklung eingesetzt werden. Da sich die Konjunktur hingegen auf den einzelnen Kontinenten oft in unterschiedlichen Stadien befindet, greifen Sie für konjunktursensitive Investments in Branchen-ETF be-

DIE 3 BESTEN TIPPS ZU BRANCHEN-ETF

1 Vorauswahl. Überlegen Sie sich, ob Sie lieber ein relativ breites oder ein fokussiertes Spektrum haben wollen. Bei den in Deutschland erhältlichen ETF auf MSCI-Indizes sind teilweise recht unterschiedliche Unternehmen zusammengefasst. Für speziellere Anlageideen eignen sich daher eher die Europaindizes von Stoxx, auch wenn dort US-Marktführer fehlen.

2 Mischung. Branchen-ETF sind nicht als Basisanlage geeignet. Wir empfehlen, sie mit Aktien-ETF Welt oder Europa zu kombinieren und gegebenenfalls mehrere zu mischen. Dabei sollten die Branchen-ETF insgesamt höchstens 10 bis 20 Prozent Depotanteil haben.

3 Kontrolle. Überprüfen Sie regelmäßig, ob Sie Ihre ursprüngliche Anlageidee weiterverfolgen wollen. Ist das nicht mehr der Fall, sollten Sie über einen Verkauf des ETF nachdenken.

vorzugt zu den Subindizes des Stoxx Europe 600.

Schwierige Sektorrotation

Die Wirtschaft bewegt sich in Zyklen, nach einem Abschwung oder einer Rezession dauert es oft ein paar Quartale, bis sich erste Anzeichen einer Besserung zeigen. Nach dieser Phase folgen gute Jahre, die Wirtschaft prosperiert, und die Gewinne der Unternehmen wachsen – bis eines Tages das Top erreicht ist. Dann flaut der Zyklus wieder ab und endet meist in einer Rezession, bevor der Kreislauf von Neuem beginnt. Schön – aber vermutlich langweilig – wäre es, wenn die Phasen immer identisch verlaufen würden und klar bestimmbar wären. Doch das Umfeld ist immer wieder ein wenig anders, und manche Zyklen sind länger, andere kürzer. Im Klartext: Die Trendwende lässt sich nicht berechnen.

Am Anfang eines Börsenaufschwungs – und der eilt meist dem realen Wirtschaftsaufschwung voraus – laufen typischerweise Branchen gut, die stark auf Zinsänderungen reagieren wie Maschinenbau, Stahl- oder Bauindustrie, etwas später reagieren Autohersteller sowie Handel- und Konsumtitel. Im späteren Zyklus folgen defensive Titel wie Nahrungsmittelhersteller oder Versorger, bevor dann die Kurse der Rohstoffproduzenten auf ein nahendes Ende des Abschwungs hindeuten.

Wird an den Märkten eine Abschwächung erwartet, sehen die Konjunkturdaten

Aktien für jede Konjunkturphase

Manche Branchen sind abhängiger von der Konjunkturentwicklung als andere. Zyklische Aktien laufen meist besser, wenn sich die Konjunktur erholt oder boomt. Nicht- oder antizyklische Aktien sind bei ihrer Wertentwicklung vom Konjunkturzyklus weniger abhängig oder spielen in einer schwachen Wirtschaftsphase ihre Stärken aus.

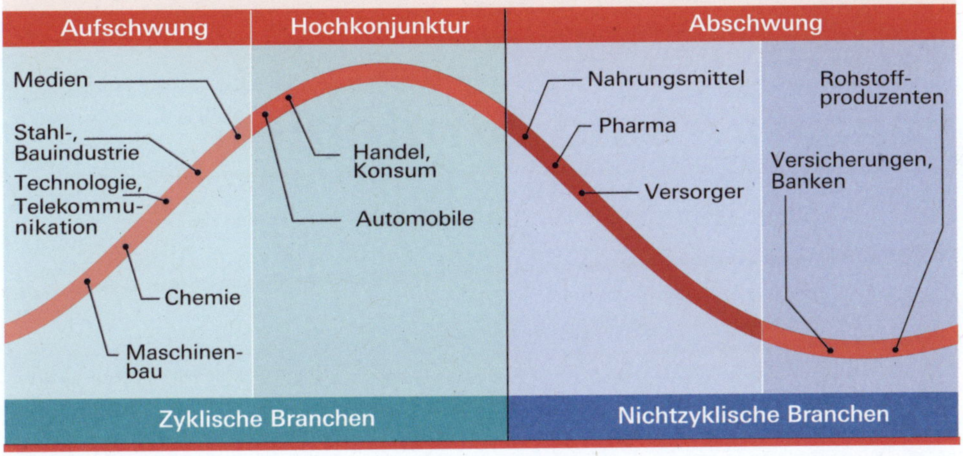

meistens noch rosig aus. Doch mit dem zukunftsgerichteten Blick kaufen die Investoren in dieser Phase bevorzugt die weniger konjunktursensitiven Aktien wie Nahrungsmittelhersteller oder Pharmatitel und schichten später in Versorgeraktien um. Wenn dann die Wirtschaftsleistung tatsächlich abflaut, greifen die Börsianer zu niedrigeren Kursen bei Finanzwerten oder in Erwartung des nächsten Aufschwungs bei Rohstoffproduzenten zu.

Branchenindizes unterscheiden sich von marktbreiten Kursbarometern wie dem S&P 500 oder dem MSCI World in einem Punkt erheblich: Sie umfassen deutlich weniger Titel, weshalb das Risiko auf weniger Aktien und oft zudem auf weniger Länder verteilt ist. Auch die großen bekannten Unternehmen eines Sektors stecken in den Branchenindizes und haben in der Regel dort ein höheres Gewicht als in einem branchenübergreifenden Index. Das kann bei Branchen-ETF schnell eine starke Präsenz eines Einzelwertes oder Landes bedeuten.

US-Titel sind oft hoch gewichtet

So sind beispielsweise die Google-Mutter Alphabet und Facebook-Mutter Meta im MSCI World Communication Services Index absolute Schwergewichte, zusammen machen die beiden Unternehmen 48 Prozent im Index aus. Insgesamt entfallen stattliche 83 Prozent auf US-Firmen, gerade mal 6 Prozent kommen aus Japan, und insgesamt 5 Prozent der Aktien stammen aus Großbritannien, Deutschland und Frankreich. So wie in diesem Beispiel dominieren in vielen Branchen US-Aktien. Deshalb gilt es immer zu prüfen, welche Einzelaktien- und Länderrisiken man sich mit Branchenstrategien ins Depot holt. Nähere Informationen zum Index, den der ETF abbildet, sowie dessen Zusammensetzung veröffentlichen die ETF-Anbieter auf ihren Internetseiten.

Trendig: Faktoren und Strategien

Mit ETF können Sie die unterschiedlichsten Strategien umsetzen. Besonders populär sind ETF, die auf eine Aktienauswahl mit akademischen Modellen setzen.

Natürlich gibt es nichts, was man nicht noch besser machen könnte. Vielleicht geht das ja auch bei ETF? Vermutlich werden Sie denken, was soll das denn? Jetzt haben Sie x-mal gelesen, dass Indexinvestments die beste Wahl sind, und nun wird der Ansatz infrage gestellt? Keineswegs! Strategie-ETF sind keine Alternative zu klassischen marktbreiten globalen ETF, sondern eine Depotbeimischung. Wir sprechen hier weiter über Indizes, doch diese sind leicht modifiziert, zum Beispiel werden nur dividendenstarke Titel aufgenommen oder nur kleinere Aktiengesellschaften. Immerhin hat die Wissenschaft in den vergangenen Jahrzehnten eifrig geforscht und spannende Erkenntnisse dazugewonnen.

Ein Nobelpreisträger zeigt, wie man den Index schlagen kann

Sogenannte Faktor-ETF basieren zum Teil auf den Forschungen des amerikanischen Nobelpreisträgers Eugene Fama. Er wurde 2013 ausgezeichnet, weil er auf Basis der Modernen Portfoliotheorie (siehe dazu „ETF vertrauen auf wissenschaftliche Erkenntnisse“, ab S. 22) in empirischen Versuchen herausgefunden hatte, dass es langfristig drei Faktoren gibt, die den Großteil der Risiken und damit der Renditen eines Aktienportfolios bestimmen:

1. **das höhere Risiko** von Aktien generell verglichen mit risikolosen Anlagen,
2. **das höhere Risiko** von Aktien mit geringer Marktkapitalisierung (Small Caps oder Nebenwerte) und
3. **das höhere Risiko** niedrig bewerteter Aktien (Value- oder Substanzwerte genannt).

Diese kurzfristigen Risiken – in Form starker Kursschwankungen – werden gemäß der Theorie langfristig mit höheren Renditen belohnt: Erstens bringen Aktien auf lange Sicht mehr Ertrag als risikolose Zinsanlagen wie Tagesgeld oder kurz laufende Staatsanleihen. Kleine Aktien und Value-Aktien rentieren sich zweitens auf Dauer noch besser als der Durchschnitt der Aktien. Dieser Zusammenhang ist als Famas „Small-Cap-Value-Prämie“ berühmt geworden und hat dazu geführt, dass vor allem

Gut zu wissen

Faktor- und Strategie-ETF im Portfolio. Clevere Strategien sollen die Risiken im Portfolio reduzieren, ohne dabei große Abstriche in Bezug auf die Rendite hinzunehmen. Die Ansätze sind sehr unterschiedlich und reichen vom Fokus auf Dividenden über die Gleichgewichtung der Einzelaktien im Index bis zu komplexen Auswahlmodellen. Teils ist es auch eine Kombination aus mehreren Strategien.
Chance/Risiko. Strategien funktionieren oft gut in bestimmten Börsenphasen. Erfüllen sich die Erwartungen aber nicht, sind die Verluste manchmal auch überproportional.
Aktivitätsfaktor. Mittel bis hoch – abhängig von der Strategie. Hinter Strategie- und Faktor-ETF stecken ausgeklügelte Ideen, die mehr oder weniger zyklisch sind. Daher sollten sie laufend verfolgt werden.

Profis den Ertragsvorteil der beiden Faktoren Nebenwerte und Value auszunutzen versuchen, indem sie Small-Cap- und Value-Aktien in ihren Depots höher gewichten.

Bestätigt wird diese Strategie durch wissenschaftliche Studien in verschiedenen Ländern. Aber es sei angemerkt, dass diese Strategien ihre Schwächen haben, wie wir gleich noch ausführen werden.

Die Indexanbieter haben auf diese „Gesetzmäßigkeit" reagiert und eine breite Palette an globalen, regionalen und nationalen Value- und Small-Cap-Indizes entwickelt, die als Basis für ETF dienen. Zudem haben Ökonomen Famas Erkenntnisse zum Anlass genommen, um nach weiteren Faktoren zu forschen, die einen langfristigen Ertragsvorsprung im Vergleich zum gesamten Aktienmarkt versprechen. Sie fanden folgende Faktoren:

- **Niedrige Volatilität** (Low Volatility). Aktien, deren Kurse in der Vergangenheit weniger stark geschwankt haben, also stabiler waren als der Gesamtmarkt, erzielen Mehrrenditen.
- **Momentum.** Aktien, die in jüngster Zeit besser abgeschnitten haben als der Gesamtmarkt und somit ein starkes „Momentum" (Impuls/Trend) aufweisen, bringen höhere Renditen. Nach den Daten der Vergangenheit ist die Wahrscheinlichkeit groß, dass Aktien mit relativer Stärke noch eine Weile gut laufen werden nach der Devise: „the trend is your friend". Auf ähnliche Überlegungen stützen sich auch schon länger bekannte Trendfolgemodelle.

Und da auch bei solchen Strategien keiner exakt weiß, wie lange welche noch gut läuft, werden oft verschiedene Ansätze gemischt, das nennen die Profis Multi-Faktor-ETF.

Neuere Theorien müssen den Praxistest erst bestehen

Nun stellt sich die Frage, ob es sich lohnt, auf die neuen Trends und ETF-Produkte zu setzen. Kritiker bemängeln, dass es hier inzwischen zu einem Wildwuchs gekommen ist und nicht alle Faktor-Indizes die Erwartungen erfüllen. In der Theorie funktionieren die Modelle, doch wenn zu viele daran verdienen wollen, geht die Rechnung oft nicht mehr auf. Hinzu kommt ein weiterer Schwachpunkt: Um die Theorien zu belegen, werden in der Regel historische Rückrechnungen durchgeführt, die je nach Parametern und Beobachtungszeitraum zu unterschiedlichen Ergebnissen führen.

Fraglich ist dabei auch, ob die Strategien, wenn sie in der Praxis umgesetzt worden wären, die Kursentwicklung der Aktien beeinflusst hätten. Kaufen nämlich ganz viele Investoren Aktien einer Gruppe, steigen deren Kurse, und theoretische Ergebnisse sehen in der Praxis dann nicht mehr ganz so rosig aus. Wirklich belastbare Erkenntnisse hat man – abhängig von der Strategie – oft erst nach jahrzehntelangem Praxiseinsatz.

An dieser Stelle müssen Sie für sich entscheiden, ob Sie mit Ihrem Geld das „Versuchskaninchen“ sein wollen und einen Teil auf theoretische Erkenntnisse setzen oder lieber altbewährte Faktoren wie Substanztitel und Small Caps bevorzugen, die den Praxistest längst bestanden haben.

Dabei sollten Sie wissen, dass auch diese Strategien nicht in allen Marktphasen Top-Performer sind. So hinkten Small Caps seit 2018 – insbesondere seit Ausbruch der Corona-Pandemie – ihren großen Brüdern streckenweise deutlich hinterher. In den Jahren davor hatten die Nebenwerte hinge-

Gut zu wissen

Der Begriff Smart Beta lässt sich nur schwer übersetzen. Er bezeichnet ausgeklügelte Strategien mit dem Ziel, eine bessere Performance als der Marktindex zu erwirtschaften. Die Auswahl der Aktien erfolgt anhand bestimmter Faktoren. Die bekanntesten sind:

Die Werthaltigkeit (Value) eines Unternehmens, sie wird zum Beispiel am Verhältnis vom Börsenwert zum Buchwert gemessen. Je niedriger, desto besser.

Die Kursstabilität (Low Volatility), denn Aktien mit niedriger Schwankungsbreite bringen solide Gewinne und verringern den Stress.

Die Dynamik der Kursbewegungen (Momentum), Aktien, die zuletzt am besten gelaufen sind, entwickeln sich meist weiterhin gut.

Die Größe der Gesellschaft. Kleinere Firmen (Small Caps) entwickeln sich oftmals besser als große.

gen häufig das Rennen gemacht. Auf Sicht der 10 Jahre bis Ende Februar 2022 war der MSCI World Small Cap Index mit durchschnittlich 10,62 Prozent Rendite pro Jahr nicht ganz so erfolgreich wie der MSCI World Index, der mit 11,33 Prozent rentierte.

Bei den Substanzwerten sieht es etwas anders aus: In den 10 Jahren bis Ende Februar 2022 weist der Value-Index mit durchschnittlich 9,10 Prozent eine klar geringere jährliche Durchschnittsrendite als der MSCI World mit 11,33 Prozent auf. Doch auf Jahresbasis und ganz langfristig liegen Value-Aktien vorn. Seit dem Start 1974 hat der Value-Index mit 11,53 Prozent jährlicher Rendite besser abgeschnitten als der MSCI World mit seither 11,05 Prozent. Im 1-Jahres-Vergleich verbuchte der Valueindex ein Plus von 15,06 Prozent, während der MSCI World 11,22 Prozent zulegen konnte.

In Niedrigzinsphasen besonders populär: Dividenden-ETF

Ein Absatzrenner seit Jahren sind Dividenden-ETF, sie haben am meisten Geld von allen Strategie-ETF eingesammelt. Der Kauf von dividendenstarken Aktien gilt sowohl als Strategie als auch als „Smart Beta“ (Erläuterung siehe „Gut zu wissen“, links). Dieses Segment ist gerade in Zeiten mickeriger Zinsen gefragt. Denn Anleger suchen Unternehmen, die regelmäßig attraktive Dividenden auszahlen, weshalb Dividenden-ETF auch gerne als Sparbuchalternative betrachtet werden. Dividenden-ETF sind wie alle Smart-Beta-ETF keine Alternative zu reinen Aktienindex-ETF, bei denen der Fokus auf einer ausgewogenen Mischung der einzelnen Titel liegt. Diese ist beim Dividendenansatz nicht immer gegeben, wie sich am Beispiel DivDax, der die dividendenstärksten Dax-Werte umfasst, nach der Finanzkrise 2009 gezeigt hat. Banken und Versicherer schütteten in den Jahren vorher hohe Dividenden aus und dominierten den DivDax. Aufgrund der Finanzkrise brachen diese Aktien ein, und als die Dividendenzahlungen ausblieben, wurden die Titel aus dem Index verbannt. Der DivDax hat die Verluste der Finanzkrise in den Folgejahren wieder aufgeholt und in den vergangenen Jahren besser als der Dax abgeschnitten.

Auch die beiden populärsten Dividenden-ETF, der SPDR S&P US Dividend Aristocrats (Isin IE 00B 6YX 5D4 0) und der iShares Stoxx Global Select Dividend 100 (Isin DE 000 A0F 5UH 1), sind keine typischen Aktien-ETF, bei denen eine ausgewogene Mischung im Vordergrund steht. Ersterer fokussiert sich auf den US-Markt und bildet die Unternehmen aus dem S&P Composite 1500 Index ab, die mindestens über 20 Jahre hinweg ihre Ausschüttung kontinuierlich steigern konnten. Übrigens: 119 US-Aktien erreichten 2021 dieses Ziel, Schwergewichte sind ExxonMobile mit 2,6 Prozent und IBM mit 2,1 Prozent Indexanteil.

Atypisch für einen globalen Index ist auch die Zusammensetzung des Stoxx Global Select Dividend 100: Grundsätzlich stammen 40 Prozent der Aktien aus Nordamerika sowie je 30 Prozent aus Europa und der Asien-Pazifik-Region.

Eine ganz andere Variante, auf solide Unternehmen zu setzen, ist der Amundi MSCI Europe Buyback ETF (Isin FR0012805687). Er bildet die Kursentwicklung von Unternehmen ab, die Aktienrückkaufprogramme durchführen. Dies können in der Regel nur kapitalkräftige Unternehmen. Neben diesen tendenziell defensiven Strategien existiert aber auch eine Reihe äußerst spekulativer Varianten, über die sich ohne Probleme ein eigenes Buch verfassen ließe, weshalb wir sie an dieser Stelle nur kurz anreißen, um die Vielfalt des Marktes zu zeigen. So können Anleger mit ETF auch auf fallende Kurse setzen. An sich klingt das nach Zockerei, doch wer eine Korrektur an den Börsen fürchtet, kann seine Bestände kurzfristig mit Short-ETF vor Kursverlusten schützen. Noch spekulativer sind ETF mit Hebeleffekt, mit ihnen kann die Kursveränderung verdoppelt oder vervielfacht werden. Diese Varianten eignen sich nur für Anleger, die über umfangreiche Kenntnisse mit Wertpapieren verfügen.

Dies gilt im Übrigen auch für ETF, denen Volatilitätsindizes zugrunde liegen, denn diese setzen nicht auf eine Veränderung der tatsächlichen Schwankungsbreite der Wertpapierkurse, sondern auf eine Veränderung der erwarteten Schwankungsbreite.

Nicht ganz so spekulativ sind hingegen ETF auf den HFRX, den globalen Hedgefonds Index. Doch auch Hedgefonds haben langfristig gegenüber Indexanlagen das Nachsehen. 2007 wettete US-Starinvestor Warren Buffett eine Million Dollar darauf, dass der S&P 500 binnen zehn Jahren besser als Hedgefonds abschneiden würde. Die Wette gewann Buffett haushoch – und spendete obendrein den Gewinn an eine Wohltätigkeitsorganisation.

Gut zu wissen

Faktor-ETF, Smart Beta und Strategic Beta – worin liegt der Unterschied? Kurz und knapp: in nicht viel. Faktor-ETF steht eigentlich für Faktoren, die die Entwicklung eines Investments beeinflussen und die Akademiker in Anlehnung an Eugene Fama hergeleitet haben. Das sind zum Beispiel die Größe eines Unternehmens, die Werthaltigkeit oder das Risiko. Diese Faktoren und ähnliche Ansätze haben findige Marketingexperten unter dem Begriff „Smart Beta", teils auch „Strategic Beta" genannt, zusammengefasst. Smart Beta ist zwar ein großer Trend der vergangenen Jahre, aber Mitte 2021 waren nicht mal 7 Prozent aller in Europa in ETF angelegten Gelder in Smart-Beta-Produkten investiert.

Andersartig: Rohstoffe und Edelmetalle

Nur auf marktbreite Rohstoffindizes existieren ETF, außer bei Gold. Die Papiere sind teils anders strukturiert als ein klassischer Aktien-ETF und unterscheiden sich in puncto Sicherheit.

Börsengehandelte Indexpapiere auf Rohstoffe und Edelmetalle sind ganz klar Nischenpapiere. Dabei galten Gold und Silber über Jahrhunderte hinweg als Zahlungsmittel – oft im Tausch gegen andere Rohstoffe. Heute ist Gold vor allem in Krisenzeiten gefragt, und professionelle Anleger setzen sowohl Edelmetalle als auch andere Rohstoffe ein, um die Risiken breit zu streuen. Ihre Kurse entwickeln sich selten im Gleichschritt mit Aktien oder Anleihen.

Die Möglichkeiten, in Edelmetalle oder andere Rohstoffe zu investieren, sind einfach. Man kann über die Börse ein Indexpapier erwerben, das sich entweder auf den Rohstoff oder einen Rohstoffindex bezieht. Da Rohstoffe aber physischer Natur sind und eigentlich im Warenlager oder Tresor aufbewahrt werden, gilt es die Eigenheiten dieses Marktes zu kennen.

Reisen auf Terminkontrakt

Um den Rohstoff nämlich nicht lagern zu müssen, wird in Terminkontrakte investiert. Das funktioniert ähnlich wie die Buchung einer Reise: Sie zahlen sofort, gelie-

Gut zu wissen

Rohstoff-ETF im Portfolio. Rohstoffe und Edelmetalle entwickeln sich oft nicht im Gleichtakt mit Aktien- und Anleihekursen, weshalb sie zur Depot-Streuung taugen.

Chance/Risiko. Die Wertentwicklung wird von diversen Faktoren beeinflusst: Wetter, Lagerbestände, konjunkturelle Entwicklungen, politische Unruhen, etc. spielen eine gewichtige Rolle und sorgen oftmals für intensivere Schwankungen. Die Risiken sind höher, die Chancen ebenfalls.

Aktivitätsfaktor. Mittel bis hoch. Die Märkte verändern sich schnell, marktbreite Indizes dämpfen die Ausschläge. Wer jedoch auf einzelne Rohstoffe setzt, sollte stets ein Auge auf die Entwicklung – auch an den Terminmärkten – haben.

fert wird später. Doch während Sie die gebuchte Urlaubsreise tatsächlich gerne antreten möchten, wollen Sie die Rohstoffe auf keinen Fall geliefert bekommen. Was auch tun mit 1000 Barrel Rohöl oder zehn Tonnen Stahl? Da müssen Sie umbuchen und die Lieferung auf später verschieben.

Das funktioniert beliebig oft. In der Praxis wird daher kurz vor Fälligkeit der Terminkontrakt auf den entsprechenden Rohstoff verkauft und mit dem Geld ein später fälliger Terminkontrakt erworben. Dafür fallen zum einen Gebühren an, und zum anderen kann es sein, dass der später fällige Terminkontrakt günstiger oder teurer ist. Die Profis sprechen daher von Rollgewinnen oder -verlusten, diese werden an die Anlegerinnen und Anleger weitergereicht.

Den Preis eines Terminkontrakts beeinflussen unterschiedlichste Faktoren, wie zum Beispiel das Wetter oder politische Unruhen. Um das Risiko in Grenzen zu halten, sollten Sie keinen Einzelrohstoff wählen, sondern eher mit einem ETF auf breite Rohstoffindizes setzen wie beispielsweise mit dem UBS Bloomberg CMCI Composite (Isin IE 00B 53H 013 1).

Alternative zu Goldbarren

Einzelrohstoffe werden üblicherweise als Exchange Traded Commodities (ETC – diese werden von Finanztest nicht bewertet) angeboten und zusätzlich besichert. Populärstes Papier in Deutschland ist Xetra-Gold (Isin DE 000 A0S 9GB 0), ein ETC, der von der Deutsche Börse Commodities GmbH aufgelegt wurde. Dahinter steht eine Anleihe, die in Euro notiert und mit physischem Gold hinterlegt ist. Anleger können sich das Gold ausliefern lassen, was jedoch zusätzliche Kosten verursacht. Im Gegensatz zu physischem Gold haben die börsengehandelten Papiere den Vorteil, dass Sie sich keine Gedanken über die Lagerung machen müssen und der Kurs für die Feinunze Gold hier umgerechnet niedriger ist als beim Kauf von Münzen oder Barren.

→ Verwechslungsgefahr

Häufig werden die Begriffe ETF oder ETP gleichgesetzt, doch Vorsicht: ETF sind Sondervermögen und Anlegergelder daher bei einer Pleite des Emittenten geschützt. ETP hingegen ist der Oberbegriff für alle börsengehandelten Indexprodukte. Er umfasst neben ETF auch ETC und ETN. ETC steht für Exchange Traded Commodities (Rohstoffe) oder Exchange Traded Currencies (Währungen) und ETN für Exchange Traded Notes. ETC und ETN sind rechtlich keine Sondervermögen, sondern de facto Anleihen des Produktanbieters. Das bedeutet: Im Pleitefall müssen die Anleger um ihr Geld bangen. Bei ETC haben sie es allerdings meist etwas besser als bei ETN, denn die Papiere sind in der Regel zumindest besichert.

Kompakt: Paketlösungen

Ähnlich unserem Pantoffel-Portfolio existieren am Markt fertige Lösungen für ganze Portfolios. Sie sind teils passiv konstruiert, teils legt ein Management-Team die Zusammensetzung fest.

Fertiglösungen mit ETF gibt es reichlich, jede von ihnen hat einen etwas anderen Ansatz. Zudem bieten auch Banken oft eine indexorientierte Vermögensverwaltung an und managen das Portfolio aktiv mit ETF. Die Gebühren dafür liegen bei etwa 1 Prozent für das Management, hinzu kommen die laufenden Kosten des ETF.

Zu den ältesten Fertiglösungen zählt der Xtrackers Portfolio Total Return Ucits ETF (Isin LU 039 722 194 5), der zwischen 30 und 70 Prozent des Kapitals jeweils in Aktien-ETF sowie in Anleihen-ETF anlegt. Ein Strategiekomitee entscheidet über die Gewichtung. Einfacher nachvollziehbar sind die Regeln beim Lyxor Vermögensstrategie ETF (Isin DE 000 ETF 701 1), ein Dachfonds, der zu 60 Prozent in Aktien-ETF, 30 Prozent in Anleihen-ETF und 10 Prozent in Rohstoff-Papiere aus aller Welt investiert. Einmal jährlich wird die ursprüngliche Gewichtung wiederhergestellt (Rebalancing).

Generell stellt sich bei diesen Papieren die Frage: Entsprechen Fertiglösungen der klassischen Idee des Indexinvestments? Nicht immer. Wenn die Fondsgesellschaft aktiv die einzelnen Indexanteile gewichtet oder verändert, haben Sie meist wenig Kontrolle über das, was hinter den Kulissen läuft, und sehen die Ergebnisse erst um einiges später. Daher sollten Sie sich gut überlegen, ob Sie Ihr Geld Dritten zur Verwaltung überlassen und bereit sind, dafür höhere Gebühren zu bezahlen, oder doch lieber einen „Pantoffel" wählen, bei dem Sie stets wissen, in welchen Indizes Sie zu welchen Teilen investiert sind.

Gut zu wissen

Paketlösungen im Portfolio. Die Idee klingt gut: ein einziges Papier kaufen, das mehrere Assetklassen abdeckt. Allerdings sind die Transaktionen des Fondsmanagements nicht immer nachvollziehbar und die Gebühren deutlich höher als beim Pantoffel-Portfolio, das ebenfalls sehr einfach darstellbar ist (siehe S. 68).

Chance/Risiko. Tendenziell eher moderat.

Aktivitätsfaktor. Niedrig.

Echte und vermeintliche Risiken

Kein Finanzprodukt ist vollkommen. Das gilt selbstverständlich auch für ETF. Nicht alle Kritikpunkte sind jedoch berechtigt. Sie sollten sie trotzdem kennen.

Neues und Unbekanntes gerät oft schnell in die Kritik. Als in den USA die ersten Eisenbahntrassen gebaut wurden, argumentierten die Pessimisten, dass die Passagiere sich bei den hohen Geschwindigkeiten auflösen könnten. Auch ETF werden seit ihrem Bestehen ständig kritisiert. Und je populärer ein Produkt wird, desto lauter wird meistens auch die Kritik. Auslöser der Kritik ist aber weniger die Konstruktion der ETF, sondern die Tatsache, dass sie langfristig bessere Erträge liefern als das hoch bezahlte Management von aktiven Fonds und Vermögensverwaltungen. Kein Wunder, dass von deren Seite einige der Vorwürfe kommen. Die Eisenbahn ist eben auch effizienter und schneller als die Pferdekutsche. Viele Marktteilnehmer – auch die meisten Bankberater – haben kein Interesse daran, dass Sie ETF kaufen. Der Grund: Sie verdienen daran bei Weitem nicht so viel wie an anderen Produkten.

Aber selbst so erfolgreiche Anlageprodukte wie ETF sind nicht ohne Fehl und Tadel. In der Tat gibt es einige Risiken, über die Sie Bescheid wissen sollten. Allerdings sind nicht alle Risiken, die Kritiker den Indexinvestments in die Schuhe schieben, tatsächlich vorhanden – und manches Risiko wird stark aufgebauscht. Aber um welche Punkte handelt es sich dabei im Einzelnen?

Wenn es um die Risiken und Grenzen von Indexfonds geht, verweisen die Kritiker besonders häufig auf Warnungen, die nach der Finanzkrise zeitweise in den Schlagzeilen waren. Mit dem IWF (Internationaler Währungsfonds), der BIZ (Bank für Internationalen Zahlungsausgleich) und dem Finanzstabilitätsrat der G-20-Staaten haben gewichtige internationale Institutionen 2011 gemeinsam vor der komplexen Struktur und der mangelhaften Transparenz synthetisch nachgebildeter ETF (siehe dazu „Kritik an der Konstruktion" unten) gewarnt. Sie wurden von den drei Organisationen sogar als potenzielle Gefahr für die Stabilität des globalen Finanzsystems bezeichnet.

Diese Kritik ist jedoch nicht unbeachtet geblieben. Sie hat schnell Wirkung gezeigt, sowohl bei den Finanzaufsehern als auch bei den Emittenten von Indexfonds. In den Jahren nach 2011 hat sich viel getan: Die staatlichen Regulierungsbehörden haben weltweit strengere Vorschriften erlassen, und die ETF-Anbieter haben freiwillig ihre Sicherungsvorkehrungen erheblich verstärkt. Die damals beanstandeten Probleme gelten deshalb schon seit vielen Jahren als größtenteils beseitigt.

Kritik an der Konstruktion von ETF

Um einen Index abbilden zu können, müssen die ETF-Anbieter entweder Aktien kaufen oder Alternativen suchen.

→ **Ein gewisses Risiko** besteht bei synthetisch konstruierten Indexfonds, die nicht die tatsächlich im Index enthaltenen Wertpapiere erwerben, sondern die Entwicklung des Index über eine Swap-Konstruktion (Tauschgeschäft) künstlich nachbilden, noch immer. (Mehr zu Swaps, siehe „Die Konstruktionsmethode kennen", S. 110). Denn mit dem Partner des Swap-Geschäfts, meistens einer Bank, wird ein zusätzliches Finanzinstitut in den Prozess der Nachbildung von Indizes eingebunden. Wenn dieser Swap-Partner zahlungsunfähig wird, kann ein Teil des ETF-Vermögens verloren gehen. Das gilt dann, wenn die Wertpapiere, die der ETF-Anbieter in seinem Ersatz-Aktienkorb (auch Trägerportfolio genannt) hält, schlechter laufen als der Index und die Differenz durch den Swap nicht mehr ausgeglichen werden kann. Das Risiko ist allerdings durch regulatorische Vorschriften auf 10 Prozent des ETF-Vermögens begrenzt worden, denn der Wert sämtlicher Index-Swaps darf diese Grenze nicht überschreiten. In der Praxis reduzieren die ETF-Anbieter das Risiko zusätzlich, indem sie üblicherweise von ihren Swap-Partnern Sicherheiten verlangen.

Hinzu kommt, dass der Gesetzgeber hohe Anforderungen an die Trägerportfolios der ETF-Anbieter stellt. Als Sondervermögen weisen sie den gleichen hohen Sicherheitsstandard auf wie physisch replizierende ETF. Sie müssen breit gestreut und liquide sein. Anlegerinnen und Anleger können den Inhalt dieser Ersatz-Aktienkörbe bei den Anbietern in der Regel im Internet einsehen. Das Risiko eines Verlustes ist deshalb auch bei synthetisch nachgebildeten ETF selbst dann relativ gering, wenn der Swap-Partner zahlungsunfähig werden sollte.

Aber nicht nur bei synthetisch, sondern auch bei physisch nachbildenden ETF kann es Risiken geben. Ein Teil der Anbieter verleiht nämlich die Aktien aus dem Sondervermögen des Fonds zeitweise und streicht dafür Erträge ein. Damit senken die ETF-Häuser die Kosten, die Einnahmen kommen zu einem Teil den Kunden zugute.

Wozu aber verleihen die Anbieter überhaupt Wertpapiere aus dem ETF-Portfolio? Hedgefonds und andere spekulative Anleger nutzen die ausgeliehenen Aktien für Leerverkäufe. Bei diesem Geschäft verkaufen sie die geliehenen Aktien an der Börse und spekulieren darauf, dass der Kurs fällt. Dann können sie bei niedrigeren Notierungen die Aktien zurückkaufen. Die Differenz ist ihr Gewinn. Nach Ablauf der Wertpapierleihe müssen sie die Aktien wieder an den ETF zurückgeben, egal ob sie Gewinn oder Verlust gemacht haben.

Auch aktiv gemanagte Fonds verleihen Aktien

Das Risiko besteht nun darin, dass der Entleiher der Wertpapiere insolvent wird und die Wertpapiere nicht an den Indexfonds zurückübertragen kann. Um dieses Risiko ganz auszuschalten oder möglichst gering zu halten, verlangen ETF-Anbieter von der Gegenpartei üblicherweise umfangreiche Sicherheiten, meistens in Form von Staatsanleihen.

Da Wertpapierleihen aber nicht nur bei Indexfonds praktiziert werden, sondern auch bei aktiv gemanagten Aktienfonds gang und gäbe sind, ist das damit verbundene theoretische Risiko keineswegs eine Besonderheit von ETF.

Weltweit gibt es einen immer stärker werdenden Trend zu physisch replizierenden ETF. Fondsgesellschaften, die anfangs bevorzugt auf Swap-basierte ETF gesetzt hatten wie die Deutsche Bank mit ihren Xtrackers, haben bereits vor Jahren umgesteuert und einen erheblichen Teil in physisch nachbildende ETF umgewandelt. Das geschah vor allem, weil viele Menschen synthetischen ETF noch immer misstrauen und deshalb zunehmend physisch nachbildende bevorzugen. Nach Ansicht von Finanztest spielt es unter Risikogesichtspunkten allerdings kaum eine Rolle, welche der Nachbildungsmethoden für einen ETF verwendet wird.

Angst vor dem Herdenverhalten

Der Markt wächst rasant. Daher diskutieren Wissenschaftler wie Börsianer, was passieren würde, wenn alle Investoren nur noch die Indizes kaufen.

Weitere Kritikpunkte, die gegen ETF laut werden, zielen in ganz andere Richtungen. So warnen Kritiker davor, dass ETF einen Aktiencrash massiv verstärken könnten – oder anders gesagt, sie könnten einem Zug im Rückwärtsgang zusätzlichen Schub verleihen. Warum? Weil es so einfach sei, ETF jederzeit während des Börsenhandels zu verkaufen, könnten sie womöglich das Herdenverhalten der Anleger verstärken, weil diese sich leicht und schnell von ihnen trennen könnten. Das beschleunige einen bestehenden Abwärtstrend zusätzlich. Denn die ETF-Anbieter müssten in diesem Fall die in den verkauften Indexfonds-Anteilen enthaltenen Aktien auf den Markt werfen, und zwar sofort und egal zu welchem Preis.

“ Manche Fachleute nehmen an, dass ETF einen Kursabschwung eher dämpfen könnten.

Der Internationale Währungsfonds sieht jedoch keine Anhaltspunkte dafür, dass ETF sich hier von aktiven Fonds unterscheiden. Auch sie können relativ schnell verkauft werden. Manche Fachleute nehmen sogar an, dass ETF einen Kursabschwung eher dämpfen könnten, weil Aktien nur genau im Umfang der Rückgabe von ETF-Anteilen durch Anleger verkauft werden müssten. Bei aktiv gemanagten Fonds könnte zusätzlich das Fondsmanagement den Aktienanteil im Fonds durch Umschichtungen in Anleihen und Cash verringern und mit diesen zusätzlichen Verkäufen weiteren Druck auf die Aktienkurse erzeugen. Bei ETF können also nur die Anleger in Panik geraten, bei aktiven Fonds die Anleger und die Fondsmanager – sozusagen ein doppeltes Risiko. Abgesehen davon ist die Marktmacht der ETF keineswegs so groß, wie es Kritiker behaupten. Trotz des immensen Wachstumstempos verwalten sie weltweit bislang nur einen kleinen Teil der Vermögen.

Risiken im Börsenhandel vermeiden

Ein anderer Vorwurf lautet, ETF könnten in Börsenturbulenzen stärker an Wert verlieren als der zugrunde liegende Index. Anlass für diese Befürchtungen war ein Kurssturz an der US-Börse am 24. August 2015, als dies bei rund 300 ETF kurzfristig tatsächlich der Fall war – zum Teil deutlich (siehe „Hätten Sie's gewusst" rechts). Die Börse reagierte an diesem „schwarzen Montag" mit vorübergehenden Handelsstopps für viele Aktien und ETF. Die Deutsche Bundesbank hat verschiedene dieser – in der Regel auf wenige Minuten – beschränkten Crashs analysiert: Solche Handelsstopps sind für sie ein probates Mittel, um die Märkte in Stressphasen zu stabilisieren. Wer langfristig investiert und in Börsenturbulenzen ruhig Blut bewahrt, bleibt von derartigen kurzfristigen Risiken ohnehin verschont.

Eng mit dieser nicht immer exakt gleichzeitigen Nachbildung des Index durch ei-

HÄTTEN SIE'S GEWUSST?

Der 24. August 2015 ging als einer der größten Blitz-Crashs in die Geschichte ein.

Nach Kursrückschlägen in China wurden die Anleger in den USA nervös und verkauften in großem Stil Aktien und Indexprodukte.

Die Kurse sackten innerhalb weniger Minuten drastisch ab und erholten sich im Anschluss schnell wieder. Einige ETF-Kurse fielen bis zu 30 Prozent unter ihren Nettoinventarwert (NAV). Am Ende des Tages sah es fast so aus, als sei nichts geschehen.

Zwar war dergleichen in Europa nicht zu beobachten, doch eine Garantie auf Schutz vor heftigen Turbulenzen gibt es nicht. Am besten warten Sie in solchen Fällen ab, bis sich die Lage beruhigt. Geben Sie Verkaufsorders generell nur limitiert, mit Preisvorgabe, auf.

nen ETF hängt das Problem zusammen, dass die Rendite eines ETF von der des Index üblicherweise leicht abweicht. Das kann verschiedene Gründe haben, die wichtigsten sind die Gebühren und Steuern. Beim Dax beispielsweise wird die Dividende im Zeitpunkt der Ausschüttung sofort in voller Höhe als wieder angelegt betrachtet, während der ETF nur den Teil der Ausschüttung reinvestieren kann, der um Steuern verringert ist. Auch die Anlage von Geldern, die neu in einen ETF fließen, kann zu leichten Abweichungen des ETF-Werts vom Index führen, falls nicht alle Aktien der Indexmitglieder exakt gleichzeitig gekauft werden. All dies kann dazu beitragen, dass der Kurs eines ETF untertägig während des Börsenhandels von seinem indikativen Nettoinventarwert (iNAV) abweicht, der jederzeit den fairen Wert eines ETF ausdrückt, also alle Vermögenswerte (Wertpapiere, Cash) pro ETF-Anteil. Beim Kauf oder Verkauf sollten Sie deshalb im Internet den ETF-Kurs mit dem laufend von den Börsen veröffentlichten iNAV vergleichen und immer ein Limit setzen (siehe „ETF kaufen", S. 113).

Droht ein Crash, wenn alle nur noch Indexfonds kaufen ...

Seit ETF weltweit ihren Siegeszug angetreten haben und ihnen die Anlegergelder nur so zufließen, wird eine Frage immer häufiger kontrovers diskutiert: Was passiert eigentlich, wenn alle Anleger nur noch Indexfonds kaufen und aktiv gemanagte Fonds und Depots aus einzelnen Aktien keine Rolle mehr spielen? Dann käme es „zu Chaos und Katastrophe", wie selbst John C. Bogle, der Indexfonds populär gemacht hat, in einem Vortrag eingeräumt hat. Warum? Weil es dann keine Differenzierung bei den einzelnen Aktien gäbe. Gute Aktien würden genauso stark steigen und fallen wie schlechte, weil ETF nun einmal die Indizes am Stück kaufen und verkaufen. Die darin enthaltenen Aktien würden im Gleichschritt steigen und fallen.

„Es wird wohl immer Marktteilnehmer geben, die es sich zutrauen, den Index zu schlagen.

Dass dies bisher nicht so ist, sondern die Kursentwicklung höchst unterschiedlich verläuft, hängt damit zusammen, dass es genügend Anleger gibt, die Aktien nach ihren wirtschaftlichen Kennzahlen, Bewertungen und Aussichten auswählen. Analysten, Marktstrategen und Börsenexperten wären brotlos, wenn alle Anleger nur noch den Index kaufen würden. Ohne verschiedene Meinungen, ohne Kapitalmarkt- und Unternehmens-Research würden die Börsen ihre Funktionsfähigkeit einbüßen.

Wie groß aber ist dieses Risiko? Vermutlich nicht sehr. Es wird wohl immer Marktteilnehmer geben, die es sich zutrauen, den

Der ETF-Anteil ist überschaubar

Trotz ihres Booms ist der Anteil der in ETF angelegten Gelder in Publikumsfonds in Deutschland mit 15,3 Prozent noch gering.

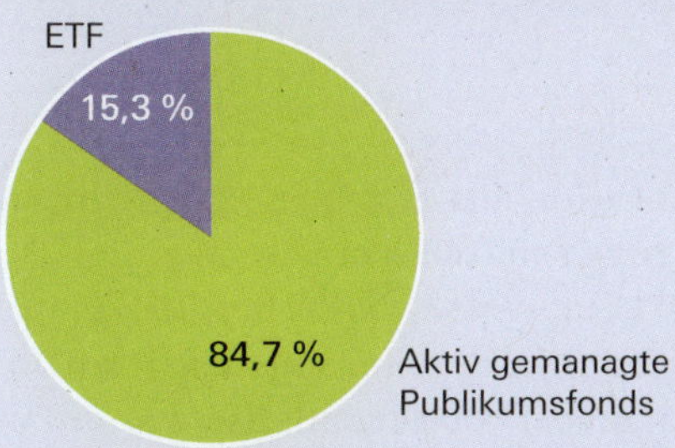

Quelle: BVI Stand: 31.12.2021

Index zu schlagen. Eine ganze Industrie lebt davon, von den Investmentbanken über die Vermögensverwalter, Aktienfonds, Börsenhändler und – nicht zu vergessen – die Hedgefonds und Private Equity Fonds. Auch Unternehmen, die kleinere Firmen übernehmen wollen, kaufen selektiv. Und nicht zuletzt sind die Zeitdimensionen der verschiedenen Anlegergruppen höchst unterschiedlich – vom Hochfrequenzhandel, bei dem es um Bruchteile von Sekunden geht, bis zu Pensionsfonds oder Privatanlegern, die sehr langfristig für die Altersvorsorge sparen. Das bürgt für unterschiedliche Strategieansätze und damit für differenzierte Aktien-Auswahlmechanismen.

Ein weiterer Grund, warum aktive Aktienanleger nie ganz aussterben werden, liegt darin, dass es wieder reizvoll wird, selbst die besten Aktien auszuwählen, wenn die Bewertungen völlig aus dem Ruder laufen. Wenn es nur noch ETF und andere passive Instrumente gäbe, wären nach einiger Zeit gute Unternehmen spottbillig, weil der Kursverlauf ihrer Aktien die weitaus bessere Geschäftsentwicklung gegenüber dem Rest der Index-Mitglieder nicht mehr widerspiegelt – und dann lohnt es sich wieder, zu analysieren und die guten von den schlechten Aktien zu trennen.

Ben Johnson von der US-Analysefirma Morningstar glaubt deshalb auch nicht, dass die Märkte ins Chaos stürzen werden, denn „es reicht ja, wenn es einige wenige sehr aktive Manager gibt, zum Beispiel Hedgefonds, die den Markt am Laufen halten“. Bogle ist ähnlicher Ansicht und meint, dass es erst kritisch wird, wenn der Anteil der Indexfonds an allen Kapitalanlagen 90 Prozent überschreitet. Davon sind wir aber noch weit entfernt, auch wenn ETF kontinuierlich an Bedeutung gewinnen.

Im Herbst 2018 verwalteten amerikanische Fonds, die sich auf einen US-Aktienindex beziehen, erstmals mehr Geld als von Profis gemanagte Fonds auf US-Aktienbarometer. Bei den deutschen Privatanlegern ist der Anteil der ETF deutlich niedriger: Nach den Zahlen des Fondsverbands BVI machten ETF Ende 2021 mit gut 224,7 Milliarden Euro erst 15,3 Prozent des Vermögens aller Publikumsfonds aus.

→ Lassen Sie sich nicht verunsichern

Sie sollten sich von dieser Diskussion nicht verunsichern lassen, sondern Ihre Anlageentscheidungen einzig und allein danach treffen, welche Produkte für Ihre persönlichen Ziele besonders geeignet sind. Und da sollte Ihre Wahl angesichts der niedrigen Kosten, der langfristig besseren Wertentwicklung, die passive Fonds im Durchschnitt erzielen, der einfachen Handhabung und der hohen Transparenz immer öfter auf ETF fallen.

Sind ETF oder aktiv gemanagte Fonds riskanter?

Wie wir gesehen haben, hat das Risiko nichts mit der Fondsart zu tun, sondern vielmehr mit der Anlagekategorie oder dem Markt. Investiert ein ETF oder ein Fonds in Anleihen, ist dies in der Regel weniger spekulativ als ein Investment in Aktien. Denn Aktienindizes schwanken stärker als Rentenindizes. Ebenso macht es einen Unterschied, ob ein Fonds oder ETF weltweit investiert und die Risiken breit streut oder ob er nur lokal in einer Region aktiv ist. ETF und aktiv gemanagte Fonds sind also vom Risiko her vergleichbar, vorausgesetzt, sie sind im selben Anlagesegment unterwegs.

ETF sind die Lieblinge der Profis

Profis lieben ETF. Warum warnen Kritiker aber vor allem vor den Gefahren für Privatanleger? Zunächst muss man klarstellen: Privatanleger gehen mit einem Aktien-ETF das gleiche Risiko ein wie professionelle Investoren. Diese haben zum Teil sogar zu noch spekulativeren Papieren Zugang als Privatanleger. Daher ist es nicht so ganz nachvollziehbar, warum sich die Kritik vornehmlich an die Privatanleger richtet.

Vielleicht ist es die enorme Beliebtheitssteigerung, die Unsicherheit hervorruft. Die Kunden bekannter deutscher Banken und Onlinebroker wie Comdirect, Commerzbank, Consorsbank (inklusive DAB), DKB, ebase, Finvesto, Flatex, ING und Onvista Bank hatten Ende 2021 in ihren Depots ETF im Wert von mehr als 83 Milliarden Euro liegen. Die Statistiken von extraetf.com belegen, dass sich der Markt innerhalb von zwei Jahren fast verdreifacht hat.

Viele, die vor ETF warnen, tun das also in eigenem Interesse, weil sie am Verkauf von aktiv gemanagten Fonds mehr verdienen. Ein weiterer Grund, warum Privatanleger das Ziel der Warnungen sind, könnte sein, dass sie empfänglicher für die teils sachlich unrichtigen Darstellungen sind. Profis lassen sich davon nicht beeindrucken.

Warum stehen Market Maker in Verruf?

Market Maker sollen für faire Preise sorgen. Dennoch werden sie von den Kritikern als die „bad guys“ am ETF-Markt abgestempelt. Doch die Kritik hat häufig wenig mit ihrer Aufgabe als Market Maker von ETF zu tun, sondern bezieht sich auf ihre sonstigen Geschäfte. Dafür ein kurzer Blick hinter die Kulissen: Aufgabe eines Market Makers ist es, dafür zu sorgen, dass der Kurs des ETF an der Börse nicht stark vom iNAV – das ist der Wert des Fondsportfolios pro Anteil (siehe

S. 115) – abweicht. Wenn viele Anleger einen ETF kaufen wollen, erschaffen die Market Maker neue ETF-Anteile, indem sie dem ETF-Anbieter im Gegenzug die Aktien des Index liefern. Wollen viele Anleger verkaufen, läuft es umgekehrt. Der Kauf und Verkauf von Aktien zu diesem Zweck ist also ein ganz normales Geschäft. In der Praxis passiert das in Sekundenbruchteilen, die Handelsvolumina sind immens, weshalb die Market Maker große Akteure an der Börse sind. Damit stehen sie schnell unter Generalverdacht.

❝ Vor den Wegelagerern schützt ein enges Limit beim Kauf oder Verkauf von ETF-Anteilen.

Natürlich machen sie ihre Geschäfte nicht aus Altruismus, sondern weil sie daran Geld verdienen wollen. Dank Hochleistungsrechnern und schnellen Datenleitungen fahren sie mit dem Handel von Wertpapieren auch satte Gewinne ein. Doch die kommen aus der Masse der Aufträge, die sie aus den unterschiedlichsten Gründen an der Börse platzieren, und nicht nur als Market Maker von ETF.

Die Kritiker machen jedoch keinen Unterschied. Sie schauen nicht danach, woher die Erträge stammen. Durchaus berechtigt sind die Vorwürfe gegenüber Market Makern, sich an Anlegern bereichern zu wollen, wenn die Händler quasi als Wegelagerer bei normalen Kundenaufträgen Geld einstreichen. Es sollte aber differenziert werden, ob dies der Fall ist oder ob sie eine Dienstleistung erbringen und wie im ETF-Geschäft neue Anteile schaffen und daran ein paar Cent verdienen. Nochmals sei daher an dieser Stelle (siehe „ETF kaufen und verkaufen", S. 113) betont: Vor den Wegelagerern schützt ein enges Limit beim Kauf oder Verkauf von ETF-Anteilen.

Die Deutsche Bundesbank sowie der Ausschuss für Finanzstabilität haben sich im Hinblick auf mögliche Risiken der Finanzmarktstabilität auch die Rolle der Market Maker von ETF angeschaut. Dabei wurde aber nicht deren Geschäftsmodell infrage gestellt, sondern vielmehr darauf verwiesen, dass für die Market Maker keine Verpflichtung zum Handel bestehe und diese im Falle eines externen Schocks ihre zentrale Funktion für die Rücknahme von ETF-Anteilen und die Liquiditätsbereitstellung möglicherweise nicht mehr erfüllen könnten. In der Regel existieren für einen ETF allerdings mehrere Market Maker, und der Anbieter hat sich verpflichtet, für Liquidität zu sorgen.

Sollten sich im Falle eines externen Schocks tatsächlich alle Market Maker gleichzeitig zurückziehen, dürften die Auswirkungen vermutlich nicht allein auf den ETF-Markt beschränkt bleiben, sondern auch andere Investments betroffen sein.

Hilfe

Fachbegriffe erklärt

Abgeltungsteuer. Erträge, die Anleger mit ETF, Fonds, aber auch anderen Anlageformen, zum Beispiel in Form von Kursgewinnen, Dividenden oder Zinsen, erzielen, unterliegen in Deutschland dieser Steuer in Höhe von pauschal 25 Prozent.

Aktie. Ein Anteilsschein, der Anleger zu Miteigentümern an einem Unternehmen macht. Meist ist das Eigentum der Aktie mit einem Stimmrecht in der Hauptversammlung des Unternehmens verbunden. Zudem hat der Anleger einen Dividendenanspruch, wenn ein Teil des Gewinns ausgeschüttet wird, und kann die jährliche Hauptversammlung besuchen.

Aktienfonds. Ein Gemeinschaftsvermögen, das aus vielen verschiedenen Aktien besteht und das strenger gesetzlicher Regulierung unterliegt. Zu unterscheiden sind aktiv gemanagte Aktienfonds und ETF, die bestimmte Börsenindizes nahezu exakt nachbilden.

Aktiv gemanagter Fonds. Investmentfonds, bei dem ein Fondsmanagement aktiv einzelne Papiere auswählt, von denen es hofft, dass sie sich besser entwickeln werden als der Börsenindex, anhand dessen der Fonds seine Leistung misst.

Anleihe. Ein festverzinsliches Wertpapier, über das sich Staaten oder Unternehmen Geld leihen. Dafür bezahlen sie den Käufern der Anleihe Zinsen. Den Kredit zahlen sie nach einer bestimmten Laufzeit zurück. Anleihen werden auch Renten genannt.

Anleihenindex. Siehe Rentenindex.

Ausgabeaufschlag. Kaufgebühr, die Anleger, die einen aktiv gemanagten Fonds kaufen, an die Fondsgesellschaft zahlen. Üblicherweise ist das eine bestimmte prozentuale Gebühr vom Kaufbetrag.

Ausschüttung. Ein ETF kann seine Einnahmen aus Zinsen oder Dividenden an seine Anleger weiterreichen und somit ausschütten. Alternativ kann er sie direkt wieder dem Fondsvermögen hinzufügen (Thesaurierung). In beiden Fällen profitieren die Fondsanleger.

Benchmark. Vergleichsmaßstab oder Bewertungsmethode, um den Anlageerfolg einer Geldanlage festzustellen. Häufig wird ein Börsenindex als Benchmark genommen. ETF entwickeln sich stets so gut oder schlecht wie ihre Benchmark, bei aktiv gemanagten Fonds kann es dagegen auch zu einem überdurchschnittlichen (Outperformance) oder unterdurchschnittlichen (Underperformance) Abschneiden kommen.

Blue Chips. Sammelbegriff für die bedeutendsten börsennotierten Aktiengesellschaften eines Landes.

Börsenhandel. Wie andere Wertpapiere auch werden ETF an der Börse gehandelt. Dort können Anleger daher jederzeit ETF-Anteile über ihre Bank kaufen oder verkaufen. Anders als bei herkömmlichen aktiv gemanagten Fonds ist es normalerweise nicht üblich, ETF direkt bei der Fondsgesellschaft zu erwerben. Dadurch entfällt der Ausgabeaufschlag, den viele Anleger noch vom Kauf herkömmlicher Fonds kennen.

Börsenindex. Bildet die Entwicklung eines bestimmten Wertpapiermarktes ab und wird häufig auch als Börsenbarometer bezeichnet. In den Indexstand fließen die Kursentwicklungen aller im Index enthaltenen Wertpapiere in unterschiedlicher Gewichtung ein. Es gibt eine Vielzahl von Indizes auf Aktien, aber auch auf Anleihen und Rohstoffe. Bekanntester deutscher Aktienindex ist der Dax (Deutscher Aktienindex).

Börsenwert. Er zeigt den Wert der frei an der Börse gehandelten Aktien eines Unternehmens (Free Float) an. Der Wert ergibt sich, indem man die Zahl der gehandelten Aktien mit dem Kurs der Aktie multipliziert. Ein anderer Ausdruck hierfür lautet Marktkapitalisierung.

Briefkurs. Er bezeichnet den Kurs, zu dem ein anderer Marktteilnehmer bereit ist, ein Wertpapier zu verkaufen. Das Pendant zum Briefkurs ist der Geldkurs. Der Briefkurs liegt in der Regel immer über dem Geldkurs.

Buy-and-Hold-Ansatz. Übersetzt bedeutet das „kaufen und liegen lassen". Man erwirbt also ein Wertpapier, um es langfristig zu halten. Mit international breit gestreuten ETF ist das gut umzusetzen.

Diversifikation. Bezeichnet die Aufteilung von Anlagegeldern auf viele verschiedene Investmentformen. Dadurch ergibt sich eine Streuung des Anlagerisikos.

Dividende. Unternehmen schütten die Erträge, die sie während eines Geschäftsjahres erwirtschaften, zumeist nicht vollständig, aber in Teilen an ihre Aktionäre aus. Diese Auszahlung heißt Dividende. Sie ist für die langfristige Wertentwicklung einer Aktie sehr wichtig.

Duration. Die modifizierte Duration zeigt an, um wie viel sich der Anleihekurs verändert, wenn es zu einer einprozentigen Zinssatzänderung kommt. Sie ist ein Maß für die Zinssensitivität von Anleihen.

Emerging Markets. Darunter versteht man die aufstrebenden Schwellenländer wie China, Indien, Brasilien & Co. In Emerging Markets zu investieren kann mit höheren Chancen, dafür aber auch höheren Risiken einhergehen.

Exchange Traded Commodity (ETC). Indexpapiere auf Rohstoffe. Sie sind kein Sondervermögen wie ETF.

Exchange Traded Fund (ETF). Das heißt übersetzt: börsengehandelter Indexfonds. ETF sind Investmentfonds, die einen Börsenindex nahezu vollständig abbilden und an einer Börse ähnlich wie Aktien gehandelt werden.

Free Float. Auf Deutsch: Streubesitz. Der Free Float umfasst nur den Börsenwert der Aktien eines Unternehmens, die frei an der Börse gehandelt werden und sich nicht in festen Händen von einzelnen Großaktionären befinden.

Full Replication. Methode zur Abbildung eines Börsenindex. Auf Deutsch: vollständige Abbildung eines Index. Die im Index enthaltenen Wertpapiere werden gemäß ihrem Anteil am Index gekauft.

Geldkurs. Kurs, zu dem ein anderer Marktteilnehmer bereit ist, ein Wertpapier zu kaufen. Das Pendant ist der Briefkurs. Der Geldkurs liegt in der Regel immer unter dem Briefkurs.

Hedged. Heißt übersetzt so viel wie „abgesichert". Bei ETF sind zum Beispiel Absicherungen gegen Währungsschwankungen („currency hedged") gängig.

Index. Siehe Börsenindex.

Indextracking. Das Bemühen, die Entwicklung eines Index möglichst genau nachzuvollziehen. Dies kann entweder dadurch geschehen, dass ein Fonds die dem Index zugrunde liegenden Werte hält (Full Replication), oder aber durch den Einsatz derivativer Instrumente (Synthetische Replikation).

Isin. Abkürzung für International Securities Identification Number, die zwölfstellige internationale Wertpapierkennnummer. Anhand der Isin ist jedes Wertpapier und jeder ETF oder Fonds auf der Welt eindeutig gekennzeichnet. Man braucht sie, um einen ETF handeln zu können.

Limit. Wertpapieraufträge zum Kauf oder Verkauf lassen sich mit einer Preisbegrenzung versehen. Man kann einen Kurs festlegen, bis zu dem man maximal noch bereit ist, ein Wertpapier zu kaufen, oder für den man minimal noch bereit ist, es zu verkaufen.

Market Maker. Händler, die für einen bestimmten ETF garantieren, dass ständig Kauf- und Verkaufskurse gestellt werden, die sich am fairen Wert der ETF orientieren. Sie ermöglichen damit den jederzeitigen Handel des ETF.

Marktkapitalisierung. Siehe Börsenwert.

NAV (Net Asset Value). Auf Deutsch: Nettoinventarwert. Bezeichnet den tatsächlichen Wert der in einem ETF enthaltenen Wertpapiere, bewertet zu Marktpreisen. Er wird einmal täglich berechnet. Der iNAV ist der indikative Nettoinventarwert und wird während der Handelszeiten fortlaufend ermittelt.

Nominalzins / Realzins. Der Nominalzins gibt an, wie viel Zinsen man auf eine bestimmte Geldanlage bekommt, zum Beispiel wie viel man auf einem Tagesgeldkonto verdient. Der Realzins dagegen gibt an, wie viel Zinsen man bekommt, wenn man auch die Inflationsrate mitberücksichtigt. Ist der Realzins negativ, wird die Kaufkraft des angelegten Geldes weniger anstatt mehr.

Renten-ETF. Ein ETF, der in Anleihen investiert. Anleihen werden auch Renten genannt.

Rentenindex. Ein Börsenindex, der Anleihen enthält.

Sampling. Auf Deutsch „Stichprobe“; Methode zur Abbildung eines Börsenindex: Von den im Index enthaltenen Papieren wird nur eine Auswahl direkt gekauft, die dem Kursverlauf möglichst gut entspricht.

Sondervermögen. Fonds und ETF stellen Sondervermögen dar. Im ETF angelegte Kundengelder müssen vom Vermögen der Gesellschaft strikt getrennt aufbewahrt werden. Somit existiert für Anleger kein Risiko, Geld zu verlieren, falls eine Kapitalverwaltungsgesellschaft pleitegeht.

Spread. Andere Bezeichnung: Geld-Brief-Spanne. Der Spread ist die Differenz zwischen niedrigerem Ankaufskurs (Geld) und höherem Verkaufskurs (Brief), zu denen Anleger ein Papier an der Börse verkaufen beziehungsweise kaufen können. Eine breite Geld-Brief-Spanne deutet darauf hin, dass es selten gehandelt wird.

Synthetische Replikation. Methode zur Indexabbildung bei ETF – künstliche Nachbildung: Die Performance des Index wird erreicht, indem der ETF-Anbieter mit einem Swap- (Tausch-)Partner vereinbart, dass dieser die Performance garantiert.

TER. Steht für Total Expense Ratio, auf Deutsch: Gesamtkostenquote. Sie gibt an, welche laufenden Kosten pro Jahr bei einem ETF entstehen. Die TER ist ein Anhaltspunkt und ein Vergleichsmaßstab für Kosten.

Thesaurierung. Investmentfonds können laufende Erträge aus Zinsen oder Dividenden an ihre Anleger ausschütten oder sie im Fonds behalten und gleich wieder anlegen (thesaurieren). Thesaurierung mehrt das Fondsvermögen also unmittelbar. Sowohl ausgeschüttete als auch thesaurierte Erträge unterliegen in Deutschland der Abgeltungsteuer.

Tracking-Differenz. Sie zeigt an, wie stark die Rendite eines ETF vom zugrunde liegenden Index abweicht. Sie lässt sich nur im Nachhinein feststellen und ist normalerweise negativ, da bei der Indexnachbildung Kosten für den Emittenten anfallen. Je geringer die Tracking-Differenz, desto besser und kostengünstiger ist es dem ETF-Anbieter gelungen, den Index nachzubilden. Sie dient also als Maßstab für die Qualität der Indexabbildung.

Transaktionskosten. Gebühren, die für die Ausführung eines Wertpapiergeschäftes anfallen. Dies können Broker-, Bankgebühren, aber auch der Spread sein.

Ucits. Abkürzung für „Untertakings for Collective Investments in Transferable Securities". Dieses wenig eingängige Kürzel trägt fast jeder ETF im Produktnamen. Es besagt, dass der Fonds den EU-Fondsregeln entspricht. Deutsche Bezeichnung ist OGAW.

Verwaltungsvergütung. Vergütung, welche eine Kapitalanlagegesellschaft für die Verwaltung und das Management eines Sondervermögens erhebt. Für passive Produkte liegt diese Gebühr üblicherweise deutlich unter der für aktiv gemanagte Produkte.

Volatilität. Begriff für die Schwankungsintensität eines Wertpapiers und damit für das Risiko der Anlage. Je höher die Volatilität, desto riskanter ist ein Investment.

Wertpapierdepot. Konto, das als Verwahrstelle von Wertpapieren dient. Es ist daher Voraussetzung, um ETF zu kaufen. Wie ein Girokonto auch hat es eine bestimmte Kontonummer, die Depotnummer.

Xetra. Die vollelektronische Handelsplattform der Deutschen Börse ist der Hauptumschlagplatz für ETF in Deutschland und Europa.

Zinseszinseffekt. Erhält ein Anleger auf sein investiertes Geld eine Zinszahlung, die der Sparsumme hinzugefügt wird, wird diese Zinszahlung beim nächsten Zahlungstermin mitverzinst. Auf diese Weise mehrt sich das Geld schneller als ohne Zinseszinseffekt. Je länger man spart, desto stärker wirkt sich der Effekt aus.

Die großen Indexanbieter

Im Aktienbereich gibt es vier große Indexanbieter:
MSCI ist ein inzwischen bankenunabhängiges Unternehmen. Es wurde zwar von der US-Investmentbank Morgan Stanley und der Capital Group International als Morgan Stanley Capital International (abgekürzt MSCI) gegründet, ist aber seit 2009 selbstständig. MSCI ist nicht nur Marktführer bei globalen Indizes wie dem MSCI World und dem MSCI Emerging Markets, sondern bietet auch eine große Auswahl an Länder-, Branchen-, Themen- und Strategie-Indizes an, die bei der Konstruktion von ETF breite Verwendung finden.
Die Deutsche Börse AG besitzt gleich zwei große Indexfamilien: die Stoxx-Indizes, die insbesondere bei europäischen Kursbarometern mit dem Euro Stoxx 50 oder dem Stoxx Europe 600 eine starke Stellung haben, aber auch weltweit aktiv sind, und die Dax-Familie. Neben den Auswahlindizes Dax, MDax, SDax und TecDax werden viele Spezialindizes berechnet, nicht nur im Aktien-, sondern auch im Anleihebereich.
FTSE Russell ist aus der Fusion der Indizes der britischen Financial Times/London Stock Exchange und der US-Russell Investment Group entstanden und ist inzwischen voll im Besitz der Londoner Börse. FTSE Russell berechnet eine breite Palette britischer, US- und globaler Indizes und hat für Aufsehen gesorgt, weil Indexfonds-Pionier Vanguard aus Kostengründen bei globalen Produkten von MSCI-Indizes zu FTSE-Russell-Indizes gewechselt ist.
S&P Dow Jones Indices, die Tochter der US-Ratingagentur S&P, hat mit dem S&P 500 und dem Dow Jones Industrial die vermutlich bekanntesten Indizes der Welt im Programm – und mit dem Dow Jones Transportation Index auch den ältesten (1882 gegründet, der Dow Jones Industrial folgte erst 1896). Das Unternehmen bietet eine breite Palette weltweiter Indizes an.

Im Rentenbereich werden zwei Anbieter besonders häufig genutzt:
Bloomberg Indices heißen seit Ende 2021 die Bond-Barometer, die zuvor als Bloomberg Barclay Indices bekannt waren. Die US-Nachrichtenagentur hatte die Anleihen-Indizes der britischen Bank 2016 übernommen und 5 Jahre unter Bloomberg Barclay laufen lassen. An den Wertpapierkennnummern der ETF auf diese Indizes ändert das nichts.
Markit iBoxx mit Sitz in London ist auf Rentenindizes spezialisiert, die zum Teil in Echtzeit veröffentlicht werden. Die Muttergesellschaft Markit ist auch bekannt für ihre monatlichen Einkaufsmanagerindizes, die als gute konjunkturelle Frühindikatoren für viele Länder weltweit gelten und an der Börse stark beachtet werden.

Die großen ETF-Anbieter

Wer bringt eigentlich ETF auf den Markt? Hier finden Sie Kurzporträts der zehn größten ETF-Anbieter hierzulande in der Rangfolge ihres verwalteten Vermögens. Wichtig: Die Angaben zum „verwalteten Vermögen" beziehen sich auf das Fondsvolumen der ETF, die auf Xetra gehandelt werden (Stand: 31. Dezember 2021; Quelle: Deutsche Börse).

iShares. Der Branchenprimus im europäischen ETF-Geschäft gehört zum weltweit größten Vermögensverwalter, der US-amerikanischen BlackRock.
Verwaltetes Vermögen: 518,4 Mrd. Euro.

Xtrackers. Die Nummer zwei der Branche ist eines der wenigen deutschen Häuser am Markt. Xtrackers ist Teil der DWS, der Fondsgesellschaft der Deutschen Bank.
Verwaltetes Vermögen: 141,8 Mrd. Euro.

Amundi + Lyxor. Frankreichs größte Vermögensverwaltung Amundi kaufte 2021 Lyxor. Die ehemalige Tochter der französischen Société Générale hatte 2018 das ETF-Geschäft von ComStage erworben.
Verwaltetes Vermögen: 138,1 Mrd. Euro.

Vanguard. Der US-Pionier von Indexfonds startete erst 2017 in Deutschland, hat aber schnell Marktanteile gewonnen.
Verwaltetes Vermögen: 73,8 Mrd. Euro.

State Street Global Advisors (SSGA). Ganz typisch für die ETF des Anbieters ist der Zusatz im Namen SPDR (gesprochen: Spider), der in den USA sehr bekannt ist.
Verwaltetes Vermögen: 51,9 Mrd. Euro.

UBS-ETF. Der ETF-Anbieter stammt aus der Schweiz und gehört zum Vermögensverwalter UBS Asset Management.
Verwaltetes Vermögen: 41,2 Mrd. Euro.

Invesco. Der amerikanische Vermögensverwalter kaufte 2017 das in Großbritannien ansässige ETF-Haus Source und legte die ETF-Sparten Invesco Powershares und Source ETF zusammen.
Verwaltetes Vermögen: 38,4 Mrd. Euro.

HSBC. Die Wurzeln des internationalen Vermögensverwalters liegen in Asien, die vier Buchstaben stehen für Hongkong and Shanghai Banking Corporation.
Verwaltetes Vermögen: 17,2 Mrd. Euro.

BNP Paribas Easy. Hinter Easy ETF steckt die Vermögensverwaltung der französischen Großbank BNP Paribas.
Verwaltetes Vermögen:14,4 Mrd. Euro.

Deka ETF. Typisch für Deka ETF sind die drei Buchstaben ETF in der Isin oder der Wertpapierkennnummer. Der Anbieter ist Teil der Deka-Gruppe, die zu 100 Prozent den Sparkassen in Deutschland gehört.
Verwaltetes Vermögen: 13,2 Mrd. Euro.

Die günstigsten Depotanbieter auf einen Blick

Hier sehen Sie, was ein Depot mit nur 1 ETF zu 12 000 Euro mit 1 Order pro Jahr, Ordergröße 2 500 Euro, kostet. Die Kosten größerer Depots finden Sie unter test.de/depotkosten.

Anbieter	Depotname	Bundesweit	Preis pro Jahr (Euro)
Top-Ten-Internetdepots			
Smartbroker	Depot [1]	■	5
Flatex	Depot [2]	■	6
Onvista Bank	Festpreis-Depot	■	9
Santander Consumer Bank	Wertpapierdepot	■	11
BBBank	Depot	■	11
DKB	DKB-Broker	■	12
Deutsche Bank Maxblue	Depot	■	12
NIBC Direct	EinfachInvestDepot	■	12
Targobank	Direkt-Depot / Klassik-Depot	■	13
Consorsbank	Depot	■	13
Top-Ten-Filialdepots			
Santander Consumer Bank	Wertpapierdepot	■	251
Leipziger Volksbank	Onlinedepot mit Beratung	☐	304
Targobank	Klassik-Depot	■	443
GLS Bank	Depot	■	473 [3]
Hamburger Sparkasse	Klassikdepot	☐	480
Postbank	Depot	■	503
Volksbank Köln Bonn	VobaDepot Klassik	☐	536
Degussa Bank	Beratungsdepot	■	540
BBBank	Depot	■	569
Deutsche Apotheker- und Ärztebank	Apoklassik Depot	■	584

1) Ab einer Cashquote von 15 Prozent fällt ein Negativzins von 0,5 Prozent auf Guthaben an, das den 15-Prozent-Anteil übersteigt. 2) Guthaben auf dem Verrechnungskonto wird mit einem Negativzins von 0,5 Prozent p.a. belastet. 3) Inklusive GLS Beitrag von 60 Euro.

■ = Ja.
☐ = Nein.

Stand: 1.1.2022

Die Kosten für ETF-Sparpläne

Die Tabelle zeigt, was Banken und Broker für Depot und Sparplanausführung berechnen. Aus Platzgründen listen wir nur die Anbieter, bei denen Sie aus mehr als 200 ETF wählen können.

Anbieter und Depotmodell	Monatliche Mindestrate (Euro)	Sparplanfähige ETF Insgesamt	Jährlicher Depotpreis für aktiven Sparplan (Euro und/oder Prozent)
Onlinedepots			
1822direkt-Aktiv-Depot	25	1 057	0,00 €
Comdirect Depot	25	908	0,00 €
Consorsbank Wertpapierdepot	10	979	0,00 €
Deutsche Bank Maxblue	25	307	0,00 €
DKB-Broker [1]	50	948	0,00 €
Finanzen.net Zero Depot	25	516	0,00 €
Finvesto Depot Basis / Depot [2]	10	1 153	20,00 € / 36,00 € [3]
Flatex Depot [6]	25	1 393	0,00 € [7]
Hypovereinsbank Investmentdepot	25	650	0,00 € [8]
ING Direkt-Depot	1	824	0,00 €
Santander Consumer Bank Wertpapierdepot	25	1 234	0,00 €
S Broker DirektDepot	50	699	0,00 €
Scalable Capital Free Broker	1	ca. 1 950	0,00 €
Smartbroker Depot [9]	25	641	0,00 €
Trade Republic Depot	10	ca. 1 200	0,00 €
Onlinedepots bei Fondsbanken (über Fondsvermittler)			
Ebase Flex Basic / Flex Select / Flex Standard [10]	10	1 153	20,00 € / 36,00 € / 48,00 € [11]
FIL Fondsbank FFB Fondsdepot	25	846	0,25 % (mind. 25 € max. 50 € + 0,10 % [13])
Fondsdepot Bank Fondsdepot Online	25	915	30,00 €
Beratungsdepots bei Filialbanken			
Hypovereinsbank Investmentdepot	25	650	0,00 € [8]
Santander Consumer Bank Wertpapierdepot	25	1 234	0,00 €

1) Für die Depoteröffnung muss ein bankeigenes Girokonto eröffnet werden.
2) Im „Depot Basis" kann nur eine Depotposition geführt werden. Ab zwei Depotpositionen landet man im Depotmodell „Depot".
3) Der erste Wert gilt für das Depotmodell „Depot Basis", der zweite für das Depotmodell „Depot".
4) Bei Fonds, die nicht in Euro notieren, fallen zusätzliche Kosten für die Umrechnung in Euro an.
5) Die Berechnungen gelten für das Depotmodell „Depot Basis".
6) Guthaben auf dem Verrechnungskonto wird mit einem Negativzins von 0,5 Prozent p.a. belastet.
7) Für alle Depotpositionen außer Fonds und ETF fallen jährlich 0,10 Prozent des entsprechenden Depotvolumens an.
8) Für die Positionen aus ETF-Sparplänen fallen keine Depotgebühren an. Enthält das Depot weitere Positionen aus Einmalanlagen, kostet das Depot mindestens 48,00 Euro jährlich.
9) Ab einer Cashquote von 15 Prozent fällt ein Negativzins von 0,5 Prozent p.a. auf Guthaben des Verrechnungskontos an, das den 15-Prozent-Anteil übersteigt.

Für eine langfristige Sparplan-Anlage bietet sich ein thesaurierender ETF an. Bei ausschüttenden Fonds ist die direkte Wiederanlage der Dividendenzahlungen empfehlenswert.

Reguläre Kosten pro Sparplanausführung (Euro und/oder Prozent)	**Gesamte Jahreskosten (Prozent) für Depot und Sparplanausführung bei Monatsraten von ...**		
	50 Euro	**200 Euro**	**500 Euro**
1,50 % (1,50 € bis 14,90 €)	3	1,5	1,5
1,50 %	1,5	1,5	1,5
1,50 %	1,5	1,5	1,5
1,25 %	1,25	1,25	1,25
1,50 €	3	0,75	0,3
0,00 €	0	0	0
0,20 % [4]	3,53 [5]	1,03 [5]	0.53 [5]
0,00 €	0	0	0
1,50 %	1,5	1,5	1,5
0,00 €	0	0	0
0,85 €	1,7	0,43	0,17
0,00 €	2,5	2,5	2,5
0,00 €	0	0	0
0,20 %, mind. 0,80 €	1,6	0,4	0,2
0,00 €	0	0	0
0,20 % [4]	3,53 [12]	1,03 [12]	0,53 [12]
0,20 % [4]	4,42 [14]	1,30 [14]	0,67 [14]
0,50 % [4, 15]	5,5	1,75	1
2,00 %	2	2	2
0,85 €	1,7	0,43	0,17

10) Im Depotmodell „Flex Basic" kann nur eine Depotposition verwahrt werden. Bei zwei Depotpositionen landet man im Depotmodell „Flex Select", ab drei Positionen im Depotmodell „Flex Standard".
11) Der erste Wert gilt für das Depotmodell „Flex Basic", der zweite Wert für das Depotmodell „Flex Select" und der dritte Wert für das Depotmodell „Flex Standard".
12) Die Berechnungen gelten für das Depotmodell „Flex Basic".
13) 0,10 Prozent für ETF-Positionen zusätzlich zum Grundverwahrentgelt.
14) Gesamtkosten hängen vom Volumen ab. Angegebene Jahreskosten basieren auf dem Mindestdepotpreis.
15) Bei unterstellten durchschnittlichen Zusatzkosten der Abwicklungsstelle (ATC) von 0,30 Prozent.

Stand: 1.4.2022

Gelb markiert sind die günstigsten Angebote.

Diese ETF sind empfehlenswert

Die Tabelle bietet einen Überblick über die besten ETF in den wichtigsten Fondsgruppen sowie zahlreiche Beimischungen. Die nachhaltigen ETF haben wir innerhalb der Gruppen extra gelistet. Börsenneulingen empfehlen wir für den Aktien-Baustein die ETF, die wir als „Basisanlage – 1. Wahl" ausgezeichnet haben. Die Fußnoten finden Sie auf S. 171.

Aktien: Basisanlage – 1. Wahl ETF

Anbieter	Index	Anmerkungen	Isin	Rendite über 1/5 Jahr(e) (% p.a.)[1)]	Kosten (% p.a.)[2)]
Welt (Industrieländer)					
HSBC	MSCI World	Ⓐ	IE00B4X9L533	20,2 / 11,1	0,15
Invesco	MSCI World	Ⓣ Ⓢ	IE00B60SX394	20,0 / 10,9	0,19
iShares	MSCI World	Ⓣ	IE00B4L5Y983	20,0 / 10,9	0,20
Xtrackers	MSCI World	Ⓣ	IE00BJ0KDQ92	19,9 / 10,9	0,19
Lyxor	MSCI World	Ⓐ Ⓢ	FR0010315770	19,8 / 10,9	0,30
Amundi	MSCI World	Ⓣ Ⓢ	LU1681043599	19,6 / 10,7	0,38
UBS	MSCI World	Ⓐ	LU0340285161	19,7 / 10,6	0,30
Vanguard	FTSE Developed World	Ⓐ	IE00BKX55T58	19,1 / 10,7	0,12
Welt (Industrie- und Schwellenländer)					
iShares	MSCI All Country World (ACWI)	Ⓣ	IE00B6R52259	16,8 / 10,1	0,20
SPDR	MSCI All Country World (ACWI)	Ⓣ	IE00B44Z5B48	16,7 / 10,0	0,40
Lyxor (Amundi)	MSCI All Country World (ACWI)	Ⓣ Ⓢ	LU1829220216	16,3 / 10,0	0,45
SPDR	MSCI ACWI Investable Market (IMI)	Ⓣ	IE00B3YLTY66	15,8 / 9,6	0,40
Vanguard	FTSE All-World	Ⓐ	IE00B3RBWM25	16,5 / 10,1	0,22
Nachhaltige Welt-ETF mit der besten Nachhaltigkeitsbewertung (Industrieländer)					
BNP	MSCI World SRI S-Ser. PAB 5% Cap	Ⓣ [4]	LU1291108642	23,3 / 12,3	0,25
iShares	MSCI World SRI Sel. Red. Fossil Fuels	Ⓣ [4]	IE00BYX2JD69	21,5 / –	0,20
Amundi	MSCI World SRI Filtered PAB	Ⓣ [4]	LU1861134382	21,3 / –	0,18
Lyxor (Amundi)	MSCI Wrld Sel. ESG Rating & Trend Leaders	Ⓣ	LU1792117779	20,8 / –	0,18
UBS	MSCI Wrld SRI Low Carb. Sel. 5% Iss. Cp.	Ⓐ [4]	IE00BK72HH44	19,3 / –	0,22
Nachhaltige Welt-ETF mit der besten Nachhaltigkeitsbewertung (Industrie- und Schwellenländer)					
UBS	MSCI ACWI SRI Low Carb. Sel. 5% Iss. Cp	Ⓣ [4]	IE00BDR55471	16,9 / –	0,28
Europa (Industrieländer)					
BNP	Stoxx Europe 600	Ⓣ Ⓢ	FR0011550193	14,6 / 7,1	0,20
Lyxor (Amundi)	Stoxx Europe 600	Ⓣ	LU0908500753	14,6 / 7,0	0,07
iShares	Stoxx Europe 600	Ⓐ	DE0002635307	14,5 / 7,0	0,20
Xtrackers	Stoxx Europe 600	Ⓣ	LU0328475792	14,5 / 6,9	0,20

Anbieter	Index	Anmerkungen	Isin	Rendite über 1/5 Jahr(e) (% p.a.)[1]	Kosten (% p.a.)[2]
Invesco	Stoxx Europe 600	Ⓣ Ⓢ	IE00B60SWW18	14,3 / 6,8	0,19
Xtrackers	MSCI Europe	Ⓣ	LU0274209237	15,9 / 6,8	0,12
HSBC	MSCI Europe	Ⓐ	IE00B5BD5K76	15,8 / 6,8	0,10
iShares	MSCI Europe	Ⓐ	IE00B1YZSC51	15,7 / 6,8	0,12
Invesco	MSCI Europe	Ⓣ Ⓢ	IE00B60SWY32	15,6 / 6,7	0,19
UBS	MSCI Europe	Ⓐ	LU0446734104	15,6 / 6,7	0,20
SPDR	MSCI Europe	Ⓣ	IE00BKWQ0Q14	15,6 / 6,7	0,25
Lyxor (Amundi)	MSCI Europe	Ⓐ	FR0010261198	15,5 / 6,7	0,25
Deka	MSCI Europe	Ⓐ	DE000ETFL284	15,4 / 6,6	0,30
Vanguard	FTSE Developed Europe	Ⓐ	IE00B945VV12	15,2 / 6,9	0,10
Nachhaltige Europa-ETF mit der besten Nachhaltigkeitsbewertung (Industrieländer)					
iShares	MSCI Europe SRI Sel. Reduced Fossil Fuels	Ⓣ[4]	IE00B52VJ196	13,6 / 9,3	0,20
BNP	MSCI Europe SRI S-Series PAB 5 % Cap	Ⓣ[4]	LU1753045332	15,3 / –	0,30
Amundi	MSCI Europe SRI Filtered PAB	Ⓣ[4]	LU1861137484	13,9 / –	0,18
Lyxor (Amundi)	MSCI Europe ESG Leaders	Ⓣ	LU1940199711	13,7 / –	0,20

Aktien-ETF: Beimischungen – 1. Wahl

Globale Schwellenländer[3]					
iShares	MSCI EM Investable Market (IMI)	Ⓣ	IE00BKM4GZ66	–2,4 / 5,7	0,18
Vanguard	FTSE Emerging	Ⓐ	IE00B3VVMM84	–1,1 / 5,5	0,22
UBS	MSCI Emerging Markets (EM)	Ⓐ	LU0480132876	–3,8 / 5,5	0,23
SPDR	MSCI Emerging Markets (EM)	Ⓣ	IE00B469F816	–3,8 / 5,5	0,42
HSBC	MSCI Emerging Markets (EM)	Ⓐ	IE00B5SSQT16	–3,4 / 5,4	0,15
Amundi	MSCI Emerging Markets (EM)	Ⓣ Ⓢ	LU1681045370	–3,7 / 5,4	0,20
Invesco	MSCI Emerging Markets (EM)	Ⓣ Ⓢ	IE00B3DWVS88	–3,6 / 5,3	0,29
Xtrackers	MSCI Emerging Markets (EM)	Ⓣ Ⓢ	LU0292107645	–3,7 / 5,3	0,49
iShares	MSCI Emerging Markets (EM)	Ⓣ	IE00B4L5YC18	–4,3 / 5,2	0,18
Lyxor (Amundi)	MSCI Emerging Markets (EM)	Ⓣ Ⓢ	FR0010429068	–3,9 / 5,1	0,55
Deka	MSCI Emerging Markets (EM)	Ⓣ Ⓢ	DE000ETFL342	–4,3 / 4,7	0,65
Nachhaltige globale Schwellenland-ETF mit der besten Nachhaltigkeitsbewertung					
iShares	MSCI Wrld SRI Sel. Red. Fossil Fuels	Ⓣ[4]	IE00BYVJRP78	3,0 / 6,5	0,25
UBS	MSCI Wrld SRI Low Carb. Sel. 5% Iss. Cp	Ⓐ[4]	LU1048313891	1,8 / 4,7	0,27
Amundi	MSCI EM SRI Filtered PAB	Ⓣ[4]	LU1861138961	1,9 / –	0,25

Anbieter	Index	Anmerkungen	Isin	Rendite über 1/5 Jahr(e) (% p.a.)[1]	Kosten (% p.a.)[2]
Small Cap (Industrieländer)					
SPDR	MSCI World Small Cap	Ⓣ	IE 00B CBJ G56 0	8,3 / 8,2	0,45
iShares	MSCI World Small Cap	Ⓣ	IE 00B F4R FH3 1	8,5 / –	0,35
Euroland					
iShares	Euro Stoxx	Ⓐ	DE 000 A0D 8Q0 7	9,9 / 6,9	0,20
iShares	MSCI EMU	Ⓣ	IE 00B 53Q G56 2	9,8 / 6,5	0,12
Xtrackers	MSCI EMU	Ⓐ	LU 084 619 477 6	9,7 / 6,4	0,12
SPDR	MSCI EMU	Ⓣ	IE 00B 910 VR5 0	9,7 / 6,4	0,18
UBS	MSCI EMU	Ⓐ	LU 014 730 842 2	9,7 / 6,4	0,18
Lyxor (Amundi)	MSCI EMU	Ⓐ	LU 164 636 097 1	9,7 / –	0,12
Nasdaq-100					
Amundi	Nasdaq-100	Ⓣ Ⓢ	LU 168 103 824 3	19,7 / 21,1	0,23
Invesco	Nasdaq-100	Ⓐ	IE 003 207 701 2	19,7 / 21,0	0,30
iShares	Nasdaq-100	Ⓣ	IE 00B 53S ZB1 9	19,7 / 21,0	0,33
Xtrackers	Nasdaq-100	Ⓣ	IE 00B MFK G44 4	19,8 / –	0,20
Lyxor (Amundi)	Nasdaq-100	Ⓣ Ⓢ	LU 182 922 102 4	19,8 / –	0,22
Deutschland					
Amundi	Dax	Ⓣ 4	FR 001 065 571 2	4,5 / 3,8	0,10
Lyxor (Amundi)	Dax	Ⓐ	LU 037 843 873 2	4,5 / 3,6	0,08
Xtrackers	Dax	Ⓣ	LU 027 421 148 0	4,5 / 3,6	0,09
Deka	Dax	Ⓣ	DE 000 ETF L01 1	4,4 / 3,6	0,15
iShares	Dax	Ⓣ	DE 000 593 393 1	4,4 / 3,6	0,16
Lyxor (Amundi)	Faz Index	Ⓐ	LU 065 062 402 5	2,7 / 3,2	0,15
Vanguard	FTSE Germany All Cap	Ⓐ 4	IE 00B G14 3G9 7	1,9 / –	0,10
Japan					
HSBC	MSCI Japan	Ⓐ	IE 00B 5VX 756 6	2,7 / 4,8	0,19
Invesco	MSCI Japan	Ⓣ Ⓢ	IE 00B 60S X28 7	2,6 / 4,7	0,19
Xtrackers	MSCI Japan	Ⓣ	LU 027 420 974 0	2,6 / 4,7	0,20
UBS	MSCI Japan	Ⓐ	LU 013 624 097 4	2,1 / 4,7	0,19
SPDR	MSCI Japan	Ⓣ	IE 00B Z0G 8B9 6	2,1 / 4,6	0,12
iShares	MSCI Japan	Ⓣ	IE 00B 53Q DK0 8	2,3 / 4,5	0,48
Amundi	MSCI Japan	Ⓣ	LU 160 214 473 2	2,2 / 4,5	0,45
Deka	MSCI Japan	Ⓐ	DE 000 ETF L30 0	2,0 / 4,5	0,50

Anbieter	Index	Anmerkungen	Isin	Rendite über 1/5 Jahr(e) (% p.a.)[1]	Kosten (% p.a.)[2]
Lyxor (Amundi)	MSCI Japan	Ⓣ	LU 178 154 125 2	2,2 / –	0,12
Vanguard	FTSE Japan	Ⓐ	IE 00B 95P GT3 1	2,8 / 4,7	0,15
iShares	MSCI Japan IMI	Ⓣ	IE 00B 4L5 YX2 1	2,6 / 4,5	0,15
Amundi	Solactive GBS Japan Large & Mid Cap	Ⓣ	LU 208 923 838 5	2,7 / –	0,05
Brasilien					
Xtrackers	MSCI Brazil	Ⓣ	LU 029 210 934 4	21,7 / –0,5	0,65
iShares	MSCI Brazil	Ⓐ	IE 00B 0M6 351 6	21,3 / –0,9	0,74
Lyxor (Amundi)	MSCI Brazil	Ⓣ Ⓢ	LU 190 006 620 7	21,5 / –	0,65
China (Festlandaktien)					
Xtrackers	CSI 300	Ⓣ Ⓢ	LU 077 980 091 0	1,3 / 12,4	0,50
iShares	MSCI China A Inclusion	Ⓣ[4]	IE 00B QT3 WG1 3	1,9 / 9,5	0,40
HSBC	MSCI China A Inclusion	Ⓐ	IE 00B F4N Q90 4	1,9 / –	0,30
Lyxor (Amundi)	MSCI China A	Ⓣ[4]	FR 001 172 091 1	2,1 / 7,5	0,35
L&G	MSCI China A Onshore	Ⓣ	IE 00B HBF DF8 3	2,3 / 7,1	0,88
China (inklusive chinesischer Aktien an Auslandsbörsen, Beispiel Tencent und Alibaba)					
WisdomTree	S&P China 500	Ⓐ	LU 144 065 433 0	–12,2 / 7,0	0,55
HSBC	MSCI China	Ⓐ	IE 00B 44T 3H8 8	–25,8 / 4,0	0,30
Xtrackers	MSCI China	Ⓣ	LU 051 469 569 0	–26,0 / 3,9	0,65
Lyxor (Amundi)	MSCI China	Ⓣ Ⓢ	LU 184 173 174 5	–25,6 / –	0,29
iShares	MSCI China	Ⓣ	IE 00B J5J PG5 6	–25,9 / –	0,40
Franklin	FTSE China 30/18 Capped	Ⓣ	IE 00B HZR R14 7	–24, / –	0,19
Indien					
Xtrackers	Nifty 50	Ⓣ Ⓢ	LU 029 210 969 0	21,5 / 8,9	0,85
Xtrackers	MSCI India	Ⓣ Ⓢ	LU 051 469 518 7	24,2 / 8,6	0,75
Lyxor (Amundi)	MSCI India	Ⓣ Ⓢ	FR 001 036 168 3	23,5 / 8,5	0,85
iShares	MSCI India	Ⓣ	IE 00B ZCQ B18 5	24,7 / –	0,65
Amundi	MSCI India	Ⓣ Ⓢ	LU 168 104 308 6	23,6 / –	0,80
Franklin	FTSE India 30/18 Capped	Ⓣ	IE 00B HZR QZ1 7	24,1 / –	0,19
Indonesien					
HSBC	MSCI Indonesia	Ⓐ	IE 00B 46G 827 5	18,2 / 1,8	0,50
Xtrackers	MSCI Indonesia	Ⓣ Ⓢ	LU 047 628 962 3	17,9 / 1,6	0,65
Entwicklungsländer (Frontier Markets)					
Xtrackers	S&P Select Frontier	Ⓣ Ⓢ[68]	LU 032 847 641 0	15,6 / 4,2	0,95

Anbieter	Index	Anmerkungen	Isin	Rendite über 1/5 Jahr(e) (% p.a.)[1]	Kosten (% p.a.)[2]
Afrika					
Lyxor (Amundi)	SGI Pan Africa	Ⓣ Ⓢ[58]	LU 128 702 270 8	16,4 / 2,0	0,85
Xtrackers	MSCI EFM Africa Top 50 Capped	Ⓣ Ⓢ	LU 059 221 752 4	13,7 / 0,7	0,65

Aktien: Beimischungen – Strategie-ETF

Anbieter	Index	Anmerkungen	Isin	Rendite über 1/5 Jahr(e) (% p.a.)[1]	Kosten (% p.a.)[2]
Dividenden-Strategie Welt					
VanEck	Morningstar Developed Markets Large Cap Dividend Leaders	Ⓐ	NL 001 168 359 4	29,2 / 6,6	0,38
Vanguard	FTSE All-World High Dividend Yield	Ⓐ	IE 00B 8GK DB1 0	21,6 / 6,1	0,29
UBS	S&P Dev. ESG Dividend Aristocrats	Ⓐ[4]	IE 00B MP3 HG2 7	20,4 / 5,1	0,30
Xtrackers	Stoxx Global Select Dividend 100	Ⓐ Ⓢ	LU 029 209 618 6	16,3 / 5,1	0,50
iShares	Stoxx Global Select Dividend 100	Ⓐ	DE 000 A0F 5UH 1	16,0 / 4,8	0,46
SPDR	S&P Gl. Div. Aristocrats Quality Inc.	Ⓐ[4]	IE 00B 9CQ XS7 1	20,5 / 4,4	0,45
iShares	MSCI World High Dividend Yield	Ⓐ	IE 00B YYH SQ6 7	22,8 / –	0,38
Momentum-Strategie Welt					
Xtrackers	MSCI World Momentum	Ⓣ	IE 00B L25 JP7 2	11,7 / 14,1	0,25
iShares	MSCI World Momentum	Ⓣ	IE 00B P3Q Z82 5	11,5 / 14,0	0,30
Value-Strategie Welt					
iShares	MSCI World Enhanced Value	Ⓣ	IE 00B P3Q ZB5 9	19,0 / 5,2	0,30
Xtrackers	MSCI World Enhanced Value	Ⓣ	IE 00B L25 JM4 2	19,1 / 5,2	0,25

Renten: Standard-ETF – 1. Wahl

Anbieter	Index	Anmerkungen	Isin	Rendite über 1/5 Jahr(e) (% p.a.)[1]	Kosten (% p.a.)[2]
Staatsanleihen Euro					
iShares	Bloomberg Euro Treasury	Ⓐ	IE 00B 4WX JJ6 4	–4,0 / 1,3	0,09
SPDR	Bloomberg Euro Treasury	Ⓐ	IE 00B 3S5 XW0 4	–4,1 / 1,2	0,15
BNP	Bloomberg Euro Treasury	Ⓣ[4]	LU 148 120 269 2	–4,1 / –	0,15
Amundi	FTSE MTS Eurozone Gov. Broad IG	Ⓣ	LU 168 104 626 1	–4,2 / 1,2	0,14
Xtrackers	Markit iBoxx EUR Sov. Eurozone	Ⓣ	LU 029 035 571 7	–4,2 / 1,2	0,15
Lyxor (Amundi)	Bloomberg Euro Treasury 50bn	Ⓣ[4]	LU 165 049 047 4	–4,1 / 1,1	0,14
Amundi	Solactive Eurozone Gov. Bond	Ⓣ	LU 208 923 889 8	–4,0 / –	0,05
Amundi	JPM GBI EMU Investment Grade	Ⓐ[4]	LU 173 765 371 4	–4,0 / –	0,14
JPM	JPM EMU Government Bond	Ⓣ[5]	IE 00B JK9 HD1 3	–4,1 / –	0,10
Lyxor (Amundi)	FTSE EMU Government Bond	Ⓐ[7]	LU 232 974 591 8	– / –	0,07

Anbieter	Index	Anmerkungen	Isin	Rendite über 1/5 Jahr(e) (% p.a.)[1]	Kosten (% p.a.)[2]
Staatsanleihen EUR (Deutschland)					
Xtrackers	Markit iBoxx EUR Germany	Ⓣ	LU 064 397 516 1	–2,7 / 0,2	0,15
iShares	Bloomberg Germany Treasury	Ⓐ	IE 00B 5V9 431 3	–2,7 / 0,1	0,20
Deka	Deutsche Börse Eurogov Germany	Ⓐ	DE 000 ETF L17 7	–2,5 / –0,4	0,15
iShares	eb.rexx Government Germany	Ⓐ	DE 000 628 946 5	–2,2 / –0,5	0,16
Unternehmensanleihen Euro					
Vanguard	Bloomberg Euro Corporate	Ⓐ	IE 00B Z16 3G8 4	–3,9 / 0,8	0,09
Xtrackers	Bloomberg Euro Corporate	Ⓣ 4	LU 047 820 537 9	–4,0 / 0,7	0,12
SPDR	Bloomberg Euro Corporate	Ⓐ	IE 00B 3T9 LM7 9	–4,1 / 0,7	0,12
iShares	Bloomberg Euro Corporate	Ⓐ	IE 00B 3F8 1R3 5	–4,1 / 0,7	0,20
Amundi	Solactive Euro IG Corporate	Ⓣ	LU 208 923 862 5	–4,2 / –	0,05
Staats- und Unternehmensanleihen Euro					
SPDR	Bloomberg Euro Aggregate	Ⓐ	IE 00B 41R YL6 3	–4,3 / 0,8	0,17
iShares	Bloomberg Euro Aggregate	Ⓐ	IE 00B 3DK XQ4 1	–4,3 / 0,8	0,25
Staatsanleihen inflationsgeschützt Euro					
Lyxor (Amundi)	Bloomberg Euro Gov. Infl.-Linked	Ⓣ 4	LU 165 049 128 2	6,6 / 3,1	0,09
iShares	Bloomberg Euro Gov. Infl.-Linked	Ⓣ	IE 00B 0M6 2X2 6	6,5 / 3,1	0,09
Xtrackers	Bloomberg Euro Gov. Infl.-Linked	Ⓣ 4	LU 029 035 822 4	6,5 / 3,1	0,15
Amundi	Markit iBoxx EUR Infl.-Linked	Ⓣ	FR 001 075 412 7	6,3 / 3,0	0,16

Ⓐ = Ausschüttend Ⓣ = Thesaurierend Ⓢ = Synthetische Nachbildung (Swap)

Auswahl: Wir nennen nur einen ETF pro Anbieter und Index. Die ETF müssen mindestens 50 Mio. Euro unter Verwaltung haben.
Zusätzlich: In der Rubrik Basisanlage listen wir nur 1.-Wahl-ETF, die mindestens 5 Jahre alt sind, außer bei nachhaltigen ETF. In der Rubrik Beimischungen sind alle ETF mindestens ein Jahr alt und 1. Wahl, mit Ausnahme der ETF Regionen Entwicklungsländer und Afrika (siehe Fußnote 8). Strategie-ETF sind mindestens ein Jahr alt (ETF dieser Gruppe sind per Definition nicht 1. Wahl). In der Rubrik Renten sind alle ETF mindestens ein Jahr alt und 1. Wahl (Fußnote 7 weist auf eine Ausnahme hin).
Die Gruppierung erfolgt nach abgebildetem Index und sortiert nach Rendite (zuerst 5 Jahre, dann 1 Jahr), Kosten, Anbieter.

[1] Rendite, basierend auf Umrechnungen in Euro, gegebenenfalls unter Berücksichtigung von Ausschüttungen. [2] Kosten entsprechend den in den „Wesentlichen Anlegerinformationen" (kurz WAI oder KIID) ausgewiesenen laufenden Kosten. [3] Russische Aktien wurden Anfang März 2022 aus allen Indizes entfernt. [4] Indexwechsel innerhalb der letzten fünf Jahre. [5] Bildet hauseigenen Index nach. [6] In der Gruppe Schwellenländer einsortiert, dort nicht bewertet. [7] Ausnahme: ETF jünger als ein Jahr. [8] Ausnahme: ETF nicht 1. Wahl.
Stand: 28.2.2022 Quellen: FWW, Refinitiv, eigene Berechnungen

Stichwortverzeichnis

E

F

G

H

I

K/L

M

N

O

P

R

S

T/U

V

W

X/Z

Die Stiftung Warentest wurde 1964 auf Beschluss des Deutschen Bundestages gegründet, um dem Verbraucher durch vergleichende Tests von Waren und Dienstleistungen eine unabhängige und objektive Unterstützung zu bieten.

Wir kaufen – anonym im Handel, nehmen Dienstleistungen verdeckt in Anspruch.

Wir testen – mit wissenschaftlichen Methoden in unabhängigen Instituten nach unseren Vorgaben.

Wir bewerten – von sehr gut bis mangelhaft, ausschließlich auf Basis der objektivierten Untersuchungsergebnisse.

Wir veröffentlichen – anzeigenfrei in unseren Büchern, den Zeitschriften test und Finanztest und im Internet unter www.test.de

Wir haben für dieses Buch 100% Recyclingpapier und mineralölfreie Druckfarben verwendet. Stiftung Warentest druckt ausschließlich in Deutschland, weil hier hohe Umweltstandards gelten und kurze Transportwege für geringe CO_2-Emissionen sorgen. Auch die Weiterverarbeitung erfolgt ausschließlich in Deutschland.

Die Autoren: Brigitte Wallstabe-Watermann, Antonie Klotz, Gisela Baur und Hans G. Linder sind freie Journalisten und Gründer von finanzjournalisten.de. Sie sind auf Anlegerthemen spezialisiert und arbeiten für namhafte Print-, Online- und TV-Medien. Zuvor zählten sie jahrelang zum Führungsteam eines renommierten deutschen Anlegermagazins. Für die Stiftung Warentest haben sie die Bücher „Die Finanztest-Strategie", „Immobilien verschenken und vererben" und „Geldanlage für Mutige"geschrieben.

3. Auflage

Stiftung Warentest
Lützowplatz 11–13
10785 Berlin
Telefon 0 30/26 31–0
Fax 0 30/26 31–25 25
www.test.de
email@stiftung-warentest.de

USt-IdNr.: DE136725570

Vorstand: Hubertus Primus
Weitere Mitglieder der Geschäftsleitung:
Dr. Holger Brackemann, Julia Bönisch, Daniel Gläser

Programmleitung: Niclas Dewitz

Projektleitung/Lektorat: Ursula Rieth
Mitarbeit: Mandy Loeper, Merit Niemeitz
Korrektorat: Christoph Nettersheim
Fachliche Unterstützung: Karin Baur, Simeon Gentscheff, Tom Krüger, Yann Stoffel
Titelentwurf: Josephine Rank, Berlin
Layout, Grafik, Satz: Büro Brendel, Berlin
Bildredaktion: Sylvia Heisler
Bildnachweis: Fotolia (Titel); getty images (Umschlag Rückseite, S. 42); avenue images (S. 2, 3, 10, 64, 96, 126, 146); istock (S. 3); shutterstock (S. 3, 12, 26)
Infografiken/Diagramme: Florian Brendel, Berlin (S. 18, 48, 51, 58, 69, 85, 89, 110, 111, 117, 130, 131, 133, 153);
Michael Römer, Berlin (S. 32, 36, 60, 137);
Finanztest/René Reichelt (S. 35, 49);
Finanztest/Martina Römer (S. 129)
Produktion: Vera Göring
Verlagsherstellung: Rita Brosius (Ltg.), Romy Alig, Susanne Beeh
Litho: tiff.any, Berlin
Druck: Fromm + Rasch GmbH & Co. KG, Osnabrück

ISBN: 978-3-7471-0447-7